改訂版 図説 やさしい建築計画

深水 浩 著
FUKAMIZU Hiroshi

Architectural Planning & Design

学芸出版社

まえがき

本書の目的

● 本書は、これから建築計画学を学ぶ人のための教科書である。

● 専門学校や大学の教科書としての使用を想定したが、一人で学習することもできるよう配慮した。

● 建築設計演習において最低限必要となる計画上の知識、さらには、建築士学科試験に対応できる知識を網羅できるように内容を設定した。

● できるだけわかりやすい教科書とするため、次のような方法をとった。

> ◎ 知識を羅列するのではなく、各知識の重要度を示し、同時にその学習方法を提示することに重点を置いた。
> ◎ したがって、辞書のような教科書ではなく、ノートのような教科書作りを目指した。
> ◎ 重要な事項については、各節のページ構成の前半に載せるとともに、太字、アンダーラインなどで一目でわかるようにした。
> ◎ 専門的すぎる内容については、初学者が学習するうえで逆に負担となるので、意識的に除外した。
> ◎ ただし、専門的であってもある程度、知っておくべき内容や、本文に関連する興味深い事柄については、プラスαのコーナーを設けて適宜紹介した。
> ◎ 説明の文章は、原則として単文の箇条書きとした。
> ◎ 専門用語以外については、できるだけ平易な文、平易な言葉の使用を心掛けた。
> ◎ 個々の内容は、必ず各ページあるいは見開き2ページの中で完結するようにした。
> ◎「2章 各種建築物の計画」については、どの節からも学習できる構成とした。
> ◎ 建築士学科試験による問題演習を付し、知識の定着を図った。

● 本書の内容だけで、建築計画のすべてを学ぶことはできない。その広がり、奥深さについては、各節の最後にコラムを設けたので、ここで感じてもらえればと思う。

● また、自主学習テーマを付したので、これを調べることで理解を深めていただきたい。

2011 年夏　著者

改訂版の出版にあたって、できるだけ見やすくするとともに設計演習課題を追加、説明文、事例、用語の見直しを行った。今後も様々な意見を取り入れて、よりよい教科書となるよう改善を続けていきたい。

2019 年秋　著者

本書の構成と使い方

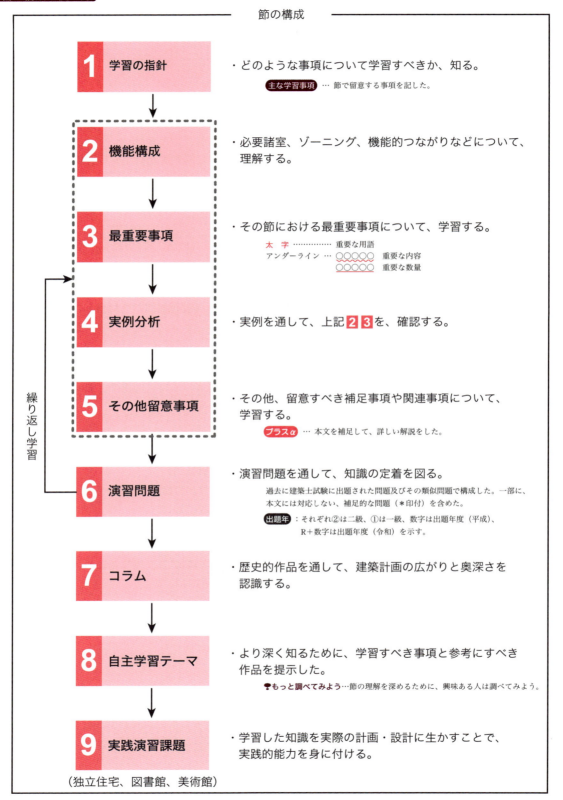

まえがき　3

1章　建築計画の基本 —————————————— 7

1-1　建築計画の基本知識 ……………………………… 7

1-2　各部および単位空間の計画 …………………… 15

2章　各種建築物の計画 —————————————— 23

2-1　独立住宅の計画 ………………………………… 23

2-2　集合住宅の計画 ………………………………… 41

2-3　小学校の計画 …………………………………… 53

2-4　幼稚園・保育所の計画 ………………………… 65

2-5　図書館の計画 …………………………………… 73

2-6　美術館の計画 …………………………………… 87

2-7　劇場の計画 ……………………………………… 99

2-8　事務所の計画 …………………………………… 109

2-9　ホテルの計画 …………………………………… 117

2-10　病院・診療所の計画 …………………………… 125

2-11　商業建築の計画 ………………………………… 133

2-12　各種建築物の計画 ……………………………… 141

3章　人と地球にやさしい建築計画 ─────── 153

3-1	高齢者・障害者に配慮した建築計画 …………… 153
3-2	地球環境に配慮した建築計画 ………………… 165
3-3	建築計画の今後 ………………………… 175

索　引 …………… 185

図版出典・参考文献 ……… 189

読者限定特典として、本書のほか学芸出版社の関連書籍に掲載している有名建築の事例マップ（ウェブ閲覧）へのアクセス権をご提供いたします。

特典申込み URL

https://book.gakugei-pub.co.jp/gakugei-book/9784761527228/#map

上記のURL/QRコードよりウェブページにアクセスし、ページ内にあるフォームに必要事項を記入してご登録ください。
ご登録の際にご入力いただいたメールアドレスに、コンテンツ閲覧用のパスワードが届きます。
再度ページにアクセスし、下部のパスワード入力欄にご入力いただくと、読者限定コンテンツが閲覧可能になります。

※読者限定コンテンツとしての環境を維持するため、一定期間の経過後に閲覧用パスワードを変更させていただく可能性がございます。変更時にはページ上でご案内しますので、お手数ですがフォームから再度ご登録のうえ、変更後のパスワードのお受け取りをお願いします。

1-1　建築計画の基本知識

1章 建築計画の基本

建築計画の基本について

● 単位と寸法は、種々の建築物の計画を進める前に、共通して知っておくべき建築計画上の約束事である。

● 単位については、国際的な m、cm、mm 以外に、日本古来の尺貫法がいまだに使用されており、これについての知識が必要である。

● 寸法については、人間の身体寸法が、建築物の様々な部分の寸法を決定付けることを肝に銘じておくべきである。

● また、これらに関連して、基準単位を設定して、これをもとに全体を構成していく計画手法が古来、広く行われている。

主な学習事項

・建築においてよく用いられる単位とその体系の概要

・建築に関わる寸法の種類と知っておくべき主要寸法

・「モデュール」「グリッドプランニング」「ゾーニング」「動線計画」などの、建築計画の進め方の基礎的手法

1 単位と寸法

■1 建築で使用される長さ及び面積の単位

・建築図面においては、メートル法により、長さはミリメートル〔mm〕単位（もしくはセンチメートル〔cm〕単位）、面積については、平方メートル〔㎡〕単位で表されることが多い。

①尺貫法による単位

・現在でも、住宅については日本古来の尺貫法が根強く使用され続けており、主要なものについては理解が必要である。

(1)長さの単位

1寸（すん）　：約 3.03cm
1分（ぶ）　　：約 3.03mm（1/10 寸）
1尺（しゃく）：約 30.3cm（10 寸）
1間（けん）　：約 1.818m（6 尺）　　畳の長手方向長さに、ほぼ対応する

(2)面積の単位

1畳（じょう）：約 1.65㎡（1間×0.5間）　畳 1 枚分の面積に、ほぼ対応する
1坪（つぼ）　：約 3.3㎡（1間×1間）　　2畳＝畳 2 枚分の面積に、ほぼ対応する

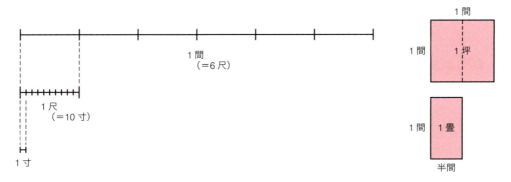

尺貫法による長さと面積の体系

②ヤード・ポンド法による単位

・2×4（ツーバイフォー）工法などの理解には、ヤード・ポンド法の知識も必要である。

1 インチ〔in〕：約 2.54cm
1 フィート〔ft〕：約 30.5cm（12 インチ）(日本の 1 尺に、ほぼ等しい)

プラスα

上記以外にも紹介しよう。

尺貫法における長さの単位として
　1丈（じょう）：約 3.03m（10 尺）
　1町（ちょう）：約 109m（60 間）
　1里（り）　　：約 3.93km（36 町）

尺貫法における面積の単位として
　1畝（せ）　　：約 99㎡（30 坪）
　1反（たん）　：約 992㎡（10 畝）
　1町（ちょう）：約 9918㎡（10 反）

ヤード・ポンド法における長さの単位として
　1 ヤード　：約 91cm（3 フィート）
　1 マイル　：約 1.6km

❷建築に関わる寸法の種類

- 建築物に関わる寸法として、人体寸法、動作寸法、物品寸法の３種類がある。
- 密接に関わりあうこれらの寸法を相互に充足させるよう、建築物の諸部分の寸法を決定する必要がある。

人体寸法：人体各部の寸法

動作寸法：人間の体や手足の動作にともなう寸法

物品寸法：家具、設備機器、自動車などの寸法
　　　　　それ自体、元来、人間の人体寸法や動作寸法を考慮してできたものである。

幼児や車いす利用者などが利用する建築物では、一般成人や健常者とは異なる寸法が必要となるので、特に注意を要する。

❸動作空間と単位空間

動作空間

- 人間の様々な動作に必要なスペースを、動作空間と呼ぶ。
- 動作空間の大きさは、人体寸法、動作寸法、物品寸法の３つに基づくとともに、さらに、ゆとりの寸法を加味して決定される。
- 複数の人間が同時に行う動作や、個人が連続して行う動作に必要なスペースを、**複合動作空間**と呼ぶ。
- さらには、他の人間とコミュニケーションをとるときに許容できる相手との距離、心理的なテリトリーとしての**パーソナル・スペース**についても注意が必要である。

単位空間

- 特定の行為を行う場のまとまりを、単位空間と呼ぶ。
- 単位空間の大きさは、動作空間や複合動作空間を考慮することで、ある程度、決定することができる。
- 単位空間としては、便所、浴室、居間、台所、食堂、寝室、会議室、教室、閲覧室、展示室、廊下などがあり、様々な建築物の諸室、諸部分が対応する。
- 最終的には、建築物の全体を、これら単位空間の総体として考えることができる。

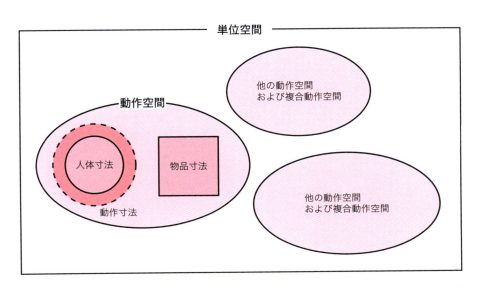

様々な寸法と空間の関係

4 人体寸法、動作寸法 （身長を160cm程度とした場合）

- 眼高　　：立っている時の物の見え隠れに関係する。
　　　　　　150cm程度（図1）。
- 肩峰高　：手を真直ぐ前方へ伸ばした時の高さ。
　　　　　　120cm程度。
　　　　　　スイッチの高さをこの程度とする（図1）。
- 重心高　：へその高さ程度であり、最も物を握りやすい高さ。
　　　　　　90cm程度。
　　　　　　ドアノブや手すりの高さをこの程度とする（図1）。
- 前方腕長：手を真直ぐ前方へ伸ばした時の長さ。
　　　　　　75cm程度。
　　　　　　収納棚の最大奥行、調理台などの奥行などに関係する（図2）。
- 下腿高　：膝から足首までの長さ。
　　　　　　40cm程度。
　　　　　　椅子の座面の高さをこの程度とする（図5）。

- 手を伸ばして届く高さ　：210cm程度（図2）
- 物を出し入れできる高さ：190cm程度（図2）

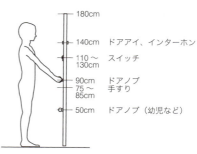

図1　ドア・スイッチに関する高さ寸法

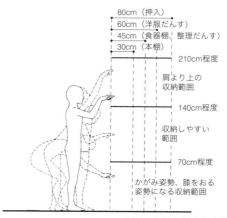

図2　収納に関する寸法

5 高さと奥行に関わる寸法 （これ以外に1-2節でも解説した）

人体寸法、動作寸法、物品寸法が影響する。

- 高さに関するおおよその寸法

　　スイッチ　　　：110～130cm（図1）
　　ドアノブ　　　：90cm（図1）
　　手すり　　　　：90cm
　　調理台　　　　：80～90cm（図3）
　　洗面台　　　　：75～85cm（図4）
　　テーブル（天板）：70cm（図5）
　　いす（座面）　：40cm（図5）

- 奥行に関するおおよその寸法

　　押入　　　　：80cm（図2）
　　洋服だんす　：60cm（図2）
　　整理だんす　：45cm（図2）
　　調理台　　　：60～65cm（図3）
　　洗面台　　　：45cm（図4）
　　食器棚　　　：45cm（図2）
　　靴箱　　　　：35～40cm
　　本棚　　　　：25～30cm（図2）

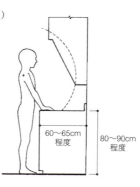

図3　調理台の寸法

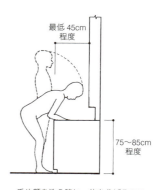

図4　洗面台の寸法

図5　テーブルといすの高さ
（このページ1：50）

② 建築計画の進め方の基本

❶ モジュールとモジュラーコーディネーション

①モジュール
- 建築における長さの基準となる単位寸法。また、それに基づいた寸法組織全体をいうこともある。
- 1,000mm、あるいは在来軸組工法（p.32参照）による木造建築では910mmを基準とすることが多く、あわせてその倍数、約数がよく用いられる。

②モジュラーコーディネーション（モジュール割り）（p.112に関連事項）
- モジュールに従って、建築物の全体や部分の寸法を調整すること。
- 設計や施工が合理化され、同時に部材の規格化により大量生産が可能となり生産性が向上する。
- 建築物を人間の尺度に馴染ませたり、建築物全体を美しく見せることにも貢献できる。

③グリッドプランニング
- モジュール（基準寸法）に基づいたグリッド（格子）を作り、その上に建築物の柱や壁などを載せていきながら平面計画を行うこと。
- 広い意味ではモジュラーコーディネーションにもつながる。

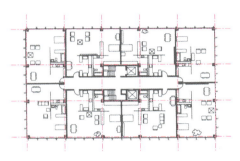

a. 正方形による直交シングルグリッド

■ 様々なグリッドタイプ（図1）
- 直交シングルグリッドが標準的であるが、敷地の形状、建築物の形、内部の諸室の配置などを踏まえて、適切なグリッドを設定する。

■ 畳の寸法（図2）
- 畳の寸法は、江戸間(田舎間)と京間(本間)によって異なる。

　　江戸間：6尺を基本モジュールとするシングルグリッド（柱割り）による構成。
　　　　　畳の寸法は、柱寸法を差し引いて、5尺8寸×2尺9寸程度となる。
　　京　間：6尺3寸×3尺1寸5分を畳寸法として固定。これに柱寸法を加えたダブルグリッド（畳割り）による構成。

b. 円形グリッド

図1　主なグリッドタイプ

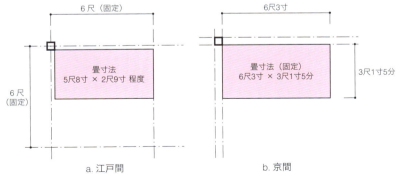

図2　畳の寸法

> **プラスα**
>
> 畳のサイズはこれ以外にも存在する。同じ1畳でも、面積は様々なので注意が必要である。
>
> 〈中京間〉
> 6尺×3尺を畳寸法として固定し、これに柱寸法を加えた畳割りによる構成
> （京間と同じダブルグリッドだが、畳の寸法が少し小さい）
>
> 〈団地間〉
> 畳の寸法は他より小さく、5尺6寸×2尺8寸程度となる。

2 グルーピングとゾーニング（図3）

グルーピング
性質や機能が似通った諸室をまとめること。

ゾーニング
建築物や敷地全体に対して、同様の性質や用途を持つ、いくつかの領域（ゾーン）を設定すること。
各ゾーンには、グルーピングされた諸室が割り振られることが多い。

3 動線計画（図4）

動線とは、建築空間における人や物品の動きや流れのことである。原則として、次の点に留意する。
- 異種動線は、交錯しないように計画する。
- 各動線は、短く明快にすることが望ましい。
- 避難経路については、二方向の動線を確保する。

（p.181を参照）

4 分割法と連結法（図5）

分割法
全体を必要に応じて分割していくことで、諸室を決定していく手法。

連結法
諸室や単位空間をつなげていくことにより、全体を構成する手法。

- 実際の計画では、どちらか一つの方法を使うのではなく、両方の方法を使って、折り合いを付けながら計画することが望ましい。

5 経済的管理に関する計画

ライフサイクルコスト
建築物の企画から始まり、設計・施工・維持・廃棄までの全期間を通じて、必要なすべての費用の合計。特に、初期費用のことを**イニシャルコスト**、維持費用のことを**ランニングコスト**という。
また、コストと建築性能の関係を全般的に検討・管理することを、**バリューエンジニアリング**（VE）という。

ファシリティーマネジメント
建築物や設備、備品などの施設を、統合的かつ経済的に管理すること。

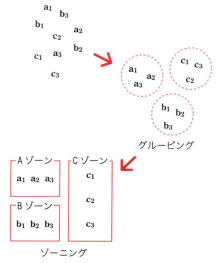

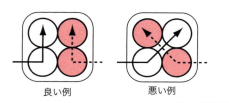

図3 グルーピングとゾーニング

図4 動線計画

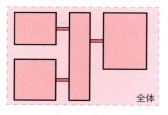

a. 分割法：全体を分割することで必要な部分を作る

b. 連結法：部分をつなげて全体を作る

図5 分割法と連結法

演習問題 ▶▶▶▶▶ **建築計画の基本知識**

建築士試験では、本章で学んだ建築計画の基礎知識に関しては、計画の手法について若干出題される程度である。しかしながら、建築計画の基本となる事項であるので、しっかりと理解しておきたい。

問題

建築物の計画手法について、以下の正誤を判断せよ。

出題年

(1) グリッドプランとは、ある基準寸法に基づいた格子の上に、建築物の柱や壁を配置した平面のことである。
(1)② 14

(2) モジュール割りを用いると、執務空間の標準化や合理化を図ることができる。
(2)② 13

(3) モデュラーコーディネーションとは、在来軸組工法において耐震性を向上させるために、壁をバランスよく配置することをいう。
(3)② R3、R1、28、11 ① 27、16

(4) 一般に、京間は、柱心の間隔を基準寸法の整数倍とするが、江戸間は、柱と柱との内法寸法を基準寸法の整数倍とする。
(4)② R6、R4、R3、30、27 ① 18

(5) 木造軸組構法の江戸間は、モデュラーコーディネーションにおけるシングルグリッドに分類される。
(5)① 14

(6) ファシリティーマネジメントとは、建築物や設備、備品などの施設を統合的かつ経済的に管理することである。
(6)② 14 ① R5

(7) ライフサイクルコストとは、ある人間が一生を通じて建築物に対して使う費用の合計のことである。
(7)② 14 ① R6

(8) 公共建築物において、洗面化粧台の高さを、85cm とした。
(8)② 16

解説

(1) ある基準寸法に基づいた格子の上に、建築物の柱や壁を配置した平面のことをグリッドプラン、またその手法がグリッドプランニングであり、建築計画における一般的手法である。

(2)(3)
モジュール割りは、モデュラーコーディネーションとも呼ばれ、モジュールに従って建築物の全体や部分の寸法を調整することである。執務空間においては標準化や合理化を図ることができる。

(4)(5)
江戸間は、6尺を基本モジュールとした柱の芯心寸法によるシングルグリッドであり、柱を仮に4寸角とするなら、畳の大きさは5尺8寸×2尺9寸程度となる（柱の大きさにより、畳の寸法が左右される）。一方、京間は、畳の大きさとして6尺3寸×3尺1寸5分を固定し、これと柱の寸法によるダブルグリッドである（ただし、場合によっては、6尺5寸を基本モジュールとした柱の芯心寸法によるシングルグリッドで考えることもあるので、注意が必要）。

(6)(7)
ファシリティーマネジメントとは、建築物や設備、備品などの施設を統合的かつ経済的に管理することである。また、ライフサイクルコストとは、ある建築物について、その建築物の企画・設計から廃棄までの全期間を通じて必要なすべての費用の合計のことである。いずれも、建築物の経済的側面に関わる重要な概念・指標である。

(8) 公共建築物における洗面化粧台の高さは、70〜75cm 程度とする。

解答

(1)〇 (2)〇 (3)× (4)× (5)〇 (6)〇 (7)× (8)×

コラム ▶▶▶▶ 建築計画の基本知識

▷パルテノン神殿（B.C.438頃）

　パルテノン神殿に代表される古代ギリシャの神殿は、西洋建築の原点と言われれることが多い。これは、建築史上初めて建築美が体系付けられたことによる。

　この理論体系の根幹をなすのは、シュムメトリアと呼ばれる原理である。これは、建築物の個々の部分と全体の量的な比例関係により建築美が達成されるという考え方である。具体的には、円柱の直径などを基準単位（モデュラス）とし、他の様々な部分の寸法をこれと数的に比例となるよう次々と決定し、全体にまで反映させるというものである。実際には、さらに、錯視を意識した感覚補正が加わり全体の美が達成されることとなる。

　現在、モデュラーコーディネーションと呼ばれる手法と根本的には何ら変わりがない。二千年以上も前にすでに行われていた事実に驚かされる。ただ、決定的な相違点は、モデュラーコーディネーションが主に施工の省力化や生産性の向上などを目指しているのに対して、シュムメトリアは、美の達成を目指していた点である。

　単なる寸法であるが、寸法が建築物の機能的側面と同時に美的側面に深く関わることを改めて認識させられる。

パルテノン神殿全景

黄金比による正面分析図

▷モデュロール（ル・コルビュジエ）

　「モデュロール」は、コルビュジエが独自に考案した寸法体系である。フランス語のモジュール（module）と黄金分割（section d'or）をつなぎ合わせた造語であり、言葉通り、黄金比を盛り込んだモジュール体系のことである。同時に人間の身体寸法にも関係付けられている。

　モデュロールによると、人間の身長は1,829mm、手を伸ばした高さは2,290mm、へその高さは1,130mmと設定される。コルビュジエは自身の後期の作品において、天井の高さや窓の大きさなど、様々な寸法をモデュロールに従って決定した。

　黄金比によって見た目のプロポーション（比例）の美しさを満足させるだけではなく、さらに身体寸法に関連させることで機能性をも満足させるように考案された寸法体系であったが、数多くの建築家に多大な影響を与えたものの、登場する数値が複雑であったことや扱いやすい整数倍の体系でなかったこともあり、世界的に普及することはなかった。

　我々は、近代建築の巨匠としての彼の数々の建築作品にばかり目が行くが、建築計画の根幹となる寸法体系までも彼が提案し、それを実践していたことを見逃すべきではないであろう。

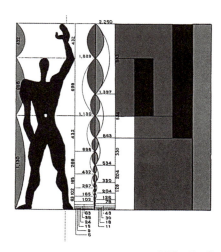

モデュロール

🔍もっと調べてみよう！

事　項
　◇黄金比と白銀比　　◇木割術　　◇六角形グリッドや三角形グリッド　　◇軸線

建築作品
　◇ル・コルビュジエのモデュロールを活用した後期の作品　　◇多様なグリッドを用いたフランク・ロイド・ライトの住宅作品

1-2　各部および単位空間の計画

各部および単位空間の計画について

● 建築物は、壁、床、屋根、窓、階段など様々な部分から成り立っている。

● 同時に、建築物は、その建物が必要とする様々な室から成り立っている。

● このことを踏まえて、建築物を構成する様々な部分（部位）および建築物を構成する諸室（単位空間）について、その概要と計画上の要点を知っておくことが重要である。

● これらの個別の部位や単位空間が、有機的に統合されたものとして建築物をとらえることも可能である。

主な学習事項

・開口部（扉、窓）、屋根、階段、廊下など、建築物の部位ごとの計画上の要点

・便所、浴室、就寝空間、食事空間、収納空間、学習空間などの単位空間について、寸法計画を中心とした計画上の要点

1 各部の計画

1 扉

■ 扉の種類（図1）

(1) **開き戸（開き扉）**：軸を中心に回転して開閉する。
- **片開き**　扉の枚数が1枚。
- **両開き**　扉の枚数が2枚。観音開きとも呼ぶ。
- **内開き**　室内側に開く。
- **外開き**　室外側に開く。
- **自由扉**　室内側、室外側どちらにも開く。自在扉やスイングドアとも呼ぶ。

(2) **引き戸**：横にスライドすることで開閉する。
- **片引き戸**　1枚の戸が壁に沿ってスライド。
- **引き込み戸**　壁の内部に戸が収納される。
- **引き違い戸**　2枚の戸が相互にスライド。
- **引き分け戸（両引き戸）**　2枚の戸が外側へスライド。

(3) **折り戸**：浴室の扉やクローゼットの扉など。

(4) **回転扉**：ホテルの入口など。気密性に優れる。

■ 扉の開き勝手

〈引き戸とすべき場合〉
- 小学校などの教室：廊下通行など安全のため。
- 車いす利用者に配慮した出入口：開閉が最も容易に行えるから。

〈内開きとすべき場合〉
- 浴室：防水のため。(折り戸、引き違い戸も多い)
- 公衆便所の一般便房：通路の安全通行のため。
（洋式は外開き）

〈外開きとすべき場合〉
- 劇場、映画館のホールの扉：外部への避難のため。
- 病院の患者用便房：便房内で倒れた場合を考慮。
- 納戸、倉庫：内部に無駄なく物品を収納するため。

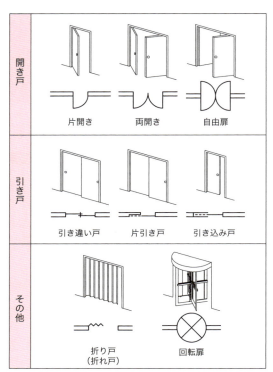

図1　主な扉の種類

プラスα
玄関の扉については、客を招き入れるという作法や集合住宅などで廊下の通行の安全を重視するなら内開きに、また、玄関が狭い場合や雨仕舞を重視するなら外開きとなる。

2 窓

■ 窓の種類（図2）

(1) **引き違い窓**：左右引き違いの最も一般的な窓。
(2) **上げ下げ窓**：上下引き違いの窓。
(3) **開き窓**：両開き、片開きなどがある。
(4) **回転窓**：縦軸回転、横軸回転がある。
(5) **突き出し窓**：窓の下部が外へ向けて突き出す。
(6) **はめ殺し窓**：開閉のできない窓。
(7) **ルーバー窓**：小分けされた窓が同時に開閉する。
(8) **天窓（トップライト）**：天井に設けられた採光用の窓。

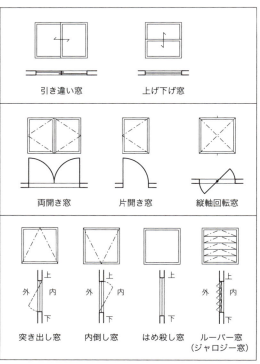

図2　主な窓の種類

3 屋根

■ 屋根の形状による分類 （図3）
(1) 切妻（きりづま）
(2) 寄棟（よせむね）
(3) 入母屋（いりもや）
(4) 方形（ほうぎょう）
(5) 陸屋根（ろくやね）
(6) 片流れ

■ 屋根と出入口の位置関係 （図4）
(1) 平入（ひらいり）：平（棟と平行な面）から出入りする形式。
(2) 妻入（つまいり）：妻（棟と垂直な面）から出入りする形式。

■ 屋根の傾斜 （表1）
降水量の多い日本では、雨仕舞の面からも、屋根の傾斜について注意が必要である。
素材に応じた適正な勾配が求められる。
・瓦葺き：最も重い屋根であり、勾配は急。
・陸屋根：平らな屋根であるが、水勾配は必要。
・その他：金属板葺き、スレート葺き、シングル葺きなどがあるが、勾配は中程度となる。

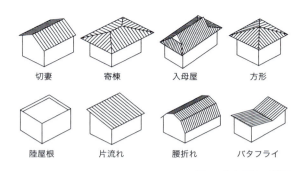

図3　主な屋根の種類

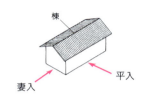

図4　屋根と出入口の位置関係

表1　屋根の傾斜

屋根の葺き方	傾斜（勾配）
瓦葺き	4/10 〜 5/10 程度
（人造）スレート葺き	3/10 以上（2/10 から可能）
（アスファルト）シングル葺き	3/10 程度
金属板葺き	3/10 程度（瓦棒葺きは1/10 まで可能）
陸屋根（アスファルト防水・シート防水）	1/100 〜 1/50

4 階段

■ 階段の形状による分類 （図5）
(1) 直階段
(2) 折り返し階段
(3) かね折れ階段
(4) らせん階段

■ 蹴上（けあげ）、踏面（ふみづら）の寸法 （図6）
次のような規定がある。
・住　宅：蹴上 23cm 以下、踏面 15cm 以上
（あくまで最低限の基準であり、近年の実例はもっと緩やかなものが多い）
・小学校：蹴上 16cm 以下、踏面 26cm 以上
・中・高等学校、劇場など
　　　　蹴上 18cm 以下、踏面 26cm 以上

■ 手すり
昇り降りの補助や転落防止のため手すりを設ける必要がある。
・手すりの高さ：75 〜 85cm 程度
（幼児や児童も使用する場合は、60 〜 65cm 程度にも設けて2段とする。p.158 に関連事項）
ベランダ、バルコニーの転落防止のための手すりでは、110cm 以上の高さが必要。

a. 直階段　　b. 折り返し階段　　c. かね折れ階段　　d. らせん階段

図5　形状による主な階段の種類

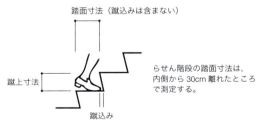

図6　蹴上と踏面

らせん階段の踏面寸法は、内側から30cm 離れたところで測定する。

②単位空間の計画

■1 廊下

廊下幅について

- 一人が歩行するだけであれば、<u>約80cm程度必要</u>。
- 人のすれ違い、車いす利用者への配慮、扉の開き勝手などによって、より広い幅が必要となる（図1）。
  （車いす利用者に配慮した廊下幅は、3-1節 p.159で説明）
- また、不特定多数が利用する施設においては、次のような規定がある。

　　小・中・高等学校の児童生徒用
　　　　中廊下：2.3m以上　　片廊下：1.8m以上
　　劇場、ホテル、共同住宅、病院などの一般用
　　　　中廊下：1.6m以上　　片廊下：1.2m以上
　　　※中廊下…廊下をはさんで両側に室が並ぶ形式
　　　　片廊下…廊下に対して片側にだけ室が並ぶ形式

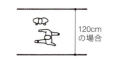
a. 両側壁　人のすれ違い（120cmの場合）

b. 両側壁　人のすれ違い（150cmの場合）

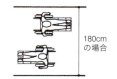
c. 片側出入口（外開き）（160cmの場合）　d. 両側壁　車いすのすれ違い（180cmの場合）

図1　廊下幅（1:100）

■2 便所 （車いす使用者用便房、多機能便房は、3-1節 p.158で詳細説明）

■多人数が利用する便所の場合

- 必要となる大便便房、小便器、手洗器の個数を算定し、これらに掃除用具入れ、通路などの寸法を含めたうえで、男女別に適正に計画する。
- 主要部分寸法（図2）

　　小便器　芯々間隔：<u>75〜90cm程度</u>（最低65cm）
　　大便便房　幅　：<u>90cm程度</u>
　　　　　　　奥行：和式<u>120cm程度</u>（100cm程度以上から可）
　　　　　　　　　　洋式<u>135cm程度</u>（120cm程度以上から可）
　　　　　　　扉幅：<u>60cm</u>（最低55cm）

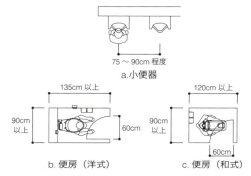

図2　多人数が利用する便所における主要部分寸法（1:100）
（洋式も和式と同様に扉が側面につく場合がある）

■3 浴室 （図3）

- 和式浴槽：深くて短く壁面が垂直。座位で肩まで湯につかることができる。
- 洋式浴槽：浅くて長く壁面が斜め。臥位で全身を伸ばすことができる。
- 和洋折衷式浴槽：和式浴槽と洋式浴槽の中間的なもの。
- 設置形式として据置型、埋込型、半埋込型がある。

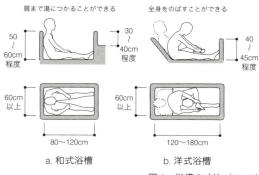

図3　浴槽の寸法（1:100）
※近年の主流は、和洋折衷式浴槽の半埋込型である。

■4 就寝のための空間

- ベッドあるいは布団の寸法と、周囲のあき寸法に配慮して計画する（図4）。

　　〈ベッド〉シングル：<u>100×200cm程度</u>
　　　　　　　ダブル　：<u>150×200cm程度</u>
　　〈布団〉布団を敷くための必要寸法：130×210cm程度
　　（掛け布団が大きいので、シングルベッドのサイズより大きくなる）

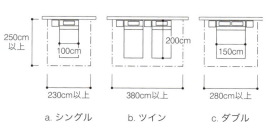

図4　ベッドまわりの寸法（1:200）

5 食事のための空間 (図5)

■ 住宅の場合
- 家族の構成人数や想定来客数などから、何人掛けのテーブルにするかを決定する。
- これに座席周りの寸法を見込んで、必要なスペースのおおまかな大きさを把握する。

    テーブル寸法 ＋ 座席周り寸法（<u>70cm以上</u>）

- 台所からの配膳、下げ膳が効率的に行えるよう配慮する。
- 居間と一体型の食堂の場合、居間スペースとの関係に配慮する。

■ 食堂やレストランの場合
- 複数のテーブルを配置するのでテーブルどうしの間隔や、通路幅の寸法に留意する（2-11節 p.134で詳細説明）。

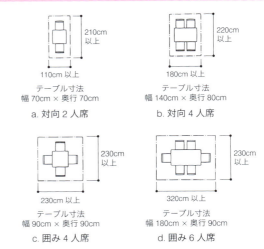

図5 テーブルの席数と必要スペース（1:200）

6 会議・学習・執務のための空間

■ 会議の場合 (図6)
- 目的に応じた机配置を選ぶ。代表的な3タイプを示す。
    - (1) スクール型：多人数に対して話す。
    - (2) コの字型　：少人数でスクリーンを使用する。
    - (3) ロの字型　：少人数で討議や討論を行う。
- 机どうしの間隔や通路幅などの、空き寸法に留意する。

    机どうしの前後間隔：<u>75〜80cm</u>
    いすの左右間隔(芯々)：<u>最低60cm以上</u>
    中間通路幅　　　：<u>60cm以上</u>
    壁側通路幅　　　：<u>机から120cm程度以上</u>

■ 学習の場合 (図7)
- 講義形式の授業の場合には、机配置はスクール型（同向型）となる。
- 小学校の教室の場合には、年齢に応じた机面と座面の高さとなるよう留意する。

    机面高さ：小学校1年<u>50cm</u>〜高校<u>70cm</u>程度
    座面高さ：小学校1年<u>28cm</u>〜高校<u>42cm</u>程度

■ 執務の場合
- 多様な机配置が採用される（2-8節 p.113で詳細説明）。

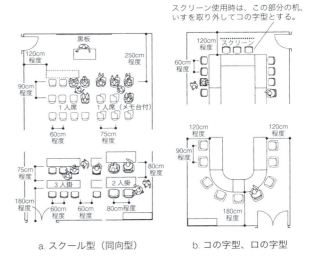

図6 会議室の主要寸法（1:200）

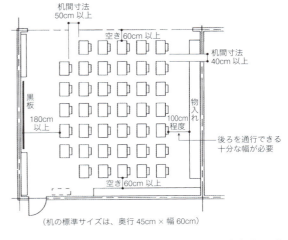

図7 小学校の教室の主要寸法（1:200）

演習問題 ▶▶▶▶▶ 各部および単位空間の計画

細部計画・各部計画に関しては、建築士試験ではかなり頻繁に出題される。2章で学習する各種建築タイプの範囲のなかで出題されたり、3章で学習する高齢者や身障者に配慮した計画と絡めて出題されることも多いので、併せて総合的に学習しておくことが必要である。

問題

細部計画・各部計画について、以下の正誤を判断せよ。

出題年

(1) 公衆便所のブースの扉を、外開きとした。   (1)② 14、12

(2) 多人数の集中する出入口の扉を、両開きとした。   (2)② 12

(3) 外部に面する開き窓を、雨仕舞を考慮して、内開きとした。   (3)② 12

(4)* 換気窓としての機能を確保し、清掃しやすいようにするために、ドレーキップ窓を採用した。   (4)① 19、15

(5) 階段における手すりの高さは、踏面の先端の位置から 1,100mm とした。   (5)② R6、30、23、19、11   ① 24

(6) 陸屋根にアスファルト防水を行う場合の屋根勾配は、一般に、1/100 〜 1/50 程度である。   (6)① 14

(7) 日本瓦引掛け桟瓦葺の屋根の勾配を、2/10 とした。   (7)② 15

(8) アスファルトシングル葺の屋根の勾配を、3.5/10 とした。   (8)② 15

(9) 公共建築物において、ストール型小便器の心々間隔を 50cm とした。   (9)② 26、16   ① 30、29、21

(10) 住宅において、4 人用の食卓の寸法を、75cm × 150cm とした。   (10)② 12

(11) 屋根とその特徴について対応するものを選択せよ。   (11)② R1、23、19、16

    ①切妻屋根   ②寄棟屋根   ③入母屋屋根   ④陸屋根

  （選択肢）   a. 勾配が小さい平たんな屋根

               b. 大棟から両側に葺き下ろした屋根

               c. 上部を切妻とし、下部の屋根を四方に葺きおろした屋根

               d. 大棟から四方に葺き下ろした屋根

(12)* 突き出し窓は、オペレーターによる遠隔操作が可能であり、高所にも使用することができる。   (12)① 18

(13)* 突き出し窓は、一般に、内倒し窓に比べて水密性に劣る。   (13)① 21、17

(14)* 横滑り出し窓は、常時は、少し開けて換気用として使うが、窓の清掃時には、大きく開けたり、反転させたりすることができる。   (14)① 15

解説

(1) 公衆便所の扉は、通路の通行の妨げとならないよう内開きとする。また、使用状態を確認しやすいように、未使用時には扉を開放しておく。

(2) 多人数の集中する扉では、避難時を想定して、外開きとし、かつ両開きとすることが望ましい。

(3) 外部に面する開き窓は、雨に濡れた際、水滴が室内に入らないように、外開きとする。

(4) ドレーキップ窓は、内開きと内倒しが両方可能な窓である。内倒しにすれば換気窓として使用でき、内開きにすれば清掃も容易である。

(5) 階段における手すりの高さは、踏面の先端の位置から 750 ～ 850mm が適当である。

(6)(7)(8)

屋根の勾配は、一般に、屋根材の吸水性が大きく、継目が多いほど急勾配とする。

陸屋根にアスファルト防水を行う場合の屋根勾配	1/100 ～ 1/50 程度
日本瓦引掛け桟瓦葺の屋根勾配	4/10 ～ 5/10 程度
アスファルトシングル葺の屋根勾配	3/10 程度

(9) 公共建築物におけるストール型小便器の心々間隔は、90cm 程度（最低 75cm 以上）とする。

(10) 4 人用の食卓の大きさは、短辺方向 70 ～ 90cm 程度、長辺方向 120 ～ 160cm 程度である。

(11) 屋根とその特徴について

棟木（大棟）から、二方向に葺き下ろすと切妻屋根、四方向に葺き下ろすと寄棟屋根である。

入母屋屋根は、上部を切妻、下部を寄棟として組み合わせた屋根である。

陸屋根は、傾斜のほとんどない平坦な屋根である。

(12) 突き出し窓は、換気用の小窓として高所に設けられることが多いが、遠隔操作によって開閉が可能である。

(13) 突き出し窓と内倒し窓は、いずれも換気や採光のために使用されることが多い。突き出し窓は上端を軸に、内倒し窓は下端を軸にして開閉するので、水密性については、突き出し窓のほうが優れている。

(14) 横滑り出し窓は、開閉に伴って軸が移動する窓であり、大きく開けたり反転させたりすることはできない。

解答　　(1)×　(2)○　(3)×　(4)○　(5)×　(6)○　(7)×　(8)○　(9)×　(10)○　(11)① b　② d　③ c　④ a　(12)○　(13)×　(14)×

コラム ▶▶▶▶ 各部および単位空間の計画

▷エシェリック邸（ルイス・カーン、1961）

「窓は様々な働きをしている。光を入れまたふさぎ、風を入れまたふさぎ、視線を導きまたさえぎり、そしてその開き閉じる方向と程度もまた様々である。一度それらを分解し、それぞれに最も適したかたちを与えてみよ。そして次にそれらをひとつに組み合わせてみよ。その結果、得られる窓のかたちに、君たちは驚嘆するに違いない」（香山壽夫『ルイス・カーンとはだれか』王国社、p.162より）。ルイス・カーンが学生達に繰り返し言ったとされるこの言葉ほど、窓の性格を的確に表現し、それに対する設計のあり方を明確に教示するものはない。

そしてこの言葉通りに、彼が設計した住宅が、エシェリック邸である。様々な大きさ、様々な形の窓が壁面に並んでいる。通風のための窓だけが開閉可能で縦に細長く、光を取り込むための窓は高い位置に横長に、外を眺めるための窓は、最も景色の良い公園に面した側は大きく、ちょっと覗き見るだけなら小さくといった具合に必要な大きさとプロポーションが決められている。

見た目の美しさへの偏重や大は小をかねる的な発想から、近年、外観を全面ガラスばりとする建築物が増えているが、果たして本当にそれで良いのだろうか。窓本来の意味を忘れてはいないだろうか。

エシェリック邸正面

エシェリック邸南側ファサード

▷シドニーオペラハウス（ヨルン・ウッツォン、1973）

屋根の主要な役割として、風雨や日射をさえぎること、あるいは屋根の下にある種の領域を作ることなどが考えられる。さらに、これらに加えて、スカイラインを形作るという役割も忘れてはならないだろう。屋根の形は建築物の外観を決定付け、ひいては街並全体の雰囲気をすら大きく左右する。

シドニーオペラハウスは、初期のスケッチに見られる「帆船」のイメージ、つまり「風をはらむ白帆のような軽やかな屋根」のイメージによってコンペ落選案の中から再度拾い上げられて当選した案である。しかしながら、このような複雑な形態を持つシェル屋根は当時の技術では建設が難しかったうえに、政治的なトラブルも絡んだため、実に着工から14年の歳月をかけて完成した。

構造設計家の努力による構造的解決方法の提案に負うところも大きいが、初期の屋根のイメージを建設不可能ということで諦めず、一貫して最後まで持ち続けたところにこの作品の真の価値がある。そのことは、現在、このオペラハウスがシドニーのみならずオーストラリアの顔として世界中の人々に知られていることが実証しているであろう。

オペラハウス全景

初期スケッチ

🔍 もっと調べてみよう！

事　項
　◇日本の伝統的な建具の種類と役割　　◇茶室の空間構成　　◇世界的に有名な家具のデザインと寸法

建築作品
　◇ロンシャンの教会（ル・コルビュジエ）　　◇アラブ世界研究所（ジャン・ヌーベル）　　◇白川郷の合掌造り集落

2-1 独立住宅の計画

2章 各種建築物の計画

「独立住宅」について

- 「独立住宅」とは、一般的には「戸建て住宅」のことであり、他の住戸とは独立して建てられる住宅のことである。
- 世の中には様々な建築物があるが、「住む」という機能を持った「住宅」は特別な意味を持つ。
- そこは人生の大部分を過ごす場所であり、家族との関係を築いていく根源的な場所である。
- 古今東西、多種多様な住宅が計画され建てられてきた。それぞれの地域の風土性や千差万別の生活スタイルが反映されたものである。

主な学習事項

- ・独立住宅における諸室の機能的なつながりと計画上の要点
- ・独立住宅のタイプ
- ・主要な戸建て住宅作品について、その概要と計画上の要点
- ・住宅の各種工法

1 独立住宅における平面計画と配置計画の原則

1 平面計画の原則

住宅における主要な必要諸室は、次の3種類に大きく分類することができる。

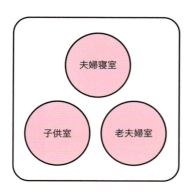
a. 個人的生活空間

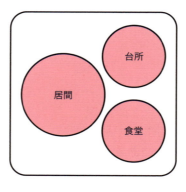
b. 共同的生活空間

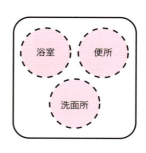
c. 衛生空間

- これら3種類の生活空間を、住み手の生活条件にあわせて変化させつつ、いかに機能的に組み合わせていくかが重要となる。
- 組み合わせるうえでは、玄関、ホール、廊下、階段、外部空間などをうまく活用し、同時に、家事室、客間、収納スペースなど、上記以外の諸室の配置にも十分配慮する必要がある。
- 一般に、次の原則を満たすように計画することが求められる。

　食寝分離　食事のための場と就寝のための場を分離すること。
　　　　　　つまり、食事室と寝室を別個の室として設けること。
　就寝分離　両親と子供、子供どうしで寝室を区別して設けること。
　公私分離　居間などの公室(共同的生活空間)と、寝室などの私室(個人的生活空間)を分離すること。
　　　　　　私室は、玄関から奥まった位置や2階に設けられることが多い。

2 配置計画

独立住宅の配置計画については、敷地条件や外部空間の利用要求を考慮する必要がある。
まとまった広さの良好な敷地に独立住宅を計画する場合、外部空間の利用について、次の各スペースの確保に留意する。

〈庭〉
　隣地からのプライバシーの確保、諸室の採光・通風の確保に配慮した位置とする。
　場合によっては、中庭や半屋外的空間として計画する。

〈駐車スペース〉
　1台当たり幅2.5～3m、奥行5～6m程度の面積が必要である。
　場合によっては、建物の1階に計画する。

〈**サービスヤード**〉：物干し場、ごみ置場
　家事作業の効率を考えて、家事室、勝手口に近接させる。

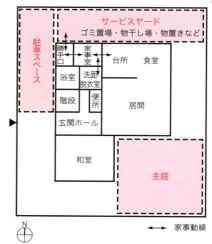

外部空間の利用

2 独立住宅における諸室の計画

■ 居間（リビング）
- 家族の共同的生活の中心となる場なので、原則として家全体の中で採光や通風などの条件が、もっとも良い場所に設ける。
- 最近の都市住宅では、2階に計画されることも多い。

■ 食事室（ダイニング）（図1）
- 独立した室として計画されることは少なく、次のように他室と連続した室として計画されることが多い。

  DK（ダイニングキッチン）　　　：食事室と台所が一室
  LD（リビングダイニング）　　　：食事室と居間が一室
  LDK（リビングダイニングキッチン）：食事室と居間と台所が一室

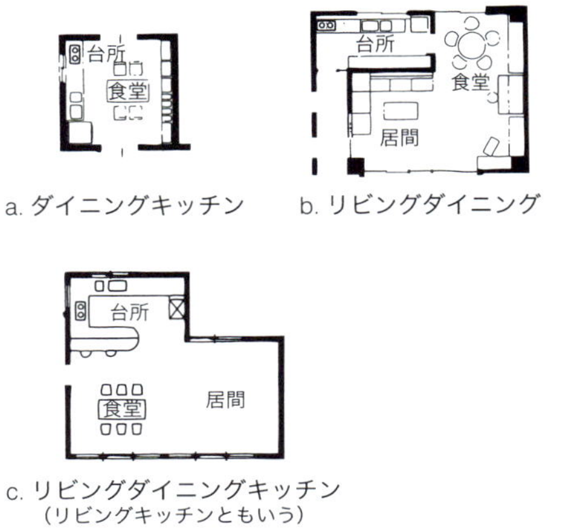

a. ダイニングキッチン　　b. リビングダイニング

c. リビングダイニングキッチン
（リビングキッチンともいう）

図1　ダイニングの種類

■ 台所（キッチン）（図2）
- 室の形状や調理作業の効率などを踏まえて、冷蔵庫、流し台、加熱調理器、食器棚などの配置を考える。以下のキッチンタイプがある。

  形状による種類：Ⅰ型（一列型）、Ⅱ型（二列型）、L型、U型
  周囲の壁面との関係による種類：
  　壁付型　　　　：壁に沿ってキッチンを配置。
  　アイランド型　：四方向に壁がなくオープン。
  　ペニンシュラ型：壁から垂直にキッチンが突き出す。

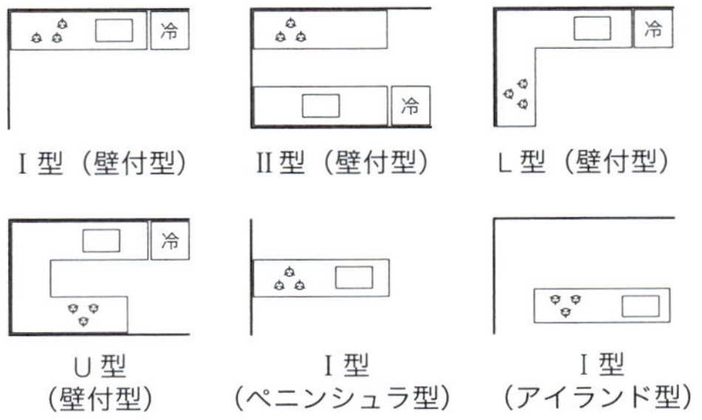

Ⅰ型（壁付型）　Ⅱ型（壁付型）　L型（壁付型）

U型（壁付型）　Ⅰ型（ペニンシュラ型）　Ⅰ型（アイランド型）

壁付型は調理に専念でき、アイランド型とペニンシュラ型は家族とのコミュニケーションを取りやすい。

図2　台所タイプ

■ 夫婦寝室（図3）
- 洋室の場合：ベッドを置くので最低13㎡程度必要
- 和室の場合：布団敷なら最低6～8畳必要
- ウォークインクローゼット（p.26参照）や書斎コーナーを含むこともある。　※ウォークインクローゼット…室として独立したクローゼット

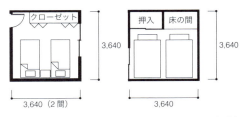

図3　夫婦寝室の寸法（収納等含めて8畳の場合）

■ 子供室（図4）
- 個室の場合、4.5～6畳（7.5～10㎡程度）の実例が多い。
- 小さい時は兄弟姉妹で一室を共有し、将来的に間仕切って個室にするなど、子供の成長にあわせて可変性を持たせることも検討する。

■ 老夫婦室（高齢者室）
- 身体的機能の低下を考慮して、1階でかつ、便所や浴室に近い位置が望ましい。
- ミニキッチンなどを設けることも検討する。
（高齢者に対する配慮と計画概要は、3-1節 p.160 で詳細説明）

■ 書斎
- 主に主人の仕事や趣味のための室。
- 夫婦寝室に隣接させることが多い。

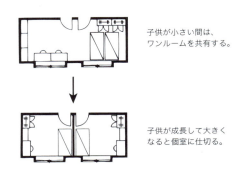

子供が小さい間は、ワンルームを共有する。

子供が成長して大きくなると個室に仕切る。

図4　子供室の可変性

■ 家事室（ユーティリティ）（図5）

- 洗濯、アイロン掛け、衣類の整理などの家事を行う室。
- 家事動線を考慮して、台所、脱衣室に隣接し、勝手口にも近い位置に設けることが望ましい。

■ 浴室（図6）

- 最低でも 150cm × 120cm 程度は必要。
- 入口扉は外開きとしない（水濡れを考慮）。

■ 洗面室・脱衣室

- 通常は洗面脱衣室として、1室で計画することが多い。
- 洗濯機の位置や家事室との連絡にも配慮する。

■ 便所（図6）

- 最低でも幅 90cm × 奥行 120cm 程度は必要。
- 場合によっては、2ヵ所の設置も検討する。
- 入口扉は内開きとしない（便所内で倒れた人の救出を考慮）。
- 手洗器を取り付ける場合、幅に余裕が必要となる。

■ 応接室・客間

- 客を接待する室であり、玄関付近に設けられることが多い。
- 宿泊まで考えると 6畳程度以上は必要。

■ 玄関

- 靴脱ぎ場と玄関ホールからなるが、下足箱の位置や応接室との接続などについて考慮する。

■ 廊下

- 最低でも幅 80cm 以上は確保する。
- 幅を広めに取り、収納スペースを兼ねたり、ホール的な溜りの場として活用することも検討する。

■ 階段（図7）

- 建築基準法上は、踏面 15cm 以上、蹴上 23cm 以下であるが、より緩やかにして昇り降りしやすいよう配慮する。

■ 押入・クローゼット・納戸（図8）

- 収納スペースは各室の面積の 20%程度取ることが望ましい。
- 種類に応じて必要な広さと奥行を確保する（p.10 に関連事項）。
   - 押入の奥行：布団の収納が必要となるので 80cm 程度必要
   - クローゼットの奥行：衣類の収納が主となるので 60cm 程度必要

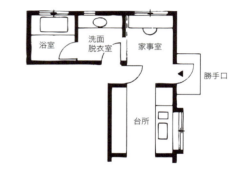

図5　家事室のつながり例

図6　浴室、便所の主要寸法

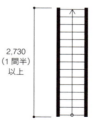

図7　住宅で用いられる階段の寸法

図8　ウォークインクローゼットを組み合わせた寝室例

③独立住宅の平面形式

１平面形式（プランタイプ）について

①中廊下型（図1）
- 廊下に沿って両側に諸室が並ぶタイプの住宅。
- 室から室への移動は、すべてこの廊下を介して行われる。
- 諸室の独立性は高まるが、反面、閉鎖的になりやすい。
- 廊下の長さと幅に留意する必要がある。

図1　中廊下型（1:400）

②ワンルーム型（図2）
- 個室に区切らず、家具による緩やかな間仕切や吹抜けなどをうまく使い、全体を一室空間として計画した住宅。
- 家族間の親密度は増すが、プライバシーの確保に留意する必要がある。
- 空間の広がりが感じられるため狭小住宅に適する。

図2　ワンルーム型（1:400）

③コートハウス型（中庭型）（図3）
- 建物もしくは壁や塀で囲まれた中庭を持つ住宅。
- 周辺環境に期待できない場合は有効である。
- 隣地からのプライバシーの確保、さらには採光条件や通風条件を改善するうえでも有効である。

図3　コートハウス型（1:400）

④コア型（図4）
- 台所、便所、浴室、洗面所などの水まわりや、階段などを耐震壁で囲み、一ヵ所にまとめて核（コア）とした住宅。
- 外周部に居室を配置できる。
- 経済的に有利である。

すべての独立住宅が、上記のどれかに明確に分類されるわけではなく、むしろ複数の傾向を合わせ持つ場合が多い。
また、上記以外に、ホール型や居間中心型などを設定することもある。

図4　コア型（1:400）

２日本の伝統的な住宅にみられる平面形式について

①町家（図5）
- 間口が狭く奥行の長い敷地に、入口から裏庭まで細長い土間を通し、これに面して各室を配置していくタイプの都市住宅。
- 前面道路側が商売空間、奥側が生活空間となる場合が多い。
- 広い意味ではコートハウス型住宅ともいえる。

②伝統農家（図6）
- 農作業や炊事のための土間、いろりを備えた居間、寝室、客室などからなる。
- 廊下はなく、各室が相互に接するため、いわゆる田の字型の四つ間型や、一室少ない三つ間型のプランとなることが多い。

これらは、現在の住宅の間取りやデザインにも少なからぬ影響を与え続けている。

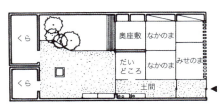

図5　町家の平面例

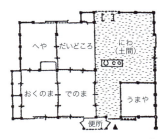

図6　農家の平面例（四つ間型）

④ 独立住宅の事例

１ 日本の代表的事例

① スカイハウス（菊竹清訓、1958）

- 室や設備の付加や交換により、**メタボリズム**の思想を体現した住宅。
- １辺約 10m の正方形平面が、4 枚の壁柱で空中に支えられている。
- 夫婦のためのスペースを中心とし、キッチン、浴室、トイレ、階段などは取り替えを考慮して周辺に配されている。
- 家族の増減についても、主空間から吊り下げられる子供室ムーブネットによって対応できる。

※メタボリズム…都市や建築を生物体としてとらえようとする運動

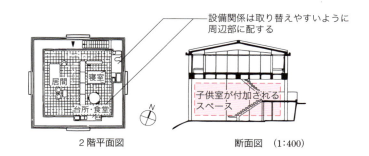

２階平面図　　　　断面図（1:400）

② 塔の家（東孝光、1966）

- 変形狭小敷地を克服した都市住居。
- 建坪は 3.6 坪のみであるが、内部に個室を作らず 6 層を垂直にワンルームとしてつなげることによって狭さの克服を図っている。
- 「狭さ」のなかでの、住居の在り方や家族の在り方が提示されることとなった。

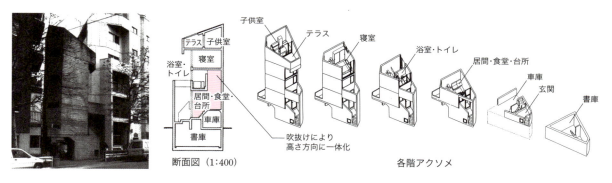

断面図（1:400）　　　各階アクソメ

③ 住吉の長屋（安藤忠雄、1976）

- 三軒長屋の中央にコンクリート打放しによる箱を挿入。
- 建蔽率の制限と外部の景観に期待できないことから、敷地の中央約 1/3 が空にのみ開かれた中庭とされた。
- 室の移動に中庭を介することとなったが、通風や採光は確保され、抽象化された自然と向き合う住居となった。

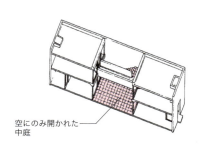
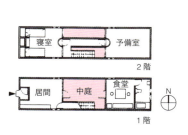

各階平面図（1:400）

2 日本のその他の事例

- **立体最小限住居**（池辺陽、1950、図1）
  戦後、機能主義的考えのもと、生活に必要な最小限の要素を抽出し、それをもとに計画。

- **斉藤助教授の家**（清家清、1952、図2）
  テラス、廊下、居間・食堂を連続させた開放的な空間とし、可動の家具や畳を配置することで、空間を状況に応じて変化させることができる。

- **正面のない家／H**（西澤文隆、1962、図3）
  外部空間を塀によって囲い込んで中庭化する一連の作品の一つ。
  居間を中庭に突出させつつ、すべての居室を中庭に面させる。

- **山川山荘**（山本理顕、1977、図4）
  諸室が独立したボックスとして、屋根と床に挟まれる。
  室どうしをつなぐ動線はすべて外部空間として処理される。

- **シルバーハット**（伊東豊雄、1984、図5）
  中庭を含めて、室ごとに鉄骨フレームによるヴォールト屋根を架ける。
  中庭屋根は、テントにより開閉可能なため、半屋外空間として機能する。

3 諸外国の事例

- **ロビー邸**（フランク・ロイド・ライト、1909）
  プレーリーハウス（草原住宅）の典型例。
  大地と呼応するように軒を深く出して水平性を強調。

- **シュレーダー邸**（ヘリット・トーマス・リートフェルト、1924）
  三原色や直角の原理など、デ・スティルの構成原理を具現。
  2階は可動間仕切壁によって、数室に分割可能。

- **サヴォア邸**（ル・コルビュジエ、1929）
  内部はスロープを中心に構成され、屋上庭園、ピロティー、水平連続窓などの提案を、自由な平面と自由な立面とともに表現。

- **イームズ自邸**（チャールズ＆レイ・イームズ、1949）
  工業製品を組み立てて作るという、戦後の工業化時代における住宅の在り方を示した、ケーススタディハウスの一つ。

※落水荘（カウフマン邸）、ファンズワース邸はコラム参照。

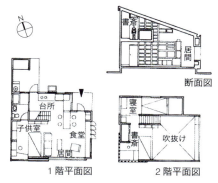

図1　立体最小限住居（1:400）

図2　斉藤助教授の家（1:400）

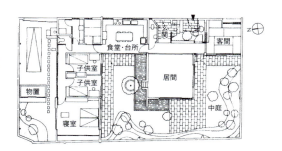

図3　正面のない家／H（1:400）

図4　山川山荘（1:400）

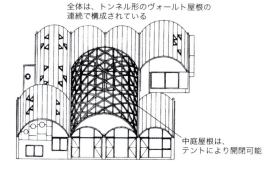

図5　シルバーハット（1:400）

演習問題 ▶▶▶▶▶ 独立住宅の計画

2級建築士学科試験では、独立住宅に関しては毎年必ず1題出題される。そのうちの多くはバリアフリーに配慮した住宅の計画（3章1節で扱う）についてである。それ以外に、住宅のタイプや諸室の計画全般に関する出題が多い。
1級建築士学科試験では、具体的な建築作品についての設問がしばしばある程度で、出題頻度は少ない。

問題

独立住宅に関する計画について、以下の正誤を判断せよ。

出題年

(1) 家事を能率的に行うために、サービスヤードへの動線を考慮して、ユーティリティを配置した。
(1)② R6、R3、27、23、20、19、17、14

(2) 床面積20㎡の主寝室に付属する収納スペースの広さを2㎡とした。
(2)② 28、23、19、17、12

(3) 調理をしながら家族や来客と会話がしやすいように、台所の形式をアイランド型とした。
(3)② R2、19

(4) 子供室は、将来的に間仕切ることを考慮した共用の1室として計画した。
(4)② 18

(5) ツインベッドを用いる夫婦寝室の広さを、収納スペースを含めて、内法面積で9㎡とした。
(5)② 30、29、26、25、21、11

(6) コートハウスとは、建築物や塀で囲まれた中庭を持つ形式の住宅のことである。
(6)② 29、15、12、① 26、21、15

(7) 町家とは、4室程度の居室を廊下を介さずに田の字型に配した伝統的な住宅形式のことである。
(7)② 15 ① 21

(8) 最小限住宅とは、狭小住宅のことである。
(8)② 15、① 15

(9) 設備コアによるコアプランは、外周部に居室部分を計画することができる。
(9)② R6、R2、29、27、14 ① 21、15

(10) 就寝分離とは、居間などの共同的空間と寝室などの個人的空間とを分けることである。
(10)② R3、13

(11) スカイハウス（菊竹清訓）は、工業化住宅の試みとして発表された「15坪住宅」であり、吹抜け空間を設けることで、狭小性の克服を目指した住宅である。
(11)① 25、20

(12) イームズ自邸（チャールズ・イームズ）は、無彩色と青・赤・黄の三原色が組み合わされたデ・スティルの構成原理を具現した住宅である。
(12)① 20

(13) 塔の家（東孝光）は、小面積で不整形な敷地条件に対し、住空間を機能別に積層して構成した都市住宅である。
(13)① 18

(14)* 住宅において、4人用の食卓のあるダイニングキッチンの広さを、内法面積で15㎡とした。
(14)② R5、30、26、25、21、11

(15)* 地階における居室に採光や通風を得るために、光庭を設け、その庭に面して開口部を設けた。
(15)② 17

(16)* 両側に側壁のある高さ3mの階段の場合、少なくとも片側には手すりを設ける。
(16)② 14

(17)* 寝室の気積（居室の容積）を、1人当たり6m³として計画した。
(17)② R5、R2、12

解説

(1) ユーティリティは家事室とも呼ばれ、調理以外の家事作業の中心となる室である。物干しやゴミ出しのためサービスヤードとは直結していることが望ましい。

(2) 収納面積は、各居室の床面積の20%、また延べ面積に対しては10%以上は必要である。

(3) アイランド型キッチンは、一般に、ダイニングに向かって調理することとなり、また、アイランド部分を活用して複数で一緒に調理することもできるので、家族や来客と会話がしやすい。

(4) 小学校低学年程度まで共用の1室として広く使い、その後、間仕切って独立した室として使えるようにすることは妥当である。

(5) 収納スペースを含めるなら、最低8畳（約13㎡）の広さが必要である。

(6) コートハウスとは、建築物や塀で囲まれた中庭を持つ形式の住宅のことで、隣地からのプライバシーが確保しやすく、採光や通風の面でも有利である。

(7) 町家とは、奥行の長い敷地に入口から奥に通じる通り庭に面して各室が配置された、伝統的な住宅形式のことである。

(8) 最小限住宅とは、戦後、機能主義的考えのもと、生活に必要な最小限の要素を抽出し、それをもとに計画された住宅のスタイルのことである。

(9) 住宅の中心部に台所、トイレ、浴室などの水まわり諸室が配されるので、外周部に居室部分を計画することが可能となる。

(10) 就寝分離とは、両親と子ども、あるいは兄弟姉妹で寝室を分離することである。設問は公私分離についての説明である。

(11) スカイハウスは、メタボリズムの考え方に基づき、一辺約10mの正方形平面の生活空間が、4枚の壁柱で空中に支えられた住宅である。
設問は、立体最小限住居（池辺陽）についての説明である。

(12) イームズ自邸は、第二次世界大戦後に、工業化時代の新しい住宅のあり方を示したケーススタディハウスの一つである。
設問は、シュレーダー邸（リートフェルト）についての説明である。

(13) 塔の家は、敷地面積6坪の狭小敷地に建てられた6層が垂直にワンルームでつながる都市住宅である。

(14) ダイニング部分に約7㎡（4.5畳程度）、キッチン部分に約5㎡（3畳程度）を見込むなら、約12㎡以上あれば、ダイニングキッチンを設けることが可能である。

(15) 地階は、採光条件や通風条件が不利となるので、光庭やドライエリア（地階に窓を設けるために掘りこまれた部分）を設けて改善することは有効である。

(16) 高さ1mを超える階段には手すりが必要である。

(17) 寝室の気積（床面積×高さ）は、3畳分、つまり床面積約5㎡×高さ約2.4m＝約12m³程度は必要となる。

解答　　(1)○　(2)×　(3)○　(4)○　(5)×　(6)○　(7)×　(8)×　(9)○　(10)×　(11)×　(12)×　(13)○　(14)○　(15)○　(16)○　(17)×

5 独立住宅の工法

1 住宅の工法に関する用語

プレファブリケーション

工場であらかじめ部材を製作しておき、現場では組立て作業のみを行う方式。

次のような利点がある。
- 部材の規格化により、大量生産が可能になるとともにコストダウンできる。
- 建築物の品質の安定や向上が見込める。
- 建設工期を短縮することができる。
- 専門技術者を削減できる。

プレカット

木材の継手・仕口など、部材の接合部を、現場の手作業で作るのではなく、あらかじめ工場で加工する方式。

※継手…部材をつなげて長さを長くするときの接合部
　仕口…部材を直角に、または斜めにつなぐときの接合部

2 各種工法

①在来軸組工法

柱・梁を主要構造とする、もっとも一般的な工法。

②ツーバイフォー工法

2×4インチを基本単位とした木材によって形成した枠組に、構造用合板や石こうボードなどを打ち付けて、壁や床を構成する方式。

③木質パネル工法（図1）

壁・床・屋根スラブなどの構造体を、あらかじめ木質パネルとして工場で生産し、現場で組み立てる工法（②③はまとめて**枠組壁工法**という）。

④丸太組工法（図2）

木材を横置きにして積み重ねることにより、壁体を井桁のように組み上げる工法。

ログハウスに用いられ、日本では校倉造（あぜくらづくり）と呼ばれていた工法。

⑤ユニット工法（図3）

あらかじめ工場でボックス型のユニットを作り、現場に運搬していくつかのユニットを組み合わせる工法。

⑥ALC工法

主に鉄骨造の構造体に、工場で生産したALC板を外壁や床として取り付ける工法。

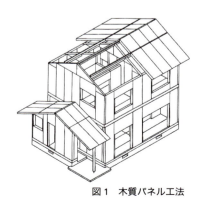

図1　木質パネル工法

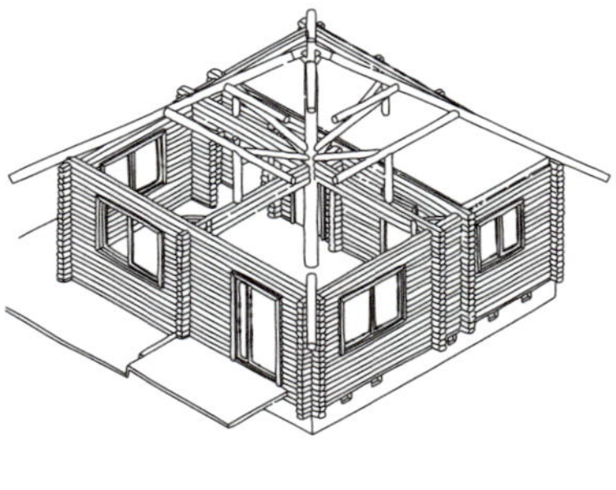

図2　丸太組工法

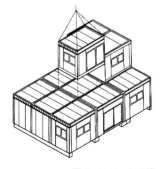

図3　ユニット工法

演習問題 ▶▶▶▶▶ 独立住宅の工法

　　住宅の工法に関する問題は、2級建築士の学科試験で数年置きに出題される。出題内容はパターン化されており、基本事項をおさえておけば十分対応できる。

問題

住宅の工法に関する以下の問いについて、正誤を判断せよ。

	出題年

(1)　プレファブ工法は、丸太材や角材を使用して、壁体を井桁のように組み上げる工法である。 — (1)② R3、28、24、18、14

(2)　プレカット方式は、枠組壁工法（ツーバイフォー工法）特有の方式である。 — (2)② R1、24、18、15、14、11

(3)　木質パネル工法は、あらかじめ工場で生産した木質パネルを、主に壁などの構造上主要な部分に使用し、現場で組み立てる工法である。 — (3)② 28、24、18、15、11

(4)　枠組壁工法（ツーバイフォー工法）では、必ず2インチ×4インチの部材が使用される。 — (4)② R3、R1、24、11

(5)　ボックスユニット工法は、プレキャストコンクリート板を使用して現場で箱状に組み立てる方式である。 — (5)② R3、R1、28、24、14

(6)*　木造軸組工法においては、構造用合板などを使用することにより、高い剛性をもたせることが可能である。 — (6)② 18、15

解説

(1)　プレファブ工法は、建築部材をあらかじめ工場で生産する方式で、大量生産が可能である。
　　設問は、丸太組工法についての説明である。

(2)　プレカット方式は、木材の切断や継手・仕口の加工を、建築現場ではなく、工場で行う方式である。木造在来軸組工法でも使用される方式である。

(3)　木質パネル工法は、壁、床、天井などの構造体を規格化された木質パネルとして工場で生産し、現場で組み立てる工法である。

(4)　枠組壁工法（ツーバイフォー工法）では、2インチ×4インチの部材以外にも、2インチ×6インチ、2インチ×8インチなど、数種類の断面寸法の部材をあわせて使用する。

(5)　ボックスユニット工法は、住宅を箱状の複数のユニットに分け、工場内で箱状の仕上に近い状態まで造っておき、現場に運んで組み上げる方式である。

(6)　木造軸組工法は、柱と梁による構造であるが、構造用合板を用いることで高い剛性を得ることができる。

解答　　　　　　　　　　　　　　　(1)×　(2)×　(3)○　(4)×　(5)×　(6)○

実践演習 ▶▶▶▶ 住宅1

課題：「三世代同居のための専用住宅（二世帯住宅）」

設計条件
- 敷地
  - 第1種住居地域内で、防火地域、準防火地域の指定はない。敷地は平坦で、地盤面と道路面および隣地との高低差はなく、下図の通りである。電気・ガス・上下水道は完備している。
  - 敷地内に2台分の駐車スペースと別棟の物置を設けること。
  - 外部空間には庭を設け植栽を施すこと。

- 構造規模
  木造2階建、延べ床面積 140 ～ 160㎡
  （別棟物置および屋外駐車スペース、テラス、ピロティなどの外部空間は床面積から除くこととする）

- 家族構成
  老夫婦、夫婦、子供男女2人（中学生）

- 所要室
  玄関、居間、食堂、台所、老夫婦室（和室）、老夫婦専用の簡単な調理スペース、夫婦室、子供室（2室設けること）、便所（各階）、浴室、洗面脱衣室、納戸、その他必要と思われるものは加えてもよい（所要室の面積については、適宜とする）。

要求図面（縮尺はすべて1：100）
- 1階平面図（配置図を兼ねる）
- 2階平面図（1階に屋根がある場合は、1階屋根伏図も描くこと）
  （平面図については、シングルラインで描き、壁厚や柱は描かなくてもよいものとする）
- 面積表（1階床面積、2階床面積、延べ床面積を記入）

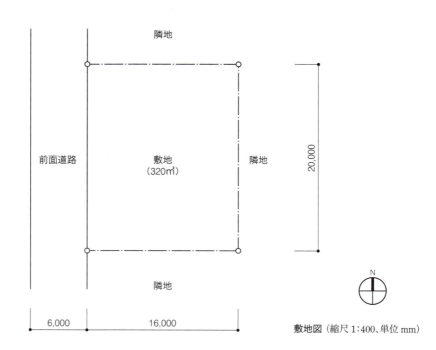

敷地図（縮尺 1:400、単位 mm）

■計画の進め方

手順1

延べ床面積から建物のおおよその大きさの見当をつける。

- 延べ床面積140〜160㎡なので、仮に最大の160㎡と考える（通常は要求面積の中央で考えることが多い）。
- 1階、2階を同じ大きさで考えるなら、1階、2階ともに80㎡となる。
- 建築面積が80㎡ということは、敷地面積320㎡に対して1/4の大きさで十分ということとなる。

手順2

外部空間との兼ね合いから、建物の形状、プロポーション、配置を考える。

- 建物の形状はとりあえず、単純な長方形とする。
- プロポーションは、南面採光を考え、東西に横長とする。
  8m × 10m、7m × 11m、6m × 12m くらいを候補とする。
  ただし、910mm モジュールで考えるなら、
  7,280mm × 10,010mm、7,280mm × 10,920mm、
  6,370mm × 11,830mm、8,190mm × 9,100mm くらいが候補となる。
  説明では、7,280mm × 10,920mm を採用したとする。
- 南側にできるだけ大きく庭を取ることを考えるならば、駐車スペースは北側となる。（住宅なので2台分を縦列駐車としているが、理想は並列駐車）
- 敷地全体のゾーニングは右図のようになる。道路側の空きは玄関へのアプローチ、北側東側の空きはサービスヤードとして活用する。

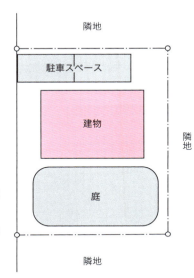

手順3

1階、2階の大まかなゾーニングとおおよその部屋の配置を決める（下記はもっとも標準的な案）。

1階「団らん（LDK）ゾーン」　居間、食堂、台所
　　「親世帯ゾーン」　老夫婦室、老夫婦専用の簡単な調理スペース
　　「水まわりゾーン」　便所、浴室、洗面脱衣室
2階「子世帯ゾーン」　夫婦室、子供室（2室）、便所、納戸

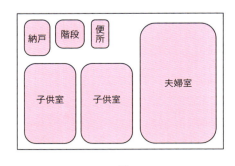

1階　　　　　　　　　　　2階

2階の諸室の合計面積が小さすぎる場合の対応
　▶要求された延床面積を下回ってしまう場合
　　セカンドリビングや趣味室などを2階に付け加えて、2階床面積を増やす。
　▶要求された床面積におさまる場合
　　そのままとするか吹き抜けやベランダを設けることで大きく見せる。
　（2階が小さい場合は、2階平面図に1階の屋根伏図を描くことになる）

1階の諸室が収まらない場合の対応
　　1階の床面積を増やし、2階の床面積を減らすことで調整する。

解答例

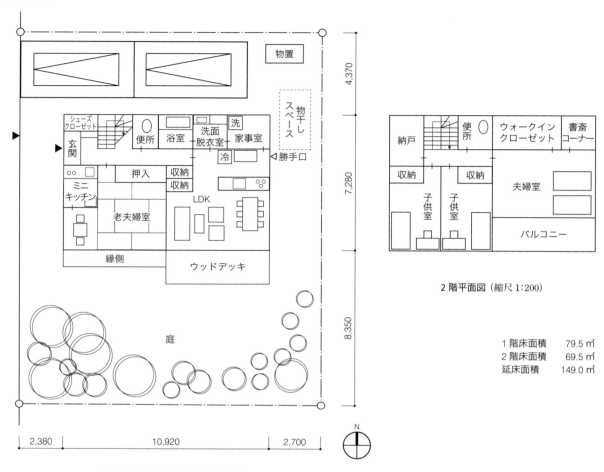

他の解答例

建物を西側に寄せて建て、東側に庭を確保する案。

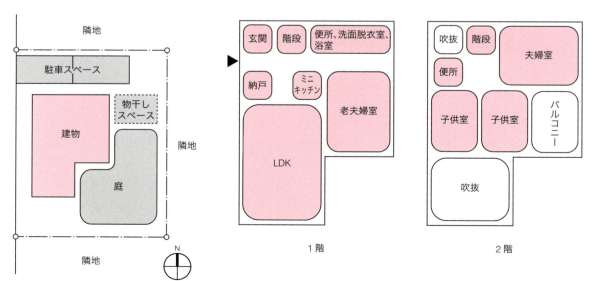

実践演習 ▶▶▶▶ 住宅2

課題：「既存樹木を生かした専用住宅」

設計条件
- ●敷地
  - ・第1種住居地域内で、防火地域、準防火地域の指定はない。敷地は平坦で、地盤面と道路面および隣地との高低差はなく、下図の通りである。電気・ガス・上下水道は完備している。
  - ・既存の樹木はそのまま利用する。樹木の存在する範囲（4m × 6m）には建物を建てることはできない。
  - ・敷地内に1台分の駐車スペースを設けること。

- ●構造規模
  木造2階建、延べ床面積120㎡程度
  （屋外駐車スペース、テラス、ピロティなどの外部空間は床面積から除くこととする）

- ●家族構成
  夫婦、子供男女2人（幼児）

- ●所要室
  玄関、居間、食堂、台所、家事室、夫婦室、趣味室、子供室、便所（各階）、浴室、洗面脱衣室、納戸、その他必要と思われるものは加えてもよい。

要求図面（縮尺はすべて1：100）
- ・1階平面図（配置図を兼ねる）
- ・2階平面図（1階に屋根がある場合は、1階屋根伏図も描くこと）
  （平面図については、シングルラインで描き、壁厚や柱は描かなくてもよいものとする）
- ・面積表（1階床面積、2階床面積、延べ床面積を記入）

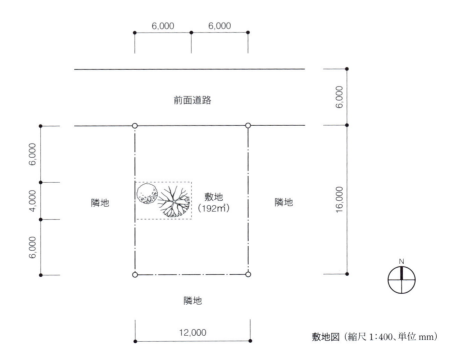

敷地図（縮尺1：400、単位mm）

■ 計画の進め方

手順1

延べ床面積から建物のおおよその大きさの見当をつける。
- 延べ床面積約120㎡程度なので120㎡として考える。
- 1階、2階を同じ大きさで考えるなら、1階、2階ともに60㎡となる。
- 建築面積が60㎡ということは、敷地面積168㎡（樹木の部分を除く）に対して1/3程度の大きさで十分ということとなる。

手順2

外部空間との兼ね合いから、建物の形状、プロポーション、配置を考える。
- 樹木があるので建物の形状を長方形とすることは難しい。
- 前面道路との関係で駐車スペースを北側に取ることを考えて建物の形は右図のようなL字型とする。
  - 910mmモジュールで考え、
  - 東西9,100mm×南北10,920mmの長方形から、
  - 北西部分4,550mm×7,320mmが欠けた形として考えてみる。
  - 1階床面積は、66㎡となる。
  - 2階で一部吹抜けを設け、延べ床面積を調整する。
- この案の弱点は建物が敷地の南側に寄っていることであり、南側の隣地の建物の配置によっては、採光で不利になる恐れがある。
- 別案としては、駐車スペースをピロティとするなどして、建物を敷地の北側に寄せて建てることで、南側を空けることも可能である。
  また、LDKを2階に設けることも一案である。

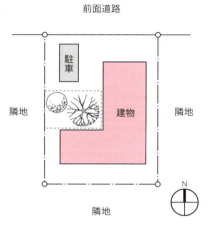

手順3

1階、2階の大まかなゾーニングとおおよその部屋の配置を決める（標準的な案を提示する）。
- 1階「団らん（LDK）ゾーン」　居間、食堂、台所
  「水まわりゾーン」　便所、浴室、洗面脱衣室、家事室
- 2階「寝室ゾーン」　夫婦室、子供室（2室）、趣味室、便所、納戸

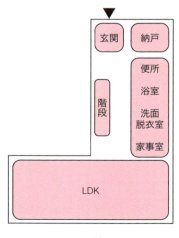

1階

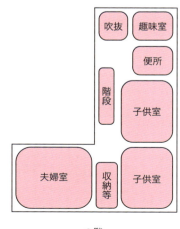

2階

解答例

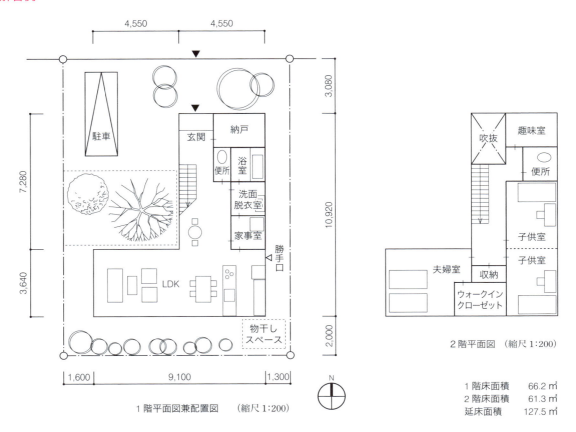

1階床面積　66.2 ㎡
2階床面積　61.3 ㎡
延床面積　127.5 ㎡

他の解答例

建物を北側に寄せて建て、既存樹木の南側に庭を確保する案。
（駐車スペースをピロティとすれば、さらに南側を広く空けることも可能）

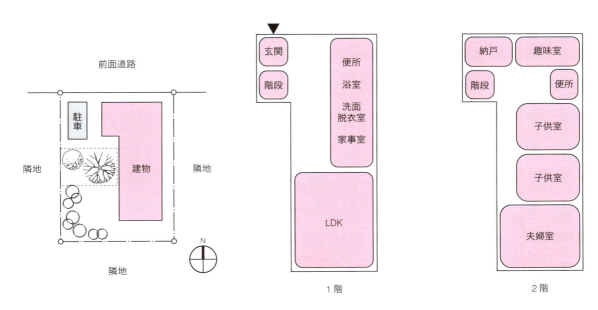

コラム ▶▶▶▶ 独立住宅の計画

▷落水荘（フランク・ロイド・ライト、1936）

「川を見ながら暮らすのではなく、川とともに暮らすのです」、ライトが施主カウフマン氏に言ったとされるこの言葉にすべてが表れているであろう。

建物は、片持梁の利用によって、まるで川の真上に建っているかのように見える。外観は、川の水平な流れと滝による垂直な流れのリズムをそのまま幾重にも組み合わせたような直交性を強調したものであるが、垂直方向の要素には地元の石が使われ、周辺の環境に無理なく溶け込んでいる。

リビングを中心とした内部空間は、広々として流動的であり、同時に、大きなガラス窓やテラス、さらには川へ直接降りる階段などによって外部に向かっても開かれている。外部で使われていた石が室内でも連続的に使われており、内部空間と外部空間の相互浸透が強められている。暖炉の前には、カウフマン一家が川で日光浴をした時の思い出の岩が据えられるなど、細やかな配慮も見られる。

いわゆるインターナショナルスタイル（国際様式）として近代建築が失っていく地域性や敷地とのかかわりが、逆にこれほどまでに強固に発揮された住宅は他に例を見ない。

川越しに見る落水荘外観

1階平面図

▷ファンズワース邸（ミース・ファン・デル・ローエ、1950）

8本のH型鋼で床スラブと屋根スラブを挟み込み、外部に面する壁面を全面ガラスとした単純かつ明快なつくりは、「ユニバーサルスペース」へと結実していくミースの建築哲学を端的に物語っているといえるだろう。

しかし、住みやすさが建築家個人の建築哲学の犠牲になって損なわれてしまうことはあってはならない。その意味で施主とのトラブルがあったことも含めて槍玉に挙ることもある本作品であるが、浴室や便所など、プライベート部分に関しては中央の木製コア内部に配し全面ガラス張りによる周囲からの視線を遮断している。また、木製コアの存在とその絶妙な位置によって、内部空間は連続性を保ちながらもダイニング、リビング、キッチン、寝室のおおむね4つのスペースにそれぞれ適当な広さを持って緩やかに分割されている。さらに外部から内部へのアプローチも、床のみの外部テラス、屋根付きのエントランスポーチを経て段階的に導かれるよう工夫されている。

単純さの中に多様性を内包すること、あるいは、複雑性をそのまま複雑性として提示するのではなく、明快な構造のもとにまとめあげること、我々が建築計画において留意すべき重要なポイントではないだろうか。

ファンズワース邸外観

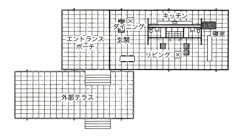
1階平面図

♥もっと調べてみよう！

事　　項
　◇二世帯住宅　　◇狭小住宅　　◇週末住宅（ウィークエンドハウス）　　◇脱nLDK

建築作品
　◇岡山の住宅（山本理顕）　◇軽井沢の山荘（吉村順三）　◇聴竹居（藤井厚二）　◇House N（藤本壮介）

2-2 集合住宅の計画

「集合住宅」について

- 「集合住宅」とは、一つの敷地（多くの場合、一つの建物となる）の中に複数の住戸が存在する住宅のことである。
- 人間は、古来、共同体を形成して集まって住む利点を生かしてきた。
- 戸建て住居群による集落だけでなく、中国に見られる〈客家の土楼〉や、古代ローマの〈インスラ〉と呼ばれる都市庶民住宅など、集合住宅の歴史は古い。
- 現在でも、人それぞれの生活スタイルや、地域コミュニティのあり方などを踏まえた様々なタイプの集合住宅が提案され続けている。

主な学習事項

- 集合住宅の様々なタイプの特徴およびその長所・短所
- コーポラティブハウスやコレクティブハウスなどを含む近年の潮流
- 主要な集合住宅作品について、その概要と計画上の要点
- 集団住宅地の計画の概要

1 集合住宅の形式と分類

■ アクセス形式による分類

各住戸に対する共用廊下・階段室（エレベーターホール）の接続形式から集合住宅を分類すると、次のようなタイプがある。

□ :階段およびエレベーター
□ :共用廊下

①片廊下型

共用廊下に面して片側に住戸が連続して並ぶ形式

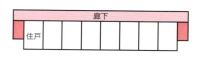

長所
・すべての住戸の居住条件を均等にすることが容易。
・エレベーター1基当たりの住戸数を多くできる。

短所
・共用廊下側に居室を取る場合、プライバシーが失われやすい。

②中廊下型

共用廊下に面して両側に住戸が連続して並ぶ形式

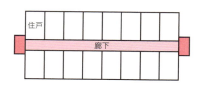

長所
・住戸数を多く取ること（高密度にすること）が可能である。
・エレベーター1基当たりの住戸数を多くできる。

短所
・住戸の開口部を一方向にしか取れないので、採光や通風など居住条件は最も不利である。
・各住戸の日照条件を平等にするためには、住棟の配置は南北軸に沿うものに限定される。

③ツインコリダー型

光庭を挟んだ2本の共用廊下に面して住戸が連続して並ぶ形式

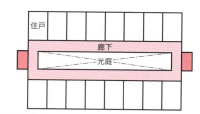

長所
・中廊下型の長所を生かしつつ、採光や通風などの条件について若干改善される。

短所
・共用廊下側に居室を取る場合、プライバシーが失われやすい。
・各住戸の日照条件を平等にするためには、住棟の配置は南北軸に沿うものに限定される。

④階段室型

共用廊下を介さず、階段室に面して住戸が配される形式

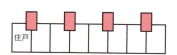

長所
・住戸は二方向もしくは三方向に開口を取れるので、採光や通風などの居住条件が良く、プライバシーも確保されやすい。

短所
・高層でエレベーターを設置する場合、1基当たりの住戸数が少ない。
・二方向避難の計画が難しい。

⑤ 集中（ホール）型

階段・エレベーターを中央に置き、その周囲に住戸を配置する形式

長所
- 中廊下型と同様に高密度にすることができる。
- 構造的に安定するので高層化も可能である。
- 共用廊下の面積を節減できる。

短所
- 二方向避難の計画が難しい。
- 開口部が一方向にしか取れない住戸では居住条件が悪くなる。

⑥ スキップフロア型

共用廊下（エレベーター停止階）を2～3階おきとする形式

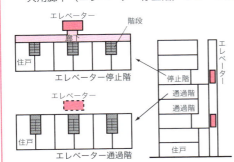

長所
- 共用廊下がすべての階にあるのではないので、片廊下型に比べると、共用廊下の面積を節減することができる。
- 共用廊下のない階の住戸では、外気に接する二方向の開口部を設けることができるので、居住性は高まり、プライバシーも確保される。

短所
- 共用廊下のない階の各住戸へのアクセス動線は、共用廊下階でエレベーターを降りた後、さらに共用廊下から階段を経て自分の住戸階まで歩く必要があり長くなる。
- 共用廊下のある階の住戸では、廊下の人通りが多く、居住性は片廊下型と大差ない。

表1 各形式の特徴一覧

	通風・採光などの居住条件	プライバシーの確保	建築面積に対する住戸の集密度（経済性）	共用廊下面積	動線の長さ	避難路の確保（二方向避難）
①片廊下型	△	×	○			○
②中廊下型	×	○ 共用廊下側に居室がない場合	○			○
③ツインコリダー型	△	×				
④階段室型	○			少	短	×
⑤集中型			○	少		×
⑥スキップフロア型	○ エレベーター通過階	○ エレベーター通過階		少	長 エレベーター通過階	

（特徴的なもののみ記した）

- 上記以外にボイド型（ツインコリダー型を高層化したタイプ）を入れることがある。
- また、以上の分類はあくまで教科書的な分類であり、実際にはこれらの中間的なタイプ、うまく長所を組み合わせたタイプ、さらにはどのタイプにもあてはまらないタイプなど、多様なタイプが存在する。
- いずれにしても、敷地条件や経済的条件など、与えられた様々な計画条件の中で、いかに多数の人々が快適に集まって住むことができるかが模索され続けている。

❷ 住戸の断面形式による分類（図1）

フラット：一つの住戸が一層の形式。
メゾネット：一つの住戸が複数層にわたる形式。
　　　　　　住戸内に階段が必要となるので、床面積の小さな住戸には適さない。
　　　　　　スキップフロア型と組み合わされることが多い。

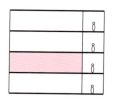
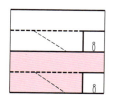

a. フラット形式　　b. メゾネット形式

図1　断面形式による集合住宅の分類

❸ 住戸群の関係による分類（図2）

独立住宅：住戸は1戸ずつ独立しているが敷地を共有するもの。
連続住宅：住戸を水平方向に連続させたもの。
共同住宅：住戸を高さ方向に積み上げたもの。

❹ 様々なタイプの集合住宅

タウンハウス
・共用の中庭を中心に、それを囲んで各住戸が配置される形式の集合住宅。

テラスハウス
・多数の低層住戸を壁を介して横に連続させた集合住宅。
・各住戸が地面に接し専用庭を持つ。

ポイントハウス
・画一的な板状の住棟群の中にあって塔状に高い集合住宅。
・単調な景観に変化をもたらすことができる。

コーポラティブハウス
・入居希望者が協力して、企画・設計・入居・管理を運営していく方式の集合住宅。
・居住者の様々な意図が計画に反映されやすい。

コレクティブハウス
・各居住者は生活の独立性を保ちながら、家事労働や子育てなどについて、ある程度協働する方式の集合住宅。
・高齢者住宅としても注目されている。

スケルトン・インフィル型集合住宅（図3）
・構造体部分（スケルトン）と内装・設備部分（インフィル）を分離した工法による集合住宅。
・構造体部分（スケルトン）を残し、内装・設備部分（インフィル）のみを改修することで様々な変化に対応できる。
・省資源・省エネルギーに寄与することでも注目されている。

リビングアクセス型集合住宅（図4）
・共用廊下側に居間を配する形式。
・各住戸の表情を出しやすい。
・プライバシーの確保には注意を要する。

図2　住戸群の関係による集合住宅の分類

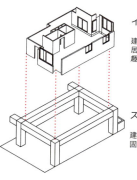

図3　スケルトン・インフィルの考え方

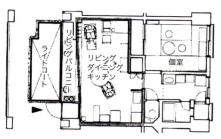

図4　リビングアクセス型集合住宅の間取り例

2 集合住宅の計画上の要点

1 集合住宅の長所・短所

〈長所〉
- 設備の共同化などにより経済的である。
- 住戸部分を集約しているので、共有スペースや共有の屋外空間を広く取れる。
- 住民どうしのつながりを楽しむことができる。

〈短所〉
- プライバシーを守りにくい。
- 採光や通風の面で不利になりやすい。
- 1住戸の面積が狭くなりやすい。
- 十分な広さの庭を取ることが難しい。

2 住戸の平面計画について（図1、2）

(1) 片廊下型や中廊下型の場合、隣の住戸と接している壁には窓を取ることができないので、採光条件、通風条件が不利となりやすい。次のような解決策がある。

◎ 窓側に居室群を一体化してまとめる。
- 居間（リビング）、食堂（ダイニング）、寝室、子供室などの居室には法律上、窓などの開口部が必要となる。ただ、すべてを個別に窓側に面して配することはできないので居間、食堂、台所をまとめてLDK一体型とすることが多い。
- それ自身に窓がなくても、他の居室と障子や襖を介してつなげることで採光面積を確保できる和室を組み合わせる方法もしばしば用いられる。

◎ ライトウェル（光井戸）やライトコート（光庭）を設ける。
- ライトウェル（光井戸）などを設けることで、それに面して開口部を取ることができるので、採光条件、通風条件が改善される。

(2) 集合住宅では、各住戸が専有できる十分な広さの屋外空間が不足しがちである。次のような解決策がある。

◎ 1階の住戸には専用庭を取り、上階の住戸には十分な広さのベランダを取るよう配慮する。
◎ 玄関前に自転車や植木鉢等を置ける**ポーチ**や**アルコーブ**（くぼみ）を設けるなど、工夫して、専有できる室外スペースを確保する。

その他、騒音対策や外部からの視線に対する対策などのプライバシーの確保についても、十分検討する必要がある。

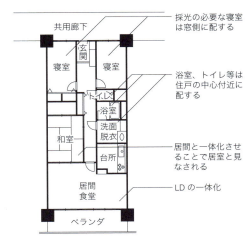

図1　一般的な住戸平面（1:300）

図2　ライトウェル（光井戸）とアルコーブを利用した住戸例（1:300）

> **プラスα**
> **台所（キッチン）は居室か**
> 　居室とは、建築基準法上は「居住、執務、作業、集会、娯楽その他これらに類する目的のために継続的に使用する室」と規定されている。
> 　一般的に、台所は居室として扱われる場合が多いようであるが、次の条件に該当する場合は居室と見なされない。
> ①調理のみに使用し、食事等の用に供しないこと
> ②床面積が小さく、他の部分と間仕切等で明確に区分されていること

③集合住宅の事例

■日本の代表的事例

① **同潤会江戸川アパート**（同潤会設計部、1934、図1）
- 関東大震災後の住宅難に対処すべく設立された同潤会により建設された都市型アパートの最後の作品。
- 鉄筋コンクリート造であることや、水洗便所、エレベーターなど、当時としては近代的な設備を備え、また、食堂、共同浴場などの共有スペースも充実していた。
- 保存が叫ばれるなか、2003年解体された。

図1　同潤会江戸川アパート

② **晴海高層アパート**（前川國男、1958、図2）
- 戦後1955年に設立された日本住宅公団が手掛けた初の高層（10階建て）賃貸集合住宅。1997年解体された。
- 2戸×3層の6戸を単位とした住戸群が鉄骨鉄筋コンクリート造の大架構（メガストラクチャー）のなかに配される。
- スキップフロア型で、非廊下階の住戸では東西両面に開口部のある間取りとなる。

図2　晴海高層アパート

③ **代官山ヒルサイドテラス**（槇文彦、1969〜92、図3）（p.180 に関連事項）
- 下階に商業施設を複合させた都市型集合住宅。
- 6期20年以上にわたる計画が道路に沿って連続的に展開され、新しい町並形成にも大きく貢献した。

④ **ライブタウン浜田山**（現代都市建築設計事務所、1977、図4）
- 一つの住棟は、1階は専用庭を有するフラットタイプ、2〜3階は専用テラスを有するメゾネットタイプの住戸で構成される。
- これら小規模住棟12棟と表通りに面した店舗併用住宅棟が、変化に富んだ路地的屋外空間を形成している。

図3　代官山ヒルサイドテラス

⑤ **六甲の集合住宅Ⅰ**（安藤忠雄、1983、図5）
- 住戸をセットバックさせながら積み上げることで、傾斜角60度の急斜面をうまく利用し、海と山という神戸六甲の敷地環境の特性を読み込んだ集合住宅。
- 周辺の敷地へ、同様の傾斜地を生かした集合住宅が第2期、第3期と展開された。

図4　ライブタウン浜田山

⑥ **ユーコート**（京の家創り会、1985、図6）
- コーポラティブハウスの代表的事例。
- 敷地中央の共用広場を囲んで住棟が配される。
- 各居住者の多様な意図が、それぞれの住戸平面に反映されている。

⑦ **コモンシティ星田**（坂本一成、1992、図7）
- 112戸の2階建て独立住宅による集合住宅（戸建て集合住宅）。各住戸が専有する庭はほとんどなく、直接パブリックな車道や緑道に開かれる。
- 個別の「いえ」に住むよりも、集会施設、緑道緑地、水路などを備えた2.6haの「まち」に住むことが目論まれる。

図5　六甲の集合住宅Ⅰ

⑧ 茨城県営松代団地 （大野秀敏、1992、図8）
- 中庭を囲んで建つ4つの住棟を4階にあるペデストリアンデッキがつないでいる。このデッキは「上の道」と呼ばれ、土が敷かれたりオープンスペースが配されている。

⑨ NEXT21 （大阪ガスNEXT21建設委員会、1993、図9）
- スケルトン・インフィル型集合住宅の代表的事例。
- 大阪ガスによる実験集合住宅であり、内部の間取りや設備などは、将来的な変更に対応できる。
- 積極的な住棟緑化、太陽電池や燃料電池の採用、独自の廃棄物処理システムの採用など、環境に対する配慮も十分なされている。

⑩ 東雲キャナルコート1街区 （山本理顕、2003、図10）
- 高層板状住棟による高密度賃貸集合住宅。
- 中廊下型を採用しているが、通風や採光を確保するための巨大な共有テラスが住棟の各所にある。
- 住戸内には仕事場等としても利用できる「f-ルーム」が廊下側に面して配されるなど、積極的な試みもみられる。

■その他の事例

- ハーレン・ジードルンク （アトリエファイブ、1961）
  傾斜地を生かした3層の低層集合住宅。

- アビタ'67 （モシェ・サフディ、1967）
  コンクリートボックスの組合せによって構成された集合住宅。

- 桜台コートビレッジ （内井昭蔵、1970）
  雁行平面に特徴のある集合住宅。
  ※雁行平面…四角形が斜めにずれながら並んだ形の平面。雁の群れが空を飛ぶときの形が由来。

- 広島市営基町団地 （大高正人、1972）
  「く」の字型に住棟を配した高層高密度集合住宅。

- 中銀カプセルタワー （黒川紀章、1972）
  メタボリズム理論による集合住宅。

- 求道学舎 （2006改修設計）
  武田五一設計の学生寮をコーポラティブ方式により再生させた集合住宅。

- 幕張ベイタウンパティオス4番街 （松永安光・坂本一成、1995）
  「都市デザインガイドライン」に沿って設計された街区型集合住宅。

- 八潮ハイツ （久米建築設計事務所、1984）
  リビングアクセス型高層集合住宅。

- 熊本県営保田窪団地 （山本理顕、1991）
  中庭を居住者共有の専用空間とした集合住宅。

- インナートリッププラザ神山町 （MIA、1996）
  コレクティブハウスの事例。

- 世田谷区深沢環境共生住宅 （岩村和夫他、1997）
  環境共生住宅の代表的事例 （p.169に詳細説明）。

図6 ユーコート

図7 コモンシティ星田 （1:4000）

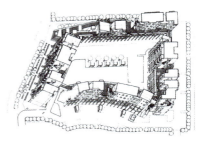

図8 茨城県営松代団地

図9 NEXT21

図10 東雲キャナルコート

演習問題 ▶▶▶▶▶ 集合住宅の計画

2級建築士学科試験では、集合住宅の計画に関する問題は、毎年必ず1題出題される。集合住宅の形式（タイプ）について問われる場合がほとんどで、その内容は限られており、繰り返し出題されている事項がほとんどである。
1級建築士学科試験では、具体的事例についてもしばしば出題されており、代表的な作品についての十分な知識も要求される。

問題

集合住宅に関する計画について、以下の正誤を判断せよ。

		出題年

(1) 片廊下型は、一般に、階段室型に比べて、エレベーター1台当たりの住戸数を多くすることができ、各住戸の採光等均一化を図れるが、共用部分の通路側に居室を設けた場合、その居室のプライバシーを確保しにくい。

(1) ② 23、21、19、17、15、12
① 16

(2) 中廊下型は、一般に、階段室型に比べて、通風や日照を確保しにくいので住棟を東西軸に配置することが多い。

(2) ② R5、R2、28、25、23、21、19、16、12、11
① 17

(3) ツインコリダー型は、中廊下型に比べて、通風や換気の点で優れている。

(3) ② 23、12、11、9、
① 21

(4) 集中型は、一般に、片廊下型に比べて、廊下などの共用部分の面積を少なくすることができ、避難路の計画も容易である。

(4) ② 25、23、19、12

(5) スキップフロア型は、片廊下型に比べて、共用廊下の面積を少なくでき、共用廊下を介さずに、外気に接する二方向の開口部をもつ住戸を設けることができる。

(5) ② R4、R2、28、21、16、11、9
① 20

(6) スキップフロア型は、一般に、集中型に比べて、エレベーターから各住戸への動線が短くなる。

(6) ② 24、23、19、17、14、8

(7) メゾネット型は、一般に、フラット型に比べて、共用部分を節約できるが、プライバシーは確保しにくい。

(7) ② 26、19、17、12、10

(8) メゾネット型は、1住戸が2層以上で構成される住戸形式であり、一般に、1住戸当たりの床面積を小さくすることができる。

(8) ② R5、R1、21、18、16、9、8

(9) コーポラティブハウジングは、各居住者が独立した生活を確保しながら、厨房や食堂等を共用する方式であり、高齢者住宅にも適している。

(9) ② R6、R5、R4、R2、R1、28、27、26、24、22、20、18、17、13
① R6、R1、25、20

(10) 共用の中庭を中心にそれを囲んで配置される形式の集合住宅を、テラスハウスという。

(10) ② R4、30、26、16、13
① R1、19

(11) ポイントハウスは、塔状に高く、板状型の住棟ばかりで単調になりがちな住宅地の景観に変化をもたらすことができる。

(11) ② 20、18、11

(12) リビングアクセス型は、一般に、各住戸の表情を積極的に表に出すことを意図して、共用廊下側に居間を配置する形式である。

(12) ② R2、26、24、20、18、16、14
① 19、16

(13) 間口が狭く、奥行の長い住戸内の快適性を考慮して、ライトウェル（光井戸）を設けた。

(13) ② R3、18、15、14、
① 26、20、16

(14) 代官山ヒルサイドテラス（東京都）は、住戸の一部を斜面に沿ってセットバックさせることにより、建築物を急斜面の地形になじませるように配置している。

(14) ① R3、23、14

(15) NEXT21（大阪市）は、中廊下型形式を採用し、中廊下への通風や採光を確保するための大きなテラスを住棟各所にもつ高層板状住棟により構成した高密度な賃貸集合住宅である。

(15) ① R5、28、23、19、16

48

解説

(1) 片廊下型は、共用廊下に面して片側に住戸が連続して並ぶ形式である。住戸に開口を設けることができる面が限られてしまうので、共用廊下側にも居室を設けることが多い。しかし、共用廊下を他の住人が行き来するので、プライバシーの面で若干劣る。階段室型が、エレベーター1台につき2もしくは3住戸の利用にしか供せないのに対して、片廊下型ではその階のすべての住戸の利用に対応できる。

(2) 中廊下型では、共用廊下を挟んで両面に住戸があるので、通風や日照などの居住条件は最も不利である。各住戸の日照条件を平等にするために、東西面からの採光を目的として、住棟を南北軸に沿って配することが多い。

(3) ツインコリダー型では全住戸が共用廊下を介して中庭に面しているので、中廊下型に比べると、通風や換気の点で優れている。

(4) 集中型（ホール型）は、階段・エレベーターを中央に置き、その周囲に住戸を配置する形式である。したがって、共用廊下の面積は少なくなるが、二方向避難の計画が難しくなる。

(5)(6)
スキップフロア型とは、共用廊下（エレベーター停止階）を2〜3階おきとする方式である。共用廊下がすべての階にあるのではないので、片廊下型に比べて、共用廊下の面積を節減することができる。また、外気に接する二方向の開口部をもつ住戸を設けることができるので、居住性は高まり、プライバシーも確保される。しかしながら、共用廊下のない階の各住戸へのアクセス動線は、共用廊下階でエレベーターを降りた後、さらに共用廊下から階段を経て自分の住戸階まで歩く必要があり長くなる。

(7)(8)
メゾネット型は、1住戸が2層以上で構成される住戸形式である。住戸内に階段を取る必要があるため、床面積が小さい住戸には適さない。スキップフロア型と組み合わされることも多く、廊下をまったく介さない層（階）を計画することが可能であり、プライバシーは確保されやすい。

(9) コーポラティブハウス（ハウジング）とは、将来居住しようとする者が集まって、企画・設計から入居・管理までを協力して運営していく方式の集合住宅である。設問は、コレクティブハウスについての説明である。

(10) テラスハウスとは、多数の低層住戸を壁を介して横に連続させた集合住宅のことである。設問はタウンハウスについての説明である。

(11) 単調な景観に変化をもたらすために、低層、中層、高層の各棟を混用して、高さの変化をつける方法がある。

(12) 近年増加している形式であるが、プライバシーの確保については考慮する必要がある。

(13) 間口が狭く、奥行の長い住戸では、外気に面した開口部を取ることが難しい。ライトウェル（光井戸）を設けることで、採光や通風の面で改善され、快適性が増す。

(14) 代官山ヒルサイドテラスは、上層に住戸、下層に商業施設やオフィスなどの機能を中心として複合させた都市型集合住宅である。設問は、六甲の集合住宅についての説明である。

(15) NEXT21は、スケルトン・インフィル型集合住宅である。設問は、東雲キャナルコートについての説明である。

解答　　　(1)○　(2)×　(3)○　(4)×　(5)○　(6)×　(7)○　(8)×　(9)×　(10)×　(11)○　(12)○　(13)○　(14)×　(15)×

④集団住宅地の計画

❶集団住宅地とは

集合住宅群あるいは独立住宅群が、諸施設、道路なども含めて、集団的・一体的に計画・整備された区域。

❷集団住宅地の計画手法

①近隣住区理論（図1）

C. A. ペリーによって提唱された住宅地の計画構成理論であり、次の要点がある。

- 小学校1つを必要とする人口によるまとまりを、一つの単位（近隣住区）とする。
- 近隣住区は、外周部の幹線道路によって境界付けられる。つまり、幹線道路などの通過交通は、近隣住区内部に進入させない。
- 公共施設は、住区の中心あるいは周辺部に適切に配置する。
- 適切な規模の公園、運動場などのレクリエーション用地を設ける。

②段階構成法

近隣住区より小さい規模単位として、近隣グループ、近隣分区を設定する。また、より大きい規模単位として、地区・住区群などを設定する。

それぞれの規模単位の生活圏に応じた施設を設けることで、段階的に全体を構成する。
（戸数、誘致施設についてはケースごとに若干の変動があります）

近隣グループ：100戸程度。幼児公園（プレイロット）を誘致。

近隣分区：500〜1,000戸程度。診療所、集会所、保育園、日用品店、街区公園（児童公園）などを誘致。

近隣住区：2,000〜2,500戸程度。小学校、郵便局、図書館、近隣公園などを誘致。

地区・住区群：4,000〜10,000戸程度。中学校、銀行、病院、地区公園などを誘致。

③道路整備手法

ラドバーンシステム（図2）

歩行者と自動車の動線を明確に分離するための手法（歩車分離）。

自動車は、通過交通を排したループ状の外周道路から袋小路（クルドサック）によって住戸に達する。

歩行者は、住宅をはさんで自動車道路と反対側にある歩行者専用道を利用して小学校などの諸施設に至る。

ボンエルフ（図3）

歩行者と自動車の共存のための手法（歩車共存）。

車道の幅を狭くし蛇行（シケイン）させるとともに、ハンプ（盛り上げ）やフォルト（歩道の車道への突き出し）などにより、自動車の速度を抑制することで歩行者の安全が図られる。

図1　近隣住区

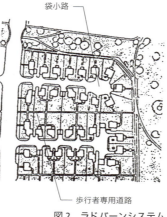

図2　ラドバーンシステム

図3　ボンエルフ

演習問題 ▶▶▶▶ 集団住宅地の計画

集団住宅地に関する問題は、2級建築士の学科試験で数年置きに出題される。出題内容はパターン化されており、基本事項をおさえておけば十分対応できる。

問題

集団住宅地に関する計画について、次の問いに答えよ。

出題年

(1) 住宅地における道路計画に最も関係の少ないものは、次のうちどれか。
　①ラドバーンシステム　　②ペデストリアンデッキ　　③ボンエルフ
　④モデュロール　　　　　⑤クルドサック　　　　　　⑥シケイン・ハンプ

(1)② R6、30、29、27、26、24、19
① R6

(2) 500戸程度の住宅団地を計画する場合、一般に、少なくとも1ヵ所は団地内に設置する必要のある施設は、次のうちどれか。
　①小学校　　②病院　　③郵便局
　④図書館　　⑤集会所

(2)② 16

(3) 2,000～2,500戸程度の住宅地の計画に関する、次の記述の正誤を判断せよ。
　①小学校1校を、住宅地の中心付近に配置した。
　②住宅地総面積の約3%を、公園や運動場等のレクリエーション用地とした。
　③商店群やショッピングセンターを、住宅地の周辺部の中心付近に配置した。
　④住宅地の中央に幹線道路を通し、住宅地の活性化を図る。
　⑤住宅地内の街路は、歩行者と自動車の完全分離を図るために、ボンエルフの手法を取り入れた。

(3)② R6、27、26、24、22、17、13
① R2

解説

(1) ペデストリアンデッキは、車道と分離された歩行者専用の高架通路（立体通路）のことである。
　　モデュロールは、ル・コルビュジエが考案した寸法体系（p.14参照）であり、道路計画とは直接関係がない。

(2) 小学校、郵便局、図書館は、近隣住区（2,000～2,500戸程度）に一つ誘致すべき施設である。病院はより大規模の戸数に対して一つ誘致すべき施設である。近隣分区（500戸程度）に誘致すべき施設としては、集会所、診療所、幼稚園などがある。

(3) 戸数2,000～2,500であるので、近隣住区の構成法に関する問いである。
　　①近隣住区は、一つの小学校の校区を単位とするので、小学校を住区の中心に設ける。
　　②近隣住区内に必要な公園や運動場などのレクリエーション用地は、約10%程度である。
　　③商業施設は、住宅の周辺部の交差点付近に配置する。
　　④幹線道路は、住宅地内ではなく周囲に配置することが望ましい。
　　⑤ボンエルフの手法は、歩行者と自動車の共存を目指すものである。歩行者と自動車を完全に分離させる手法はラドバーンシステムである。

解答
(1)④　(2)⑤　(3)①○　②×　③○　④×　⑤×

| コラム ▶▶▶▶ 集合住宅の計画

▷ユニテ・ダビタシオン・マルセイユ（ル・コルビュジエ、1952）

　戦後の住宅復興政策の一環として建設された集合住宅「ユニテ・ダビタシオン（住居単位）」はコルビュジエの代表作のひとつである。

　外観はごく普通の高層アパートに見えるが、各住戸はメゾネットであり、さらにスキップフロア形式を組み合わせたものとなっている。3階分をひとまとまりとして構成されており、中層階にのみ中央に共用廊下があり、各住戸はこの階と上の階もしくは下の階を専有する。このことで共用廊下のない階では窓を東西両面に取ることができ、風が通り抜ける住戸環境となる。また、二層になった部分の窓側を吹き抜けとすることで、上下階での空間の連続性や広がりを感じさせるとともに、採光についても配慮している。

　中間階には商店、レストラン、郵便局などがあり、さらに屋上階には幼稚園、スポーツジムなどがあり、身近な生活はこの中ですべてまかなえる。彼自身が「垂直な田園都市」と呼んで豪華客船にたとえて説明したように、この集合住宅は、小さな完結したコミュニティとしても計画されていたのである。

　また、彼が提案した近代建築5原則も踏襲されており、彼の近代建築に対する一貫した姿勢も強く感じられる。

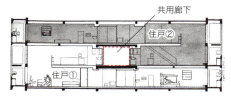

東西断面図

3層ごとにひとまとまりとなった断面構成

▷シーランチ・コンドミニアムⅠ（チャールズ・ムーア他、1965）

　サンフランシスコ北方の海岸地帯、大平洋を見下ろす崖の上の牧草地に10戸の週末住居群が計画された。

　各住戸は、海の眺望を確保しながら中庭を囲んで肩を寄せ合うように配置された。形式的にはコートハウスとなるが、中央の中庭は海からの強風から守られた屋外空間として機能する。一つの住戸は、一辺がおよそ7.3mの立方体のユニットであり、内部には1階が厨房、2階が寝室の巨大家具（ジャイアント・ファーニチャー）が設えられるなど、プレファブリケーションに対する新たな試みもみられる。

　しかしながら、シーランチ・コンドミニアムの最大の魅力は、周辺環境への配慮にある。できる限り地勢・植生に手を加えず、むしろ建築物をいかに現状の環境に馴染ませるかが模索されている。具体的には、この地方の従来の建築物に最も一般的なレッドウッド（経年変化で周辺の岩と同色に変化していく）を材料として利用したり、また屋根の勾配を、風を逃がすことも含めて、周辺の地形の傾斜をなぞるように決めている点などがある。

　近年、環境への配慮が叫ばれているが、すでに半世紀前にここでは自覚的に行われていたのである。

遠景

配置図

🍳 **もっと調べてみよう！**

事　　項
　◇公団住宅　　◇ニュータウン　　◇世界各地の集落

建築作品
　◇ネクサスワールド　◇森山邸（西沢立衛）　◇キューブハウス（ピエト・ブロム）　◇オクラホマ（MVRDV）
　◇インターレース（オレ・シェーレン）　◇ザ・ウェイブ（ヘニング・ラーセン）　◇スルーズハウス（BIG）

2-3 小学校の計画

「小学校」について

● 日本においては、江戸時代から藩校や寺子屋など教育施設は数多く存在したが、近代教育制度として確立した小学校の誕生は明治の初頭である。以来「小学校」は、日本の義務教育の根幹をなす教育施設として機能している。

● 従来の小学校は、廊下に面して教室がずらりと並ぶタイプがほとんどであったが、近年それが変わりつつある。

● オープンスペースと呼ばれる多目的スペースが教室に付随して設けられる例が増えてきている。

● 多様な教育プログラムが模索されるなか、それに対応できる様々な空間構成を持つ小学校が提案されている。

主な学習事項

・運営方式の基本タイプ
・必要諸室とその配置計画上の要点
・オープンスペースの活用やチームティーチングなどを含めた、最近の動向
・補足事項として、中学校や高校の計画上の注意点

2章 各種建築物の計画

1 小学校の構成

　一般的な小学校（総合教室型と特別教室型の併用）における主要諸室のつながりは、次のようにモデル化できる。

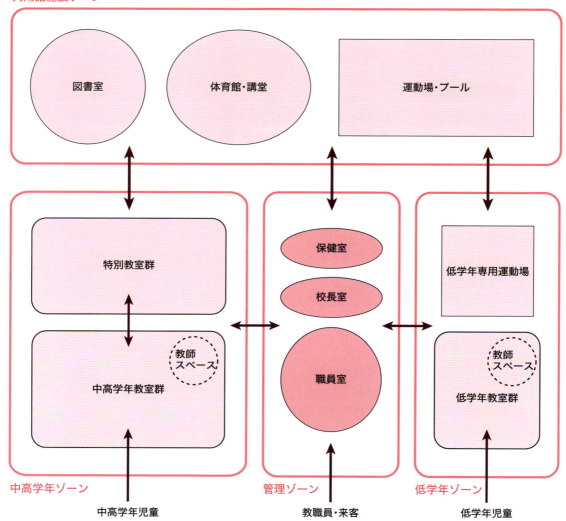

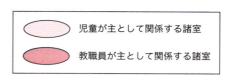

```
計画上の最重要ポイント
①低学年教室群と中高学年教室群は、明確にゾーン分けを行うこと。
②特別教室群は、中高学年のゾーンに配すること（利用の少ない低学年教室からは離して配置）。
③職員室は、運動場や出入口を監視できる位置とすること。
```

2 小学校の授業運営方式

小学校における代表的な運営方式は、次のとおりである。

①総合教室型

体育以外のほぼすべての授業をホームルーム（各学級の教室）で行う形式

- 学校にまだあまり慣れていない小学校低学年に適した形式である。
- 校舎内を授業時間ごとに移動する必要がほとんどない。
- 教室の面積を大きめに取り、教室内にワークスペースや流しを設けることで、理科の観察実験や図画工作にもある程度対応できる。

普通教室（各学級の教室）のみ

②特別教室型

普通教科の授業をホームルームで行い、音楽、図画、家庭科などの特別教科は特別教室で行う形式

- 小学校中高学年や中学校・高等学校で最も多く採用されている形式である。
- 特別教科の授業では専用の設備を備えた教室を利用できる。
- 特別教科の授業で若干の移動はあるものの、ホームルームがあるので生徒が安心感や落ち着きを得やすい。
- 特別教室が増えると教室の稼働率が低下する。

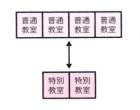

普通教室と特別教室の共用

③教科教室型

全教科の授業をその科目専用の教室（教科教室）で行う形式

- 小学校での採用例は少なく、中学校以上でしばしばみられる形式である。
- 全教科の授業で専用の設備を備えた教室を利用できる。
- 校舎内を授業時間ごとに移動する必要がある。
- ホームルームがないので生徒にとっての決まった居場所がなく、安心感や落ち着きを得にくい。
- 教室の稼働率が高くなる。

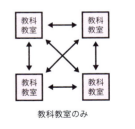

教科教室のみ

④オープンシステムによる運営（オープンスクール）

上記3タイプとはまったく異なり、学級・学年・教科・時間割等の従来の固定的な枠を取り外し、柔軟かつ弾力的に授業を行う形式。

- **チームティーチング**：複数の教師が、共同で授業を担当する。学年単位の多人数集団を対象とした授業や、生徒の理解度・進度に差がある時、補助的に教師を増やすなどの例がある。
- 選択講座制：生徒が、自身の興味や将来の進路などに応じて受講する科目を選択できる。
- 弾力的時間割：従来の全科目50分や90分の画一的な授業時間ではなく、科目や単元内容に応じて授業時間を調整する。
- 課題学習方式：生徒が各自テーマを選び、調査、実験、分析、考察などを行いレポートをまとめる。

オープンシステムの長所を、従来の運営形式の中に部分的に取り入れる場合も増えている。

③ 小学校に関する計画上の要点

❶ 必要諸室

小学校では、一般に、次の諸室、諸施設が必要となる。

〈教室関係〉
　　普通教室（各学級の教室）
　　特別教室（音楽室、図画工作室、理科室、家庭科室など）
　　共通学習諸室（図書室、視聴覚室、コンピュータ室など）

〈管理関係〉
　　職員室、校長室、会議室、保健室、給食室、放送室、事務室、用務員室など

〈共通施設関係〉
　　体育館・講堂、プール、運動場、便所など

その他、実状に応じて次のような諸室を備えることもある。
　　特殊学級教室、児童会室、ランチルーム、メディアセンター、多目的ホールなど

図1　普通教室

図2　理科室

❷ 配置計画の要点

諸室の配置計画については、次の点に留意する。

〈全体〉
・普通教室群、特別教室群、管理関係諸室は、それぞれをまとめて配置することが望ましい。

〈教室関係〉
・普通教室群の中でも、低学年教室群と中高学年教室群は、明確にゾーン分けを行う。
・特別教室は、主として中高学年が使用するので、低学年教室から離して、中高学年のゾーンに配する。
（ただし、近隣住民の利用も考慮する場合、出入口との位置関係も考慮する。）
・音楽室については、防音・遮音に配慮した配置とする。
・各学年の教室群ごとに教師コーナー（p.59参照）を設けることも考慮する。

図3　教師コーナー

〈管理関係・共通施設関係〉
・不審者の侵入など、防犯面に配慮して、職員室は、運動場や出入口を監視できる位置が望ましい。
・保健室は、運動場から直接出入りでき、救急車のアプローチも考慮しておく。
・体育館や図書室など、近隣の住民の利用（学校開放）が考えられる室は、出入口付近に設ける。
・安全面に配慮して、児童と自動車の出入口を分離する。
・便所の位置については、各学年ごとに設けるが、低学年では各教室に接して設けるのが理想である。
・上下足の履き替えを行う場合、昇降口の位置に注意する。

図4　体育館

図5　昇降口

4 小学校の実例分析

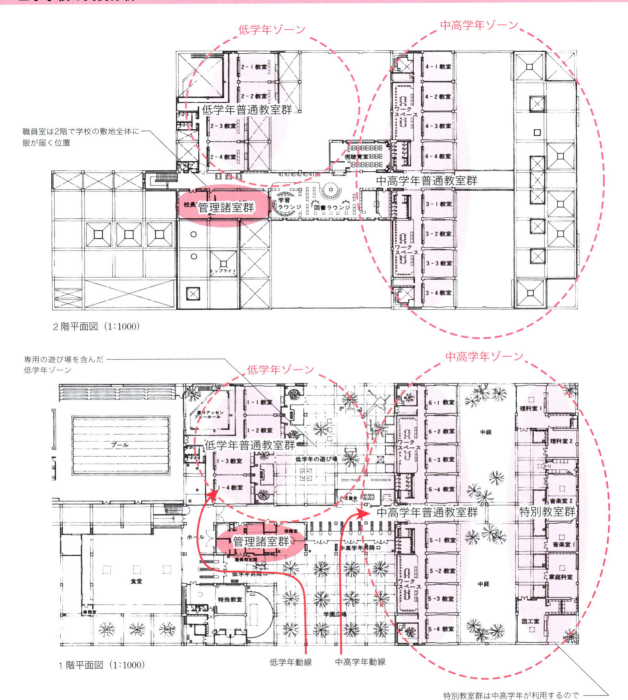

■加世田小学校（鹿児島県南さつま市）

確認事項
- 低学年ゾーンと中高学年ゾーンが、動線を含めて明確に分離されていること。
- 特別教室群は、中高学年ゾーンに配置されていること。
- 職員室は、運動場、敷地出入口など、学校全体を見渡せる位置に配されていること。

5 小学校の計画に関するその他留意事項

1 諸室・諸部分の寸法計画

〈普通教室〉（図1、寸法の詳細は p.19）
- 机といすを並べるだけの教室ならば 60～70㎡ 程度の大きさが標準である（児童数 40 人を想定）。
- 児童 1 人当たり 1.5～1.8㎡ 程度（理想は 2.0㎡ 以上）の面積を確保する。
- オープンスペースなどを併設する場合、教室面積はさらに大きくなる。
- 低学年教室で総合教室型を採用する場合、教室周りにワークスペースや流しなどを設けるのが望ましい。
- 十分な天井高とする（以前は 3m 以上が義務付けられていた）。

〈特別教室〉
- 準備室を含めて、普通教室のほぼ 2 倍の広さとする。

〈廊　下〉
- 中廊下型で、廊下幅 2.3m 以上。
  片廊下型で、廊下幅 1.8m 以上。

〈階　段〉
- 蹴上げ 16cm 以下、踏面 26cm 以上とする。

〈体育館〉（図2）
- 小学生用バスケットコートが 2 面取れる大きさとするなら、アリーナ部分だけで 25×35m 程度の大きさが必要である。
- 天井高は、球技を考慮するなら、最低 7m 以上必要である。

〈運動場〉
- 100m の直線トラックと 200m の環状トラックを取る場合、65×130m 程度の大きさが必要となる。
  実例では 50×100m 程度が多い。

（スポーツ施設は 2-12 節 p.145 に詳細説明）

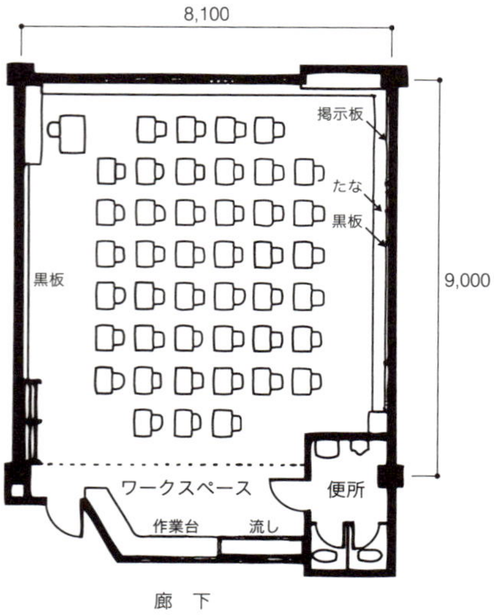

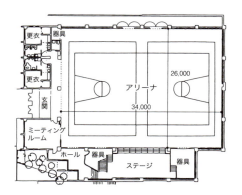

図1　ワークスペースと専用便所を備えた低学年教室
（88㎡、1:200）

図2　体育館（1:800）

2 小学校の適正規模について

〈クラス総数〉
- 標準的には 12～18 クラス程度（1 学年 2～3 クラス）。
- 地域の実情に応じて多少の増減がある。

〈1 クラスの児童人数〉
- 36～40 人（自治体によって異なり、近年中の 35 人学級の実施も目指されている）。

〈通学距離〉
- 0.5～1km 程度が適正である（徒歩 15～20 分以内）。

都市部においては、以上の数値を満たす例が多いが、地方の過疎地では満たさない例が多い。
過疎地では、中学校と統合したり（**併置校**と呼ぶ）、公共施設と同一敷地に設けられる例もある。
また、学校独自の教育プログラムとして、小中一貫校とする例も、最近は増えてきている。

3 普通教室のユニットプラン

学年ごとの普通教室および教室まわりをまとめて計画し、これをユニット（単位）とし、全体計画に反映させることが多い。

特に、オープンスペース（多目的スペース）は重要であり、近年、これを核として次のような様々なものを組み込んで構成されることが多い。

- ワークスペース（作業スペース）
- ラーニングセンター（学習センター）：様々な教材等が置かれる
- 教師コーナー：職員室とは別に、教室付近に設けられた教師の常駐スペース
- ホームベース：教科教室型の運営の場合に、学級教室を持たない生徒のための居所
- 便所
- 屋外テラス
- 中庭

上記を組み合わせて、それぞれの学校の実状にあわせた個性的な授業展開を可能とした例が、近年増加している。

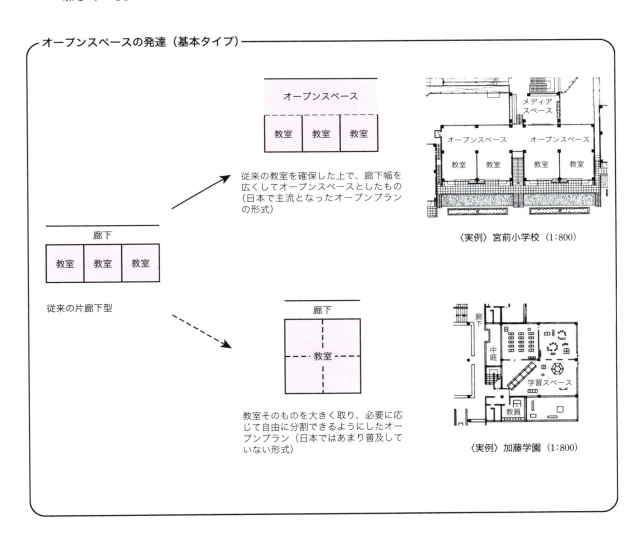

オープンスペースの発達（基本タイプ）

6 中学校・高等学校の計画上の要点

大枠では、小学校の計画に共通する部分が多いが、次の点に留意すべきである。

- 教科教室型の運営方式が採用される例がしばしば見られる。その場合、生徒は、授業科目ごとに教室を移動することとなる。
通常の学級クラスの代わりとして、生徒のロッカースペースやクラス単位の居場所としてのホームベースを設ける必要がある（図1）。
- 教科教室型の各教科ごとの教室に、教材スペース、教師コーナー、メディアスペースなどを取り込んで、教科ごとのゾーンをより充実させた形式を、**教科センター方式**と呼ぶこともある（図2、3）。チームティーチングや教材準備が行いやすく、教師と生徒の距離を近付けることができる。
- 図書室、視聴覚室、コンピュータ室などの、情報やメディア機能を統合したメディアセンターを設ける例が増加している。
- 中高一貫校、小中一貫校、小中高一貫校、あるいは併置校の場合、小学校ゾーン、中学校ゾーン、高等学校ゾーンの区別を明確にするとともに、互いに交流ができるようにも工夫する（図4）。
- 一貫校等独自の授業カリキュラムを展開する学校においては、そのプログラムの良さが最大限発揮されるように、諸室の設定とその配置について十分配慮する。

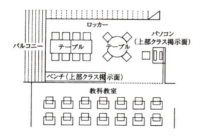

◎教科教室に隣接してホームベースを設ける場合
・ホームルームは教科教室で行うため、ホームベースはロッカースペース中心となり、所要面積は小さくなる。

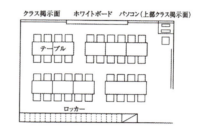

◎独立したホームーベースを設ける場合
・ホームルームもホームベースで行うため、クラス全員分の座席が必要となり、所要面積は大きくなる。

図1　ホームベースの例（1:200）

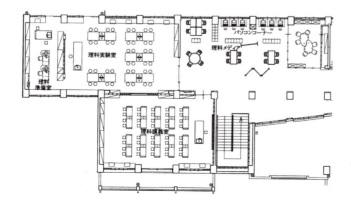

・講義室と実験室（準備室含む）が隣接し、さらにパソコンや教材のあるスペースが付属することで、その教科に必要な諸施設・諸機能が集約される。
・各教科ごとのこのようなまとまりを教科センター（教科ユニット）と呼ぶ。

図2　教科センターの例（1:400）

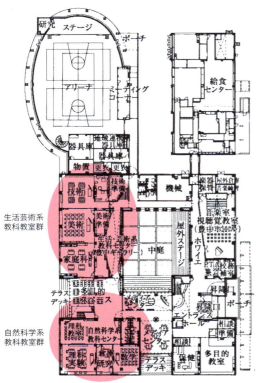

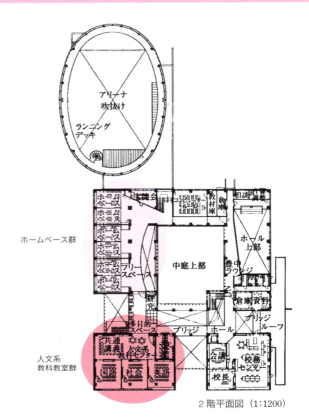

1階平面図（1:1200）

- 教科教室型（教科センター方式）の運営
- 各学級の教室ではなく、各教科の教室がその性質ごとにグルーピングされて配されている。
- 各学級の代わりとしての生徒の居場所、拠点として、ロッカースペースを含んだホームベースが一ヵ所にまとめて設けられている。

2階平面図（1:1200）

図3　豊富中学校（北海道天塩郡豊富町）

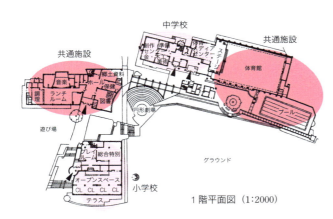

1階平面図（1:2000）

- 各学年1クラスの小学校、中学校の併置校である。
- さらに、保育所、公民館が同じ敷地内に設けられており、地域コミュニティの中心としての役目も担っている。
- 小学校ゾーンと中学校ゾーンが明確に区別されているが、ランチルームや屋外の円形劇場など、様々な共通施設により相互の交流が図れるように工夫されている。

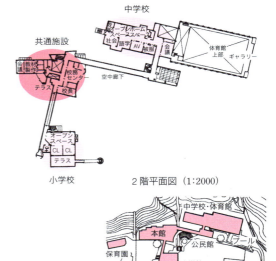

2階平面図（1:2000）

配置図（1:5000）

図4　浪合学校（長野県下伊那郡阿智村）

[演習問題] ▶▶▶▶ 小学校等の計画

2級建築士試験では、小学校の計画に関する問題の出題頻度はそれほど高くない。学校の運営方式のタイプとその特徴を中心に計画の基本事項を押さえておけば対応できる。
1級建築士試験では、より詳細に諸室の計画を理解するとともに、最近の動向と代表的な作品およびその特徴を押さえておく必要がある。

[問題]

小学校等に関する計画について、以下の正誤を判断せよ。

		出題年
(1)	小学校において、特別教室と低学年教室を近接させて配置した。	(1)② 13
		① 23、21、14
(2)	小学校35人学級の普通教室の広さを42㎡とした。	(2)② 28、24、15
(3)	教科教室型で運営される学校は、クラスごとに居場所が常に確保されるので、生徒の安心感の形成につながる。	① R1、23
		(3)② 20、17、13
		① R4、19
(4)	小学校において、低学年は特別教室型とし、高学年は総合教室型とした。	(4)② R6、30、27、23、21、20、18
(5)	小学校において、児童の出入口と自動車の出入口とは、分離して計画する。	① 27
		(5)② 11
(6)	教科教室型は、小学校に適した運営方式である。	(6)② 11
(7)	小学校において、図書室や特別教室については、近隣住民の利用を想定して、地域開放用の玄関の近くに配置した。	① R1
		(7)① 20
(8)	施設一体型の義務教育学校の計画に当たり、低学年児童が安心して運動や遊ぶことができるように、専用の運動公園を設けた。	(8)① R5
(9)	小学校において、低学年の教室を学習内容に応じて弾力的な時間配分ができるように総合教室型とし、教室周りに作業・図書コーナーや流しを設けた。	(9)① R4、20
(10)	小学校の計画において、チームティーチングにより学習集団を弾力的に編成できるようにするため、クラスルームに隣接してオープンスペースを設けた。	(10)① 21、16
(11)	小学校において、教員の執務拠点を教室近くに配置するために、学年ごとに分散した教員コーナーを設けた。	(11)① R4、20
(12)	小学校において、保健室は、校庭から直接出入りができ、救急車がアクセスしやすい位置に配置した。	(12)① 19
(13)	中学校において、総合的な学習を補助するために、図書室・視聴覚室・コンピュータ室の機能を統合したメディアセンターを設けた。	(13)① 20
(14)	教科、科目に多様な選択性をもつ高等学校において、必修科目の多い1年生については、総合教室方式とした。	(14)② 21、① 15
(15)*	片側廊下型の教室では、窓から離れた位置で昼光率（室内の明るさの程度の指標）が低くなる場合があるので、採光計画に注意する。	(15)② 11
(16)*	小学校において、低学年用の下足箱の最上段の高さを、120cmとした。	(16)① 20、13

2-3 小学校の計画

解説

(1) 特別教室は高学年が主に使用するため、低学年教室とは離して配置するほうがよい。

(2) 小学校の普通教室の所要面積は、1人当たり1.5〜1.8㎡程度（理想は2.0㎡以上）である。最近はオープンスペースなどが設けられることも増えており、より大きくなる傾向にある。設問では1人当り1.2㎡となり狭すぎる。

(3) 教科教室型は、教科ごとに教室を移動するので、クラスごとのホームルーム（居場所）が確保されず、総合教室型や特別教室型にくらべて生徒の安心感の形成にはつながりにくい。

(4) 小学校低学年には、すべての教科をホームルームで行う総合教室型が適しており、小学校高学年には、普通教科はホームルームで、特別教科は特別教室で行う特別教室型が適している。

(5) 登下校時に多くの児童が出入りするので、事故を避けるために自動車出入口は区別して設けるべきである。

(6) 教科教室型は、すべての教科について、専門の教室で授業を行うので、教科ごとに移動が必要となる。ホームルームが確保されないので小学校では運営方式として適さない。中学校以上で検討されるべき方式である。

(7) 小学校において、図書室、特別教室、多目的室などを近隣住民に開放することがしばしばある。このためにこれらの室を、普通教室とは区分してまとめて地域開放用の玄関近くに配置することは有効である。

(8) 身体差の大きい低学年と中高学年を屋外施設も含めて明確にゾーン分けすることは適切である。

(9) 低学年には、総合教室型が適しており、すべての教科をホームルームで行うので時間の制約に縛られない弾力的時間配分が可能である。さらに教室周りに作業・図書コーナーや流しを設けることで、特別教科にも十分対応できる。

(10) チームティーチングにより学習集団を様々に編成するには、オープンスペースを使って小集団ごとの場所を確保したり、オープンスペースと教室の間仕切りを取り払って大集団に対応させたりできるので、オープンスペースを教室に隣接させて設けることは望ましい。

(11) 職員室では生徒へ目が届きにくくなるため、各学年ごとに普通教室の近くに教員コーナー（教師コーナー）を設けて、休み時間などは、常に生徒と接触できるようにする事例が増えてきている。

(12) 保健室は、校庭でのけがが多いことや、病院への搬送を考慮して、校庭から直接出入りでき、救急車がアクセスできるようにすることが望ましい。

(13) 総合的な学習を補助するために、近年、図書館機能と視聴覚機能などを一体化して充実させた、メディアセンターを設ける例が増えている。

(14) 総合教室型は、すべての教科をクラスルームで行う方式であり、教科、科目に多様な選択性を持つ場合には対応できない。特別教室型もしくは教科教室型を採用すべきである。

(15) 窓から離れた位置で昼光率が低くなる場合、人工照明や廊下側からの採光を確保して、照度の均一化を図る必要がある。

(16) 小学生（低学年）の平均の肩峰高さは95〜100cm程度であるので、120cmでは高すぎる。

解答　　(1)×　(2)×　(3)×　(4)×　(5)○　(6)×　(7)○　(8)○　(9)○　(10)○　(11)○　(12)○　(13)○　(14)×　(15)○　(16)×

コラム ▶▶▶▶ 小学校の計画

▷笠原小学校（象設計集団、1982）

学校を「楽しいまち」、そして教室を「すまい」と捉えたことが、この小学校の計画の最大の特徴であろう。

学校には、様々な形態の校舎・教室群、それらをつなぐ通路や階段があり、さらには、山、丘、池といった自然の要素も豊富である。特に重要な役割を果たしているのは、「屋根」である。教室群、階段室、昇降口、廊下内のベンチコーナーなど、学校内の様々なスケールを持った領域が、大小様々な切妻瓦屋根により、その下に庇護された個別の領域として小学生にわかりやすく示されている。これら多様な屋根が連なる光景は、さながら民家が建ち並ぶ集落やまちのようである。各教室は、通常よりも広めで天井が高く、畳コーナー、ガラス張りのアルコーブ、庭のようなテラスなどを備え、生徒にとっては、家庭のような雰囲気を持った魅力ある第二の住まいとなっている。内部空間と外部空間のつながりも緊密である。恵まれた自然環境を生かすべく、廊下はすべて半屋外空間であり、今やこの学校の伝統になっているそうだが、はだしのまま自由に出入りできる。

このような環境においてこそ、自分を取りまく環境に主体的に関わることのできる子どもが育成されるのであろう。

教室群

半屋外廊下　　　昇降口付近

▷ぐんま国際アカデミー（シーラカンス アンド アソシエイツ、2005）

廊下に面して、同じ教室がずらりと並ぶような小学校のイメージはもう捨て去るべき時代になっているのかもしれない。ソフト面で多様な教育プログラムが模索され、それを実現できるハード面としての新しいタイプの学校建築が増えてきている。

「英語教育特区」認定校として、英語による授業、少人数学習、小中高一貫教育などの特色を持つこの学校には、クラス単位の教室は存在しない。各学年（3クラス）ごとのまとまりである「ハウス」と、3学年ごとのまとまりである「ネイバーフッド」という2種の領域概念により全体が構成されている。「ハウス」では、各クラスの拠点となるクラスベース（CB）の他に、オープンスペース、クローズドスペース、ワークスペースなどが、廊下を介さずに組み合わされており、種々の授業形態に対応できるように配慮されている。教員のためのスペースは各「ネイバーフッド」ごとに設けられており、3学年ごとのまとまりを強く意識したものとなっている。

今後の学校建築は、設定された教育プログラムをこなす単なる器としてではなく、そこから新たな教育プログラムさえ喚起されるようなインスピレーションの源泉としての立ち位置が求められる時代になっていくのかもしれない。

校内ストリート

ネイバーフッド（小学校1〜3年）平面図

🔍もっと調べてみよう！

事　　項
　◇エコスクール　　◇チャータースクール　　◇コミュニティスクール　　◇大学の計画

建築作品
　◇宇土市立宇土小学校（シーラカンスアンドアソシエイツ）　◇城西小学校（原広司）　◇日土小学校（松村正恒）
　◇盈進学園東野高等学校（クリストファー・アレグザンダー他）

2-4　幼稚園・保育所の計画

「幼稚園」「保育所」について

- 「幼稚園」は、ドイツの幼児教育者 F. フレーベルが設立した幼児のための学校「Kindergarten」（1840）に始まるとされる。
- 「幼稚園」や「保育所」は、義務教育ではないものの、就学前の子どもにとっては社会性、協調性、自発性、創造性などを身につける重要な場所となる。
- このため、年齢に応じて子どもたちが、様々な遊びや作業を、安全かつ自由に行うことができる建築計画が求められる。また、自然とふれあえる屋外保育の環境作りも重要である。
- 「幼稚園」と「保育所」は、現在のところ行政の管轄が異なっているが、これを統合する動きもみられ、2006年には認定こども園も創設された。

主な学習事項

- ・幼稚園・保育所における主要諸室とその機能的つながり
- ・保育形態
- ・幼児や乳児の人体スケールに配慮した各部の計画

①幼稚園・保育所の構成

一般的な幼稚園（保育所）における主要諸室のつながりは、次のようにモデル化できる。

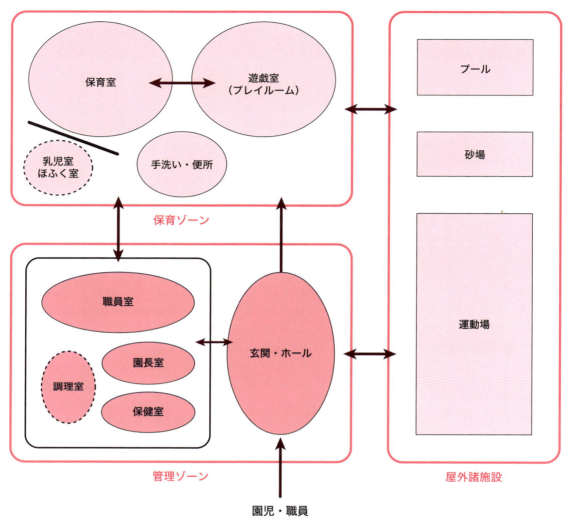

上記以外に預かり保育室、調乳室、沐浴室、などを設ける場合もある。

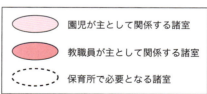

> **計画上の最重要ポイント**
> ①管理ゾーンからは、園舎や園地全体に目が届き、同時に他のゾーンと行き来しやすいこと。
> ②保育室は年齢別とし、遊戯室とはできるだけ個別の室として取ること。
> ③保育所では、乳児室やほふく室が必要となるが、これらと保育室は区別すること。

② 幼稚園・保育所の諸室および重要事項

❶ 幼稚園と保育所の相違点 (表1)

幼稚園：学校教育法により位置付けられる。文部科学省の管轄。3歳～小学校就学前までを対象とする。
通常、4時間保育。

保育所：児童福祉法により位置付けられる。こども家庭庁の管轄。「保育に欠ける乳児または幼児を保育する」ことが目的であり、主に働いていて保育が行えない保護者のために設けられている。
0歳～小学校就学前までを、主な対象とする。
通常8時間保育であり、昼食、昼寝も必要となる。

認定こども園：小学校就学前の子どもに対する幼児教育および保育並びに地域の子育て支援の総合的な提供を行う施設。都道府県等から認定を受ける。こども家庭庁の管轄。

表1　幼稚園と保育所の相違

	幼稚園	保育所
依拠する法令	学校教育法	児童福祉法
管轄	文部科学省	こども家庭庁 (以前は厚生労働省)
対象年令	3歳～小学校就学前	0歳～小学校就学前
保育時間	4時間保育	8時間保育 (昼食、昼寝必要)

プラスα

認定こども園の種類

幼保連携型：幼稚園および保育所等の施設・設備が一体的に設置、運営されているタイプ
幼稚園型：認可された幼稚園が保育所的な機能を備えたタイプ
保育所型：認可された保育所が幼稚園的な機能(幼児教育)を備えたタイプ
地方裁量型：都道府県の認定基準により認定されたタイプ

❷ 保育形態

一斉保育：クラス全員が共通の活動を行う保育形態。体操、歌、お絵書きなど、一定時間、同じ方法で同じ活動を行う。

自由保育：1人ずつ、あるいは小さなグループごとに、個別の活動を行う保育形態。
様々な遊具、道具を選んで、好きな場所で好きな遊びをする。

実際には両者の保育形態を混合して行っている事例が多いが、互いの長所を生かせるような空間作りが必要である。

❸ 必要諸室

保育室：小学校でのクラスルームに相当し、園児の生活の中心となる室 (図1)。

図1　一般的な保育室

遊戯室：一斉保育における身体を使った遊戯(リトミック)や、集会、学芸会の発表など、様々な用途に使用される室 (図2)。
保育室と別に設けるのが望ましい。
規模は小さいが、小学校では、体育館・講堂に相当する。

乳児室：乳児(満1歳未満)または、2歳未満の幼児のためのベビーベッドなどを備えた室。保育所で必要となる。

ほふく室：乳児(満1歳未満)または、2歳未満の幼児の運動のための室。乳児室と別に設けるのが望ましい。
保育所で必要となる。

図2　一般的な遊戯室

便所・手洗い：保育室や遊戯室と近接させることが望ましい。

職員室：管理部門の中核となる室。
事務室、園長室、保健室、会議室などと兼用されることも多い。

※児童福祉法では「乳児」とは満1歳未満の者であり、「幼児」は満1歳から小学校就学の始期に達するまでの者をいう。保育所においては、児童福祉法とは異なり、一般的に0、1、2歳クラスを「乳児クラス」、3歳以上を「幼児クラス」とすることが多い。

図3　一般的な乳児室

③ 幼稚園・保育所の実例分析

■ 白善会保育園るんびいに（新潟県新潟市）

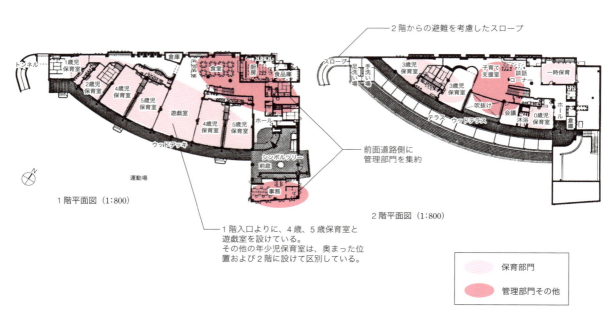

■ 白浜幼稚園（和歌山県西牟婁郡）幼稚園と保育園が統合された事例

確認事項

- 保育室について、次の点に留意する。
    - ①できるだけ南面させる。
    - ②年齢に応じて個別にとる。
    - ③便所を近接して設ける。
    - ④できるだけ遊戯室を別に設ける。
    - ⑤保育所では、乳児室・ほふく室が必要となるが、必ず保育室と区別して設ける。
- 管理部門は安全確保に配慮して、園舎や園地全体に目が届くように諸室を配置する。

4 その他の留意事項

1 全体計画について

- 通園距離：徒歩通園の場合、最大でも 500m 程度以内が望ましい。
  （送迎用のスクールバスがある場合は、この限りではない）

- 建物規模：平屋建が理想であるが、可能な限り低層とする。

2 配置計画・平面計画について

すでに述べた事項のほかに、次の点に留意する必要がある。

- 保育所において、乳児室・ほふく室を保育室から離れたところに計画する。
  （乳児は、身体能力、社会性ともに、いまだ未発達の段階であるため）
- 幼稚園においても、3歳児保育室は、4・5歳児保育室から離して計画する。
  （3歳児は、4・5歳児に比べて身体能力、社会性ともに、いまだ未発達の段階であるため）
- 保育室や遊戯室は、建物が平屋建でない場合、避難を考慮して、1階に設けるようにする。
  （ただし、避難用のスロープ等が備わっている場合は、この限りではない）
- 外部空間を積極的に活用する。
  屋外保育は、子どもの発育に欠くことのできない重要な要素である。
  - 保育室の前には、屋外テラスを設ける。
  - 運動場、砂遊び場、水遊び場、固定遊具（ブランコ、鉄棒、滑り台など）、水飲み場、足洗場などに加え、樹木や草花など、自然の要素も必要である。

3 各部計画について

- 諸室の所要面積

  保 育 室：幼稚園では、1人当たり 1.5〜2㎡ 程度（保育所設置基準では 1.98㎡ 以上）
  　　　　　3歳児室は、4・5歳児室よりも1人当たり面積を広くとる。
  　　　　　　（社会性が未発達で集団活動ができず、1人で遊ぶことも多いため）

  遊 戯 室：保育室と兼用せず、単独で設ける場合、100㎡ 程度以上が望まれる。
  　　　　　保育室との兼用も認められている。

  乳 児 室：1人当たり 1.65㎡ 以上（保育所設置基準）

  ほふく室：1人当たり 3.3㎡ 以上（保育所設置基準）

- 便所、手洗いの寸法

  便所ブースの高さ：100〜120cm 程度（大人が上から内部をのぞき込める高さ）（図1）

  便 器 の サ イ ズ：子どもの身体寸法を考慮して、サイズの小さな子ども用便器とする。（図2）

  手 洗 器 の 高 さ：子どもの身体寸法を考慮して、60cm 程度とする。

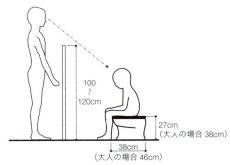

図1　子ども用便所ブースと便器サイズ

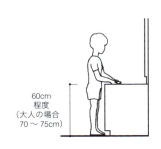

図2　子ども用手洗器のサイズ

演習問題 ▶▶▶▶▶ 幼稚園・保育所の計画

幼稚園・保育所に関する問題は、2級建築士の学科試験で出題されることが多い。出題内容は、ほとんどが基本事項であり難易度は高くない。
1級建築士の学科試験で出題されることもまれにあるが、2級と同様の問題が出題される。

問題

幼稚園・保育所に関する計画について、以下の正誤を判断せよ。

(1)　幼稚園において、保育室と便所を離して配置した。

(2)　保育所において、乳児室は幼児の保育室と隣接させて配置した。

(3)　保育所の定員30人の保育室の床面積を36㎡とした。

(4)　幼稚園の計画をする場合、保育室の1人当たりの床面積は、3歳児学級用より5歳児学級用を広くする。

(5)　保育所の保育室と遊戯室を、それぞれ専用の室として計画した。

(6)　幼稚園の保育室は南面させることが望ましい。

(7)　保育所の幼児用便所のブースの仕切りや扉は、繊細な幼児の心理を考慮して、大人が外から覗くことができない高さとした。

(8)　クラスの園児全員がリズムに合わせて自由に体を動かし遊戯を行うのは、自由保育の一形態である。

(9)　保育所の計画において、定員15名の1歳児のほふく室の有効面積を30㎡とした。

(10)*　保育所において、昼寝の場と食事の場を、分けて設けた。

(11)*　保育所において、遊戯室と保育室に、床暖房を設けた。

(12)*　保育所において、年齢が異なる幼児が交流できる場として、図書コーナーを設けた。

出題年

(1)② R5、R1、22、16、13
　 ① R5、20

(2)② R6、R4、26、18、16
　 ① 14

(3)② R5、30、28、27、25、23、22、20、17

(4)② R3、R1、29、24、22、15
　 ① 17

(5)② 12

(6)② 11

(7)② R3、26、22、20、11
　 ① 24、12

(8)—

(9)② R2、30
　 ① R6、24

(10)② 27、22、16

(11)② 16

(12)② 16
　 ① 16

解説

(1)　幼児は、排泄行為の習慣がまだ完全に身についていないので、保育室と便所は隣接させたほうがよい。

(2)　乳児と幼児では、活動能力や活動範囲が大きく異なるので、事故を防ぐため離して配置すべきである。

(3)　保育所の保育室の所要面積は、幼児1人当たり1.98㎡以上と定められており、30人の保育室では、最低でも60㎡程度必要である。

(4)　3歳児は、5歳児に比べて、まだまだ個別に大人の手が必要であり、社会性も未発達で1人で活動することも多いので、1人当たりの所要面積は大きくなる。

(5)　保育室と遊戯室は、面積に余裕がない場合は兼用させることもできるが、可能な限りは、分離して専用の室とするほうがよい。

(6)　保育室は、保育所での生活の中心となる室であるので、極力、南面させることが望ましい。

(7)　幼児の用便習慣は、保育によって身につけさせるべき事柄であり、便所ブースは大人が外から中を覗いて見守れる高さ（100～120cm程度）とする。また、錠もつけない。

(8)　クラス全員が共通の活動を行う保育形態は、一斉保育である。自由保育とは、1人ずつ、あるいは小グループごとに個別の活動を行う保育形態のことをいう。

(9)　ほふく室は、1人当たり3.3㎡以上と定められており、15名のほふく室では、最低でも49.5㎡以上は必要である。

(10)　衛生面、あるいは、求められる雰囲気の相違から考えて、分けて設けることは妥当である。

(11)　床暖房は、室内の温度差が少なく快適であり、安全面でも優れているので、遊戯室や保育室で使用することは望ましい。

(12)　原則として年齢別に保育されるなかで、年齢が異なる幼児どうしが交流できる場として、図書コーナーや工作室などを設けることは望ましい。

解答　　(1)×　(2)×　(3)×　(4)×　(5)○　(6)○　(7)×　(8)×　(9)×　(10)○　(11)○　(12)○

コラム ▶▶▶▶ **幼稚園・保育所の計画**

▷「恩物」（フレーベル、1838）

「恩物」（原語では「Spiel-gabe」）は、フレーベル考案による積み木等の玩具である。建築家フランク・ロイド・ライトも、幼い頃、母から与えられたこの積み木で遊んでいたことが知られている。

フレーベル自身は、幼児教育者であり、「Kindergarten」つまり「幼稚園」という言葉は彼が作ったものである。フレーベルは、「子どもは生まれた時から創造的であり、すべてのものとの密接な関係をもちながら、物事の相互の関係や、他の人との関係について知りたがっている」「子どもは自分で感じたことや内面的なものを、外に表現しようとする力をもっている」として、幼児の自発的活動を手助けすることこそが、幼児教育の最も重要な役割であると考えた。

第1～20恩物

このような考えのもと、子どもが興味を持ったものの形や色や数のことを、正しく理解し表現する助けとして生みだされた教育玩具が、「恩物」である。恩物には、第1から第20まであるが、積み木だけでなく、ひも、紙、粘土など、様々な種類がある。いずれも遊びのなかで直感的に学べ、繰り返し壊しては作れるようになっている。

第3恩物、第4恩物についての紹介

幼児にとっては、彼らを保護する空間が必要であるとともに、この時期、彼ら自身がモノや空間について学ぶ重要な時期なのである。

▷ファンタジアの家 1・2（八島正年＋高瀬夕子、1995、1999）

小さな子どもに対しては、安全面からも大人の眼がいつでも行き届いていることは重要である。しかし、大人の都合で、大人が子どもに対して手をかけずに管理しやすいようにだけ作られた幼稚園（保育所）では、意味がない。

ファンタジアの家の日常風景

ここは、海辺に近い林の中にある幼稚園である。もともとは、晴れた日には屋外で、雨の日にはテントをはって保育を行っていたらしい。現在も立派な園舎はなく、あるのは、本当に小さな小屋だけである。4畳のプレイルーム、キッチン、トイレ、人形劇用ミニシアター、そしてそれらの周りを囲むウッドデッキがそのすべてである。それ以外は手つかずの自然。このような環境のなかで、子ども達がいかに生き生きとした表情をしていることか。子どもは遊びの天才だとよく言われるが、特別な遊具もないのに自分達で工夫して色々な遊びをしているそうだ。

子どもにとって本当に必要なのは、上記のコラムでも指摘したように、子ども達をざっくりと収容してしまう容器としての建物ではなく、むしろこの時期の子ども達が空間を認識し体験していくうえで、ちょっとした手掛かりとなるような建築要素であろう。また、創造性や自発性も、このようななかから育まれていくのではなかろうか。

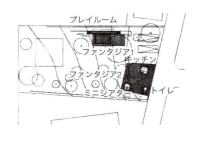

平面図兼配置図（1:1250）

🔍 もっと調べてみよう！

事　項
◇幼保一元化　　◇認定こども園　　◇幼児用のテーブル、いす、手洗器、小便器等の寸法　　◇遊具の種類と寸法

建築作品
◇子どもの家（アルド・ファン・アイク）　　◇ふじようちえん（手塚貴晴＋手塚由比）　　◇認定こども園第一幼稚園（HIBINOSEKKEI）
◇Farming Kindergarten（ヴォ・チョン・ギア・アーキテクツ）

2-5 図書館の計画

「図書館」について

● 「図書館」とは、様々な書物を収集・保管し、利用者に閲覧や貸出のサービスを行う施設である。

● 図書館の歴史は非常に古く、紀元前7世紀には世界最古の図書館と言われるアッシリアニネヴェの王立図書館、紀元前3世紀には古代最大の図書館といわれるアレクサンドリア図書館があった。また、中世には修道院が図書館としての役割を果たした。19世紀後半、公共図書館の成立以降、あらゆる人々が自由に利用できるようになった。

● 現在、日本の図書館には以下のような種類がある（他の分類法もある）。

国立国会図書館：国民にサービスする役割と同時に、国会の立法・調査活動をサポートする図書館。
中央館、関西館、国際子ども図書館の3館がある。

公共図書館：地域住民に図書館サービスを無料で提供する図書館。
自治体が設置する公立図書館と、法人等が設置する私立図書館がある。

大学図書館：主として大学が設置する図書館

学校図書館：主として小学校・中学校・高等学校の図書室

専門図書館：特定分野、特定目的に特化した図書館

● 最近では、書物に限らず、音楽や映像などの各種メディアを多数備える図書館が多くなっている。

● 地域の公共図書館では、その地域の郷土資料を収集し、一般に供する例もよく見られる。

● 子どもを含めた幅広い年齢層の利用者が、それぞれの目的に応じて館内で快適に閲覧できる環境が求められる。

主な学習事項

・一般的な地域の公共図書館（地域図書館）における必要諸室とそのゾーニングおよび機能的つながり
・図書館に関する基本用語
・閲覧室の座席レイアウトおよび書架の配置と収蔵能力

① 図書館の構成

一般的な中規模地域図書館における主要諸室のつながりは、次のようにモデル化できる。

地域図書館：公共図書館のうち、貸出し等の地域に密着したサービスを主目的として、地域ごとに設けられる図書館。中央館と分館がある。

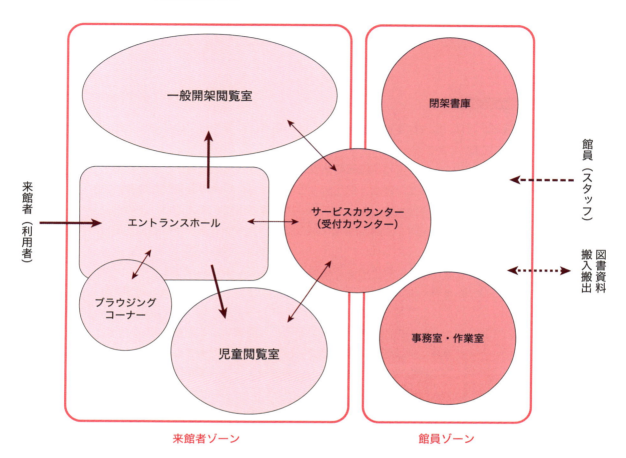

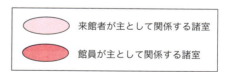

計画上の最重要ポイント
① 来館者の動線と館員の動線が交錯しないように、明確なゾーニングを行う。
② サービスカウンターは、館内の閲覧室全体が見渡せる位置に配する。
③ 一般閲覧室と児童閲覧室を分離する。

②図書館の計画に関する重要事項

■1 来館者ゾーンと館員ゾーンの区分
- 来館者ゾーンと館員ゾーンは、明確に区別されなければならない。
- 出入口を別々にとることはもちろんのこと、館内で、それぞれの動線が交錯しないように諸室を配する。

> 来館者ゾーンに属する諸室
> 　　**（一般）開架閲覧室、児童閲覧室、AVルーム**
> 　　**ブラウジングルーム、レファレンスルーム**
> 　　**郷土資料室**、等
> 館員（スタッフ）ゾーンに属する諸室
> 　　**サービスカウンター、事務室、閉架書庫**
> 　　**作業室**、等

図1　サービスカウンター

■2 サービスカウンターの位置（図1）
- サービスカウンターでは、貸出や返却などの手続きや、各種サービスを行う。
- 来館者の便宜を考えれば、入口を入ってすぐ目に着くところ、かつ閲覧室からも利用しやすい位置が望ましい。
- 館員の立場から考えても、入口や閲覧室全体を見渡せる位置にあることが、管理・防犯上も望ましい。

図2　開架閲覧室

■3 一般閲覧室と児童閲覧室の分離（図2,3）
- 来館者が主として利用するのが、閲覧室である。
- 児童閲覧室は子どもが利用するので、幾分、騒がしくなる。また、利用する図書の種類も異なる。
- 大人が利用する静かな雰囲気が求められる一般開架閲覧室とは距離を離して設けるか、区分して設けることが必要である。
- 児童閲覧室の中でも、幼児の利用するスペースはさらに区分することが望ましい。

図3　児童閲覧室

■4 「開架式」と「閉架式」の区別（図4）
- 来館者が本に接する形式のことで、出納（すいとう）システムともいう。

　　開架式
　　　　来館者が、書架から本を自由に取りだして閲覧できる。
　　　　一般開架閲覧室、児童閲覧室などは、この形式となる。
　　　　近隣住民への貸出しサービスを主とする図書館では、多くの図書をこの形式で提供する。

　　閉架式
　　　　来館者は、自分で本を取りだすことができない。
　　　　書名・著者などを館員に伝えて、閉架書庫から取りだしてもらう。
　　　　専門書、貴重書の収蔵に多い形式である。

図4　「開架式」と「閉架式」

③図書館の諸室およびその他重要事項

１ 必要諸室

閲覧室、サービスカウンター以外の諸室として、次のようなものがある。

■来館者ゾーンに属する諸室

ブラウジングルーム（コーナー）（図1）
- 軽読書室とも呼ばれる、くつろいだ雰囲気で新聞や雑誌などを読むことのできるスペース。
- 来館者が気軽に立ち寄って利用できるように、エントランス付近に設けられることが多い。

図1　ブラウジングコーナー

レファレンスルーム（コーナー）（図2）
- 来館者の調査研究を支援するため、辞書、事典、年鑑やコンピュータ検索システムなどを備えるスペース。
- 来館者の質問に館員が直接、助言を与えることもある。

AV（オーディオ・ヴィジュアル）ルーム（コーナー）（図3）
- 視聴覚コーナーとも呼ばれる。CD、DVD、ビデオなどの視聴覚資料を備えたスペース。
- 近年、その割合は増加傾向にある。

図2　レファレンスコーナー

郷土資料室
- その図書館が存する地域に関する様々な郷土資料を備える室。
- 小規模図書館では、一般開架閲覧室やレファレンスルームの一画に、コーナーとして設けられることもある。

必要に応じて次のような諸室が設けられることがある。

お話し室
- 絵本や紙芝居などの読み聞かせを行うための室。
- 児童閲覧室内、もしくは隣接して設けられる。

対面朗読室
- 視覚障害者を対象に、図書資料の朗読を行う室。

図3　AVコーナー

キャレル（図4）
- 研究用の個室、または個別用学習机。大学図書館等に設置されることが多い。

■館員（スタッフ）ゾーンに属する諸室

事務室・作業室
- 館員の事務、諸作業のための室であり、サービスカウンターの背後に設けられることが多い。

閉架書庫
- 主に専門書・貴重書を収蔵する書庫。
- 来館者の自由な出入りはできない。

図4　キャレル

2 その他重要事項

BDS（ブックディテクションシステム）（図5）
- 本の無断持ち出し防止システム。
- 貸出手続きを行わずに無断で図書館から持ち出そうとすると、本に貼付けられた磁気テープが反応して警報が作動する。

ブックモビル（BM）（図6）
- 移動図書館。
- 本を自動車に積んで図書館のない地域を中心に巡回し、貸し出し、予約などのサービスを行う。

積層書架、集密書架（図7）
- 開架閲覧室に多い標準的な書架と異なり、閉架書庫で主に用いられる図書資料収蔵能力の高い書架。
- 積層書架では多層にすることで、集密書架では通路部分を排する（書架をスライドさせて最低限の通路を確保する）ことで、収蔵能力を高めている。

図5　BDS（ブックディテクションシステム）

図6　ブックモビル（BM）

3 参考事項

コンピュータ技術の発達により、図書館でも次のようなシステムの導入が進んでいる。

自動貸出返却装置（ABC）
- 館員を介さずに、コンピュータの画面を通して書籍の貸出や返却の手続きができる装置。

OPAC
- 電子情報化された蔵書目録。
- ネットワーク化されており、目的の書籍がどこの図書館に収蔵されているかなどの、検索が容易にできる。

自動出納書庫（自動書庫）（図8）
- 来館者の閲覧や貸出要求をコンピュータ端末に入力するだけで、目的の書籍を自動的に探し出し、手元まで送り届けることができる。
- これまで、館員が担っていた閉架書庫における様々な業務を自動化することで、図書館業務の効率化が図れるとともに、書籍の収蔵能力増加にもつながる。

図7　集密書架

図8　自動出納書庫

④ 図書館の実例分析

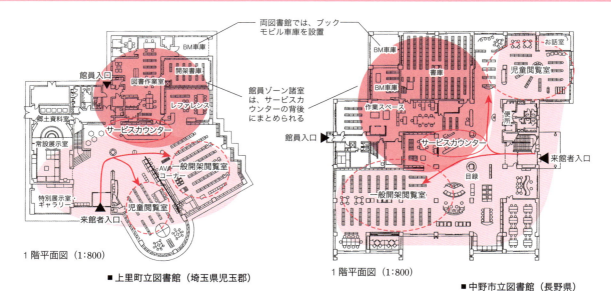

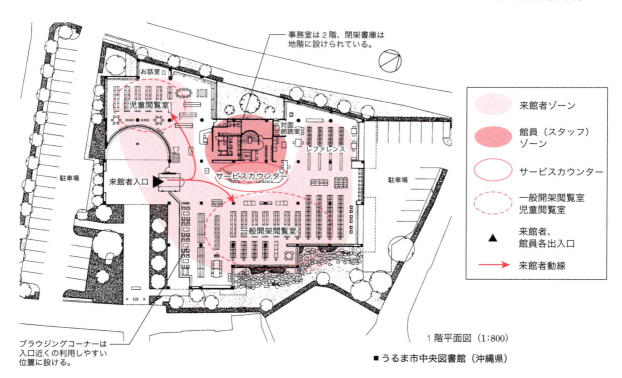

確認事項

① 来館者のゾーンと館員のゾーンを明確に区別すること。
② サービスカウンターは、来館者の入口に面しており、さらに、館内の閲覧室全体が見渡せる位置に配する。
③ 一般閲覧室と児童閲覧室を分離する。

5 図書館の計画に関するその他留意事項

1 閲覧室の所要面積

- 書架のない閲覧室の所要床面積は、成人1人当たり 1.5～3㎡ 程度を目安とする。
 （何人掛の机を配置するかにより、左右される）

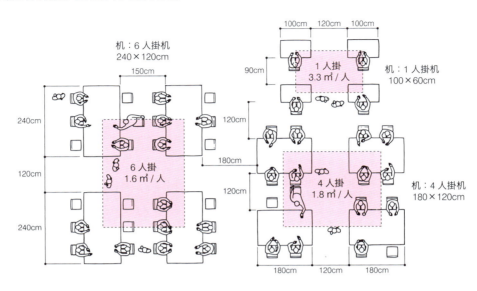

2 図書の収蔵能力の算定

- 書架の段数、書架の間隔、書籍の厚さなどによって左右される。

　　開架式の書架部分…100～200 冊/㎡ 程度

　　　　（書架間隔210cm、5段型書架利用の場合　160冊/㎡ 程度）……図の①

　　閉架式の書架部分…200～400 冊/㎡ 程度

　　　　（書架間隔150cm、5段型書架利用の場合　220冊/㎡ 程度）……図の②

　　　　（書架間隔120cm、7段型書架利用の場合　390冊/㎡ 程度）……図の③

　　閉架式で集密書架採用の場合…集密書架部分は通路込みで、最低でも 600 冊/㎡ 程度以上

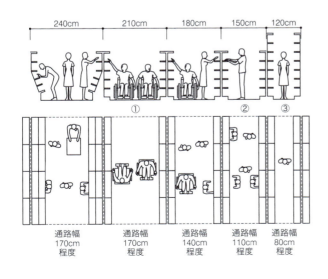

プラスα

書架部分の収蔵能力算定は、通路をはさんだ向かい合う書架1連（上図太線で囲まれた部分）で考える。

- 冊数　＝1棚当たり冊数（30冊程度）× 段数 ×2
- 床面積＝書架一連の長さ（0.9m程度）× 書架間隔

これらをもとに
収蔵能力冊数（冊/㎡）＝ $\dfrac{冊数}{床面積}$
として算定できる。

演習問題 ▶▶▶▶▶ 図書館の計画

2級建築士試験では、図書館の計画に関する問題は比較的、出題頻度が高い。1問すべてが図書館に関する事項で構成されることもあるが、毎年、最低でも選択肢の中の一事項としては必ず出題されると言ってもよい。地域図書館の分館に関する計画上のポイントについても問われるが、その内容は限られており、繰り返し出題されている事項がほとんどである。1級建築士試験での出題は、非常に少ない。

問題

地域図書館の分館に関する計画について、以下の正誤を判断せよ。

		出題年
(1)	貸出し用の図書は、できるだけ多くを、閉架式として管理提供した。	(1) ② 27、19、16、15、13、12、7
(2)	一般閲覧室と児童閲覧室は分離して配置し、貸出しカウンターは共用とした。	(2) ② R1、23、20、16、13
(3)	利用者の動線と館員やサービスの動線を同じにして、図書の整理作業の効率化を図った。	(3) ② 13、7
(4)	児童室内においては、幼児の利用部分と小・中学生の利用部分とを、書架などで区分する。	(4) ② 7
(5)	貸出カウンターの背後に、事務作業室を配置する。	(5) ② 7
(6)	新聞や雑誌などを気軽に読む空間として、資料の検索などを行うコンピューター機器を備えたレファレンスルームを設けた。	(6) ② R3、R1、29、24、19、16
(7)	図書館の出入口に設置するブックディテクションシステムは、セルフサービスによる貸出・返却処理や簡易な蔵書点検を行うことを目的とするシステムである。	(7) ② R2、19 ① R4、26、24、21、18
(8)	一般開架貸出室の一部にレファレンスコーナーを設けた。	(8) ② R4、18 ① R4
(9)	書架のない 60 人収容の閲覧室の床面積を 60㎡ とした。	(9) ② 30、27、24、20、19、13 ① 25、22
(10)	図書館の開架室における書架の間隔について、車いす使用者の利用と通行に配慮して、225cm とした。	(10) ② R6 ① R1、25
(11)	次の用語のうち、図書館に関する計画ともっとも関係の少ないものはどれか。	(11) ② R5、21、15
	1. レファレンスカウンター	
	2. シューボックススタイル	
	3. ブックモビル	
	4. ブラウジングコーナー	
	5. キャレル	
(12)*	道路を通行する人など、建築物の外部の人から館内の様子が見えるようにした。	(12) ② 13、7
(13)*	ブラウジングコーナーの近くに、インターネットを利用できるスペースを設けた。	(13) ② 13
(14)*	閲覧室の床の仕上げは、歩行音の発生が少なくなるように、タイルカーペットとした。	(14) ② 30、19、16
(15)*	分館は、地域住民の徒歩圏内に計画した。	(15) ② 16
(16)*	延べ面積当たりの蔵書数は、一般に、200 冊/㎡ 程度を目安として計画した。	(16) ① 26、17

解説

(1) 地域図書館の分館では、近隣住民の利用が主となる。したがって、利用者が手にとって自由に閲覧できるように、できるだけ多くの書籍・図書を開架式で提供するのが望ましい。閉架式は、専門書、貴重書などの収蔵に適している。

(2) 児童閲覧室は幾分、騒がしい雰囲気となりやすいので、静かな雰囲気が求められる一般閲覧室とは分離して配置することが必要である。貸出カウンターについては個別に設ける必要はなく、両方の閲覧室が見渡せるような中間的な位置に共用で配すればよい。

(3) 利用者の動線と館員やサービスの動線は、明確に区別されなければならない。利用者と館員やサービスが同じ動線に混在することは、お互いが邪魔になるだけで、図書の整理作業の効率は逆に低下する。

(4) 幼児の利用する図書は、絵本が主であり、小・中学生の利用する図書とはかなり異なる。また、体の大きさも異なり、幼児との衝突や踏みつけなどの事故防止の面でも、互いの利用部分を区分することは望ましい。

(5) 利用者ゾーンと館員ゾーンは、明確に区別される必要がある。貸出カウンターは、館員ゾーンに属するが、利用者に対する様々なサービス業務を行うので、利用者ゾーンに面する所に配される。貸出カウンターの背後に事務作業室があることは、館員の移動やサービスを円滑に行う意味でも、適した配置である。

(6)(8)(13)
ブラウジングコーナー（軽読書コーナー）は、新聞や雑誌を気軽に読むためのくつろいだ雰囲気のスペースである。インターネットで気軽に情報を検索できるスペースを近くに設けることは、利用しやすい雰囲気を作るうえでも好ましい。また、レファレンスルームは、利用者の調査・研究の助けとなるような資料を提供したり、適切な助言を与える館員が置かれるスペースである。一般開架貸出室（一般開架閲覧室のこと）の一部として設けられていれば、利用者にとって便利である。

(7) BDS（ブックディテクションシステム）は、磁気などを利用して、貸出手続きをしていない図書を判断する装置である。出入口付近に設置することで、図書の無断持ち出しを防ぐことができる。近年、このシステムが設置される図書館が増えている。

(9) 閲覧室の所要床面積は、成人1人当たり 1.5 〜 3㎡ 程度を目安とする。

(10) 開架室における書架の間隔は、車いすどうしのすれ違いを考慮しても 210cm あれば十分である。

(11) シューボックススタイルは、コンサートホールの形式であり、図書館の計画とは直接関係がない。

(12) 外部から内部の様子がわかるようにして、近隣住民にとって親しみやすい雰囲気とすることも重要である。

(14) 閲覧室では、利用者がお互いの読書への集中をさまたげないように、静かさが求められる。したがって、歩行音の発生の少ないタイルカーペットは、適当である。

(15) 地域図書館の分館では、利用者は近隣住民が主体となるので、徒歩圏内（2km 程度）に計画することが望ましい。

(16) 書架部分に限定した収容蔵書数は、100 冊/㎡ 以上となるが、延べ面積当たりにすると 50 〜 100 冊/㎡ 程度となる事例が多い。

解答　　　(1)× (2)○ (3)× (4)○ (5)○ (6)× (7)× (8)○ (9)× (10)○ (11)2 (12)○ (13)○ (14)○ (15)○ (16)×

実践演習 ▶▶▶▶ 図書館

課題：「図書館」

設計条件
- ●敷地
  - ・敷地の形状、面積、接道条件及び周辺条件は、下図の通りである。
  - ・敷地は平坦で道路との高低差はない。敷地は、第1種住居地域及び準防火地域に指定されている。また建蔽率の限度は80％、容積率の制限は400％である。
- ●建築物
  - ・鉄筋コンクリート造平家建とする。
  - ・延べ床面積は1,500㎡をおおよその基準とする。
  - ・主要アプローチは南側の道路とする。
- ●屋外施設
  - ・駐車場は平面駐車とし、利用者用10台、サービス用1台分を敷地内に設ける。
  - ・利用者用に50台分の自転車置き場を設ける。
- ●所要室（以下の諸室は必ず計画すること）
  - ・一般開架閲覧室、児童閲覧室、ブラウジングコーナー、レファレンス、郷土資料室（一部展示も兼ねる）、視聴覚コーナー（AVコーナー）、受付カウンター、事務・作業室、閉架書庫。
  - ・便所、湯沸室、倉庫、更衣室等は適宜設ける。
  - ・地階に電気室、機械室等を設けるが、その計画はしなくてもよい。
  - ・その他、必要と思われる諸室は適宜加えてよい。

要求図面
- ・1階平面図兼配置図（1:200）
  （平面図については、シングルラインで描き、壁厚や柱は描かなくてもよいものとする）
- ・一般開架閲覧室、児童閲覧室、ブラウジングコーナー、レファレンス、郷土資料室、視聴覚コーナーについては、書架・机・いす等を描き込むこと。
- ・その他、諸室についても内部の雰囲気がわかる表現を心掛けること。

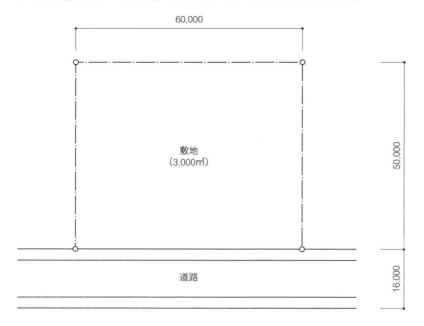

敷地図（縮尺1:1000、単位mm）

■ 計画の進め方

手順1

延べ床面積から建物のおおよその大きさの見当をつける。
- 延べ床面積1,500㎡で平屋（1階建）なので建築面積も1,500㎡となる。
- 建築面積が1,500㎡ということは、敷地面積3,000㎡に対して1/2の大きさということとなる。

第1種住居地域及び準防火地域の指定、さらに建蔽率限度、容積率制限ともに、今回の計画においては問題ないことを一応確認しておく。

手順2

外部空間の利用から、建物の形状と配置を考える。
- 歩行者、自転車、車はすべて南側からのアプローチとなるので安全性に配慮して3つの動線を明確に分離しつつ、駐車場、駐輪場の面積を確保する。
- 建物の形状はとりあえず単純な長方形とする。
- 今回は東西42m×南北36mで考えてみる。
（延床面積1,512㎡　6mグリッドを想定）

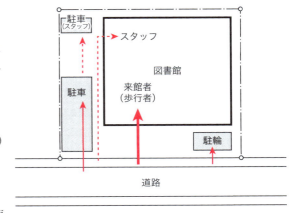

手順3

建物内部のゾーニングを決める。
- 来館者が南から来ることを考えて、来館者ゾーンは南側を中心に展開する。
- スタッフゾーンは北西側中心に展開する。

手順4

諸室のおおよその配置を決める。
- 来館者の動線、スタッフの動線が交差しないように注意する。
- 一般開架閲覧室と児童閲覧室はできるだけ離して配置する。
- 受付カウンターは全体の中心に配置する。
- ブラウジングコーナーは出入口近くに配置する。

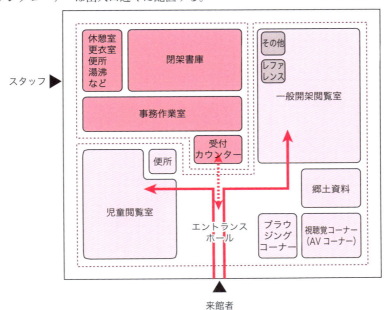

解答例 （前ページの諸室のおおよその配置に若干の調整を加えて平面を確定する）

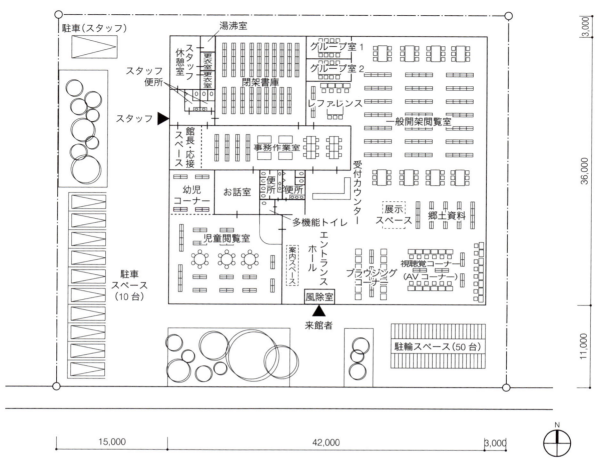

1階平面図兼配置図（縮尺 1:500）

他の解答例

建物をL字型とする案。

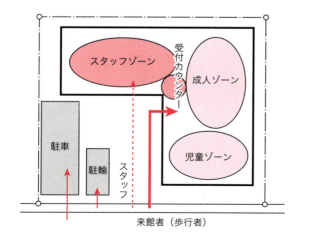
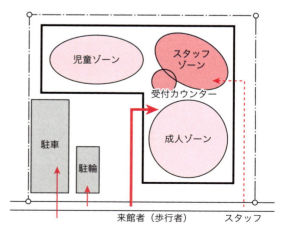

コラム ▶▶▶▶ 図書館の計画

▷シアトル中央図書館（レム・コールハース他、2004）

　ガラスの不規則な多面体といった趣の非常に奇抜で大胆な外観であるが、「市民の誰もが自由に利用できる図書館」という考えをベースに、それまでの図書館の機能を整理し直し、公立図書館としての将来のあるべきプログラムをそのまま内部の空間構成としている。

　時代が変わっても変化しない「固定的な機能」としての「parking」「staff」「meeting」「spiral」「head quarter」。時代とともに変化することが予想される「流動的な機能」としての「kids」「living room」「mixing chamber」「reading room」。これら9つの場を空間ヴォリュームとし、「固定的な機能」と「流動的な機能」を垂直方向に交互に積むことで将来の変化に対して柔軟に対応できるように計画されている。

　光が降り注ぐ陽だまりのような、ゆったりとくつろげる「living room」を拠点に来館者は自由に館内を移動でき、お気に入りの場所を見出すことができる。また、蔵書収蔵能力は145万冊もあるが閉架書庫がなく、どの本にもアクセスできるようになっている。

　「パブリックであること」「時代の変化に対応できること」を強く意識し、プログラムとして明確化した図書館である。

外観

初期のダイアグラム

▷国際教養大学図書館（仙田満、2008）

　「本のコロセウム」をテーマに計画された図書館。学生たちが本と格闘する場所として提案された。24時間365日開放され、本と出会い、本と向き合い、勉学に打ち込める場所である。

　設計者仙田満は子供の成長にとってふさわしい空間構造を長年模索してきた。その成果を「遊環構造」と名付け、回遊性、シンボル性、多孔的空間、広場、めまい体験など7つの空間的特質に整理している。

　ここでもその構造が適応され、学習意欲を喚起する空間の実現が試みられた。半円形平面で階段状に設けられた書棚と閲覧席は、円の中央から見上げると、たくさんの「知」が学生のために準備され、待ってくれているように体感できる。このことで本を探索する楽しさを環境的に提供している。

　また、大学が立地する秋田県産の杉材を積極的に活用し、地域の魅力をアピールするとともに、周辺環境に調和した木に囲まれた内部空間を実現している。

　この図書館を通して、国際社会で活躍する人材を育成する大学として秋田から世界に発信することにも成功している。

内観

大きな傘のような屋根構造

💡 **もっと調べてみよう！**

事　項
◇図書館の種類や規模とその役割　◇図書のデータ化（電子図書館）　◇図書の分類法　◇司書の業務

▷ヴィープリ市立図書館 （アルヴァ・アールト、1933〜35）

　高緯度地方に位置する北欧では、冬は1日のうちのほとんどが夜となる。このような国の人々は、太陽に対して憧れのような感情をもつとも言われる。建築家アルヴァ・アールトが生まれ育ったフィンランドも、そのような国の一つである。

　アールトは、この図書館における主要なテーマの一つとして、「光」を計画した。天井に見られる無数のトップライト（つまり無数の太陽）は、フィン人の太陽への憧憬を象徴的に表現したものとしてみることができる。機能的には、天空の拡散光をトップライトによって採り入れることで、本を読んだりメモをとったりする時に必要な理想的な照度の均質性を獲得している。夏場でも南中高度が低いフィンランドでは、直接光を壁面から採り入れると眩しさや照度の偏りを生じてしまうのである。また、入念なスケッチを見てもわかるように、トップライトがたくさんあることによって、あらゆる角度から光が当たり、手暗がりが生じないようにも配慮されている。機能性と象徴性を同時に満たした、きめ細やかなトップライトの計画である。

　アールトの建築作品に共通してみられる人間への深い愛情、つまり一人一人の人間への細やかな配慮を踏まえた計画のあり方が、如何なく発揮された名作であると言えよう。

ホール内観

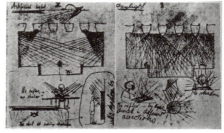
人工照明（左）と自然光（右）の効果を模索したスタディースケッチ

▷王立図書館計画案 （エチエンヌ・ルイ・ブレー、1780頃）

　「本そのものがいかにあるべきか」を考えさせてくれる図書館は数少ない。

　現在の消費社会において、本はほとんど消耗品同然のように扱われているが、本が貴重で高価であった時代、本は「知性」の象徴であり、人間にとってはある種、畏敬の念さえ抱かせる存在であった。

　そのような「人間と本との原初的な関係」を、圧倒的なスケールで計画したのが、幻視の建築家ブレーである。ヴォールト天井が架けられ、列柱を配した、まるで神殿のような巨大建造物の内部には、膨大な数の本が4層30段以上にわたって整然と並んでいる。「本に捧げられた神殿」とも言えそうなこの図書館の主人公は、あくまで本であり、人間は単なる添景でしかない。実現を前提としなかったがゆえに、ここまで大胆な計画ができたのであろうが、スウェーデンの建築家アスプルンドの設計したストックホルム図書館の中央ホールには、部分的ながら同様の考え方が垣間みられる。

　本そのものがデータ化され、物質としての本の存在価値がますます希薄になっていくなかで、人間と本の関係そのものから図書館のあり方を問い直されなければならないであろう。

王立図書館内観

ストックホルム市立図書館
（グンナー・アスプルンド、1920〜28）

🔍 もっと調べてみよう！

建築作品
◇国立国会図書館関西館（陶器二三雄）　◇多摩美術大学図書館（伊東豊雄）　◇武蔵野美術大学図書館（藤本壮介）
◇TOYAMAキラリ（隈研吾）　◇みんなの森ぎふメディアコスモス（伊東豊雄）
◇近畿大学ビブリオシアター（NTTファシリティーズ）　◇天津浜海図書館（MVRDV）

2−6　美術館の計画

「美術館」について

● 「美術館」とは、「美術博物館」の略称であり、美術に特化した博物館である。美術館以外の博物館としては、歴史系博物館としての歴史博物館、考古学博物館、民俗博物館、また、自然科学系博物館としての自然史博物館や生態園（動物園、植物園、水族園）などがある。

● 博物館の起源は、語源的には古代ギリシャの「ムーサイ（学芸の女神）（英語ではミューズ）」まで遡ることができるが、美術品や博物品の一般公開という観点からすると、18世紀のウフィツィ美術館、大英博物館、ルーブル美術館などが早い事例となる。美術に特化した独立した美術館は、20世紀になってから出現した。

● 従来の美術館では、館内に展示された美術品を、利用者が順路にしたがって静かに鑑賞するというスタイルが主流であった。

● 最近の美術館では、体験型の作品が展示されたり、ワークショップが開かれたり、利用者が参加できるような企画を行う例が増えてきている。

● 地域とのつながりを重視した、コミュニティの核としての美術館のあり方も提案されている。

主な学習事項

・一般的な美術館における、必要諸室とそのゾーニングおよび機能的つながり
・美術館に関する基本用語
・来館者の巡回形式
・展示室の採光・照明計画

1 美術館の構成

一般的な中規模美術館における主要諸室のつながりは、次のようにモデル化できる。

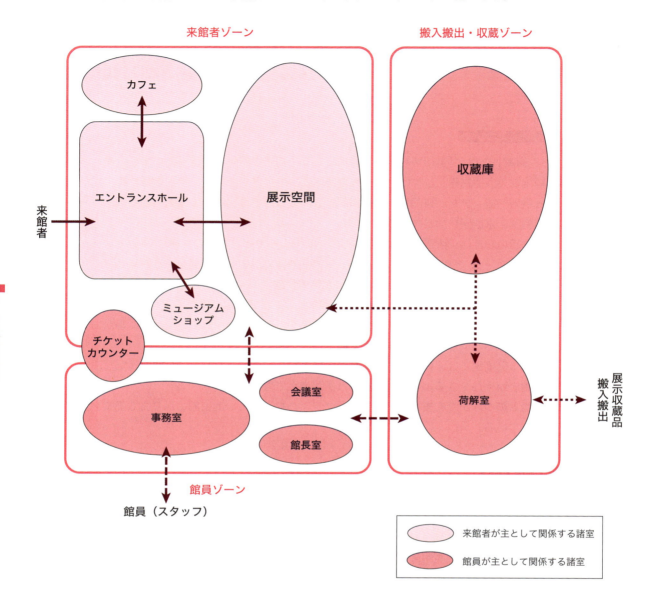

> **計画上の最重要ポイント**
> ①来館者の動線、館員の動線、展示収蔵品の搬入搬出動線の三者が交錯しないように、明確なゾーニングを行う。
> ②適切な照明計画を行う。
> ③近年増加しつつある参加型企画等を含め、様々な企画にもフレキシブルに対応できるよう検討する。

2 美術館の諸室および計画に関する重要事項

各ゾーンの区分と必要諸室について

来館者があやまって、直接、関係のない館員ゾーンや搬入搬出・収蔵ゾーンに紛れ込んでしまったり、それら裏方の諸室を眼にするようなことがあってはならない。

- 来館者ゾーン、館員ゾーン、搬入搬出・収蔵ゾーンは、明確に区別する。
- 来館者動線、館員動線、展示収蔵品の搬入搬出動線が交錯しないように、諸室を配する。

一般的な美術館で必要とされる諸室と計画上の留意点は、次のとおりである。

■ 来館者ゾーンに属する諸室

展示室 ：美術館の中心となる室（図1）。
　　　　　常設展示、企画展示に対応できる展示室を設ける。
　　　　　展示壁面を可変式とすることが多い。

売店（ミュージアムショップ）（図2）：
　　　　　展示に関連したグッズなどを販売する。
　　　　　エントランスホールに近接して設ける。

カフェ ：エントランスホールに近接して設ける。

エントランスホール ：
　　　　　来館者動線の起点かつ終点となるため、相応の広さを必要とする。ミュージアムショップ、カフェ、ロッカーなどを利用しやすいよう、近接して設ける。

ワークショップ ：参加型企画などの際、来館者が作業を行うための室。

講義室 ：企画展示などの際、展示テーマに関するセミナーや講演会などを行うための室。

休憩コーナー、トイレ ：
　　　　　規模の大きい美術館の場合、鑑賞距離が長くなるので、何箇所かに分散させて設ける必要がある。

■ 館員（スタッフ）ゾーンに属する諸室

チケットカウンター ：チケット販売のための室（コーナー）。建物入口付近に設けられる。

事務室 ：館員の事務作業のための室。

館長室 ：館長のための室。小規模美術館では事務室の中に吸収される。

学芸員室 ：学芸員（研究調査員）のための室。

■ 搬入搬出・収蔵ゾーンに属する諸室（大きくは、館員（スタッフ）ゾーンに属する）

収蔵庫 ：展示品を保管するための室（図3）。

荷解室 ：展示品搬入の際、荷解き作業を行うための室。

上記の諸室に加えて、必要に応じて次のような諸室が設けられる。

展示準備室 ：展示のための作業を行う室であり、展示室と隣接して設けられる。

前室 ：収蔵のための作業を行う室であり、収蔵庫と隣接して設けられる。

燻蒸室 ：展示品に付着したかびやしみなどを消毒する室。

写真室 ：展示収蔵品の写真撮影を行う室。

図1　展示室

図2　ミュージアムショップ

図3　収蔵庫

③ 美術館の実例分析

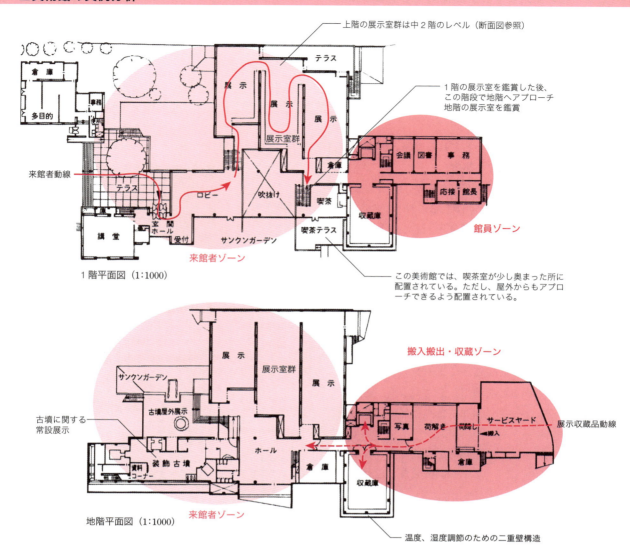

■ 熊本県立美術館（熊本県）

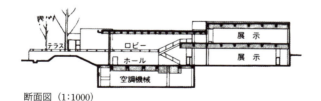

- 来館者ゾーン、館員ゾーン、搬入搬出・収蔵ゾーンが明確に区分されていること。
- 来館者の動線、館員の動線、展示収蔵品の搬入搬出動線の三者が交錯しないこと。

④美術館の計画に関するその他重要事項

■1 巡回形式（図1）

来館者が、エントランスホールから展示室を巡って戻ってくる一筆書きの動線形式とされることが多い。

①接室順路型
- 各展示室が直接接続される。
- 動線が分断されるので、展示室の一室閉鎖はできない。
- 小規模美術館に適した形式である。

②廊下接続型
- 各展示室が廊下を介して接続される。
- 展示室の一室閉鎖が可能である。

③中央ホール接続型
- 各展示室がホールを介して接続される。
- 展示室の一室閉鎖が可能である。
- ホールを拠点にして、自由な動線で鑑賞することができる。
- 面積的に余裕のある大規模美術館に適した形式である。

これらの形式に関わらず、1回の鑑賞の限界距離は、壁面に沿って400m といわれており、適当な位置に休憩スペースを設けることも考慮する。

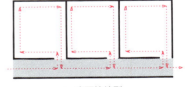

a. 接室順路型

b. 廊下接続型

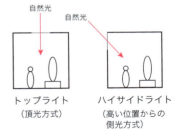

c. 中央ホール接続型

図1　巡回形式

■2 採光・照明計画

■採光方式（図2）

近年、人工照明だけでなく、トップライトやハイサイドライトによる自然採光をうまく組み合わせる例が増加しつつある。

人工照明では、省エネ・長寿命で展示品を劣化させる赤外線・紫外線の少ないLED（発光ダイオード）の採用例が増えている。

■展示物などに対する適正照度
- 日本画　　　　　　　：150〜300 lx（ルクス）
- 洋　画　　　　　　　：300〜750 lx
- 展示空間の一般的照度：50〜100 lx

■その他留意点

展示物に鑑賞者の影を生じさせない。
ガラスケースを用いる場合は、ガラス面への映り込みを防ぐ。

図2　採光方式

■3 収蔵・保管計画
- 収蔵庫では、収蔵品の保存のために、温度・湿度の調整が必要である。
- 収蔵庫内部は外部と縁を切った二重壁構造とし、二重壁のすき間の空気層を空調することが多い（図3）。

■4 その他
- 絵画を鑑賞する場合、絵画の画面の対角線の1〜1.5倍程度のスペース（視距離）を確保することが望ましい。

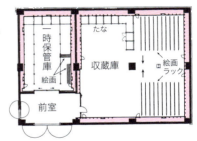

図3　収蔵庫の二重壁構造

【演習問題】 ▶▶▶▶▶ 美術館の計画

2級建築士試験では、美術館の計画に関する問題の出題頻度はそれほど高くない。1問すべてが美術館に関する事項で構成されることもまれにあるが、出題内容は常識的な事項にとどまる。照明計画を含む計画の基本事項を押さえておけば対応できる。
1級建築士試験では、より詳細に諸室の計画を理解するとともに、最近の動向と代表的な作品およびその特徴を押さえておく必要がある。

【問題】

美術館等に関する計画について、以下の正誤を判断せよ。

		出題年
(1)	小規模な展示室における利用者の動線は、一般に、逆戻りや交差を含む変化に富んだ計画とする。	(1)② R1、23、18、15、12
(2)	ミュージアムショップ（売店）は、原則として、客用出入口から遠いところに計画する。	(2)② 30、23、12
(3)	1回の鑑賞の限界は、一般に、壁面の延長で100m²程度といわれ、休憩スペースは欠かせないものである。	(3)② R6、12
(4)	絵画用の展示室は、人工照明によるものが多いが、近年、自然採光の重要性が見直されている。	(4)② 12
(5)	日本画を展示する壁面の照度は、一般に、500～700ルクス程度とする。	(5)② R5、R4、29、28、27、23　①20、19、16
(6)	常設展示室において、縦3m×横4mの絵画を鑑賞するために、絵画の正面で3m離れた位置にソファを配置した。	(6)① 20、15
(7)	収蔵品に付着した害虫等を駆除するための燻蒸室は、荷解室及び収蔵庫からできるだけ離れた位置に配置した。	(7)② R2、29、24　①27、20
(8)	美術品収蔵庫の温湿度調節のために、外側の躯体とは別に内壁を設けた二重壁構造とし、その中間の空気層を空調した。	(8)① 11
(9)	展示空間の展示壁面は、展示空間にフレキシビリティを持たせるために、可動式とすることが多い。	(9)② 28、17
(10)	学芸員室は収蔵部門に近接して設けた。	(10)② R5、30　①R5
(11)	金沢21世紀美術館（石川県金沢市）は、誰でも気軽に様々な方向から立ち寄れるように、複数のエントランスのある円形の平面とし、内部には、建築物の端から端まで見通すことができるいくつかの廊下がある。	(11)① 19
(12)*	展示室の床面積は、一般に、延べ面積の50～70％のものが多い。	(12)② 28、17、12
(13)*	絵画用の人工照明の光源は、一般に、自然光に近い白色光とするのが望ましい。	(13)② R6、28、17
(14)*	展示の連続的なストーリーを感じとらせるために、観覧経路を歩きながら次の展示室の主要な展示物が垣間見えるように、展示室の一部にスリットを設けた。	(14)① 19
(15)*	従来の鑑賞するだけの展示から、ワークショップ等の参加型企画が増え、アトリエと展示室を一体として使う場合もある。	(15)① 14

解説

(1) 小規模展示室の動線計画については、混雑時の混乱などを避けるために、逆戻りや交差の生じない一筆書きの計画とする。

(2) ミュージアムショップは、すべての展示作品を見終えた後に立ち寄れるよう、出入口付近に設けられることが多い。

(3) 1回の鑑賞の限界は、壁面400mと言われており、適当な位置に休憩スペースを設けるべきである。

(4) 自然採光には、天候や時間による明るさや色の変動があり不利な面も多いが、北面採光としたり、調光装置により変動を抑えて採光することで、自然採光と人工照明をうまく組み合わせる例が増えている。

(5) 展示室の壁面の照度は、一般に、日本画の場合、洋画の場合よりも暗めに設定する。日本画の場合150～300ルクス、洋画の場合300～750ルクス程度である。

(6) 絵画の画面の対角線の1～1.5倍程度のスペース（視距離）を確保することが望ましい。設問の場合、対角線の長さが5mとなるので、5mから5×1.5＝7.5m程度は必要となる。

(7) 燻蒸室では、展示品に付着したかび・しみなどをガスで消毒するので、荷解室から展示室あるいは収蔵庫に至る間に配されることが多い。

(8) 収蔵庫では収蔵品保存のために温度・湿度の調整が不可欠であるので、外壁とは別に内壁を設け二重構造とし空気層をとり、この部分を空調することが多い。

(9) 展示内容に応じて展示空間を変化させるために、展示壁面を可動式とすることが多い。

(10) 学芸員（キュレーター）の主要業務として、作品・資料の整理分類・保管がある。したがって収蔵部門に近接させることは適切である。

(11) 金沢21世紀美術館は、地域に開かれた美術館を目指して、従来の美術館と異なり建物の外周部に自由に出入りできるスペースが豊富に設けられている。

(12) 美術館の規模などによって変動はあるものの、展示室の床面積は、一般に、延べ面積の30～50％のものが多い。

(13) 絵画用の人工照明の光源は、一般に、演色性が良く自然光に近い白色光とする。

(14) ストーリーの展開を予想させることにより、来館者の興味を持続させることができる。

(15) 参加型の企画を積極的に取り入れるケースが増加し、アトリエと展示室を一体として使用する場合もある。

解答　(1)×　(2)×　(3)×　(4)○　(5)×　(6)×　(7)×　(8)○　(9)○　(10)○　(11)○　(12)×　(13)○　(14)○　(15)○

実践演習 ▶▶▶▶ 美術館

課題：「美術館」

設計条件
- ●敷地
  - ・敷地の形状、面積、接道条件及び周辺条件は、下図の通りである。
  - ・敷地は平坦で道路との高低差はない。敷地は、第1種住居地域及び準防火地域に指定されている。また建蔽率の限度は80％、容積率の制限は400％である。
- ●建築物
  - ・鉄筋コンクリート造2階建とする。
  - ・延べ床面積は1,500㎡をおおよその基準とする。
  - ・主要アプローチは北側の道路とする。
  - ・エレベーターは乗用1基、また必要に応じて人荷用1基を設ける。
- ●屋外施設
  - ・駐車場は平面駐車とし、車椅子利用者用3台、サービス用1台分を敷地内に設ける。
  - ・利用者用に30台分の自転車置き場を設ける。
  - ・彫刻展示用の屋外広場（約200㎡）を設ける。
- ●所要室（以下の諸室は必ず計画すること）
  - ・展示室、喫茶室、講義室（レクチャールーム）、売店（ミュージアムショップ）、事務室（チケット売場を兼ねてもよい）、チケット売場兼受付、館長・応接室（個別に設けてもよい）、スタッフ用会議室、学芸員室、警備員室、荷解室、前室（展示準備等の作業ができるスペース）、収蔵庫。
  - ・便所、湯沸室、倉庫、更衣室等は適宜設ける。
  - ・地階に電気室、機械室等を設けるが、その計画はしなくてもよい。
  - ・その他、必要と思われる諸室は適宜加えてよい。

要求図面
- ・1階平面図兼配置図（1:200）
- ・2階平面図（1:200）（平面図については、シングルラインで描き、壁厚や柱は描かなくてもよいものとする）
- ・面積表（各階床面積及び延べ床面積）

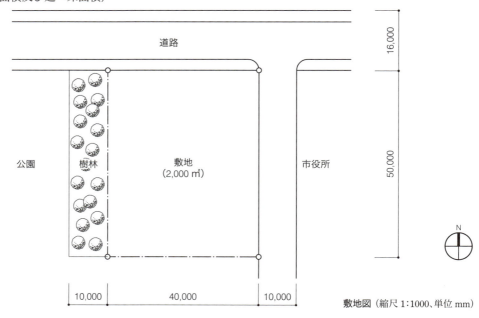

敷地図（縮尺1:1000、単位mm）

■計画の進め方

手順1
延べ床面積から建物のおおよその大きさの見当をつける。
- 延べ床面積1,500㎡で1階、2階を同じ大きさで考えるなら、1階、2階ともに750㎡となる。
- 建築面積が750㎡ということは、敷地面積2,000㎡に対して約1/3の大きさということとなる。

手順2
外部空間の利用から、建物の形状と配置を考える。
- 来館者が北側から来ることから、駐輪場、駐車スペースは建物の北側に、また、眺望を生かして彫刻広場は樹林側（西側）に取る。
- これらの外部空間が確保できるように、建物は南東に少し寄せて配置する。
- 建物の形状はとりあえず単純な長方形とする。
- 今回は東西24m×南北30mで考えてみる。
（延床面積1,440㎡　6mグリッドを想定）

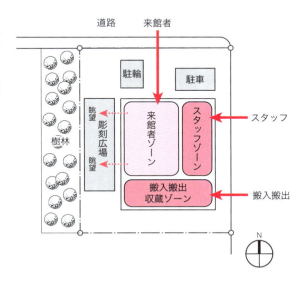

手順3
建物内部のゾーニングを決める。
- 来館者が北から来ることや樹林への眺めを考えて、来館者ゾーンは北西側に展開する。
- 西側道路をサービスに活用することとして、スタッフゾーンや搬入搬出収蔵ゾーンを東側に展開する。

手順4
諸室の配置を決める。
- 来館者の動線、スタッフの動線、美術品の搬入搬出・展示・収蔵の動線を意識する。
- 特に来館者の動線と他の動線が交差しないように注意する。
- 眺望を生かすべき諸室、無窓居室としてはならない諸室の配置にも注意する。
- 来館者用階段とスタッフ用階段は、二方向避難に配慮してできるだけ離して設ける。

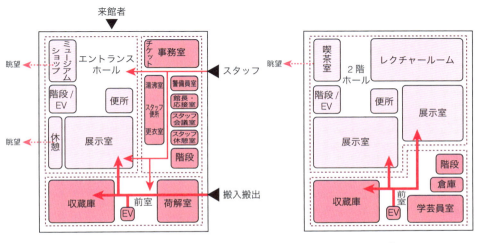

■ **解答例**　（前ページの諸室のおおよその配置に若干の調整を加えて平面を確定する）

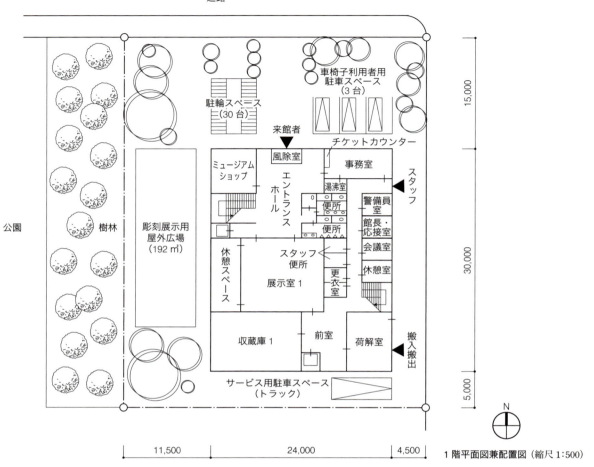

1階平面図兼配置図（縮尺1:500）

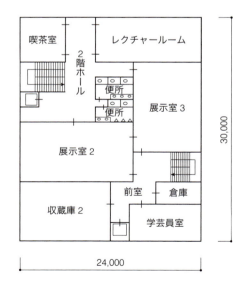

2階平面図（縮尺1:500）

■ **他の解答例**

以下のような計画も可能である。

・スタッフゾーンを主に2階とし、1階の来館者ゾーンを大きくとる。
・彫刻展示用屋外広場を、北側のエントランス前に設ける。

1階床面積　720㎡
2階床面積　720㎡
延床面積　1,440㎡

コラム ▶▶▶▶ 美術館の計画

▷那珂川町馬頭広重美術館 （隈研吾、2000）

外観

日本を代表する浮世絵画家歌川広重の作品を展示する美術館である。浮世絵はジャポニスムの代表として、印象派やアールヌーヴォーなど西洋の芸術に影響を与えたことでも有名である。

西洋の空間構成が透視図法をベースとしているのに対して、浮世絵に見られる空間構成はそれとは全く異なる。設計者隈研吾はこれをレイヤーの重なりとして捉え、広重が木版画の中に作り上げた独特の空間構成を建築化しようと考えた。つまり、消失点へと収束する奥行き方向の直線を強調するのではなく、多数の面を前後に層状に重ね合せることにより奥行きを感じさせることである。

具体的には木製のルーバーを壁から屋根まで延長し、前後に多数配置することで架空の面の連なりとして実現させた。木製のルーバーは太陽光の調整の役割も果たし、柔らかい光に包まれる内部空間を作り上げた。

ルーバーにより構成されたアプローチ

また、このルーバーは地元の杉材を用いて作られ、これ以外にも地元産の石材や和紙などが多用され、地域経済の活性化に寄与している。大都市に依存しない地域で完結する経済と地域コミュニティの再生が目論まれている。

▷ビルバオグッゲンハイム美術館 （フランク・ゲーリー、1997）

外観

かつて繁栄した工業都市の面影もなく寂れていく一方であったスペインビルバオの街をたった一つの美術館が劇的に変えた。それがビルバオグッゲンハイム美術館である。

企画段階でソロモン・R・グッゲンハイム財団は、ニューヨークのフランク・ロイド・ライトによるグッゲンハイム美術館にも引けを取らない大胆かつ革新的な美術館であることを求めた。設計を担当したフランク・ゲーリーは建物の外観をチタン曲面を主体とした近未来的で特異なフォルムとした。チタンは軽いが強度の高い金属であり、汚れにくい特徴を持つ。また、曲面のデザインは当時最先端技術であった戦闘機用のCADシステムによって行われた。開館直後から人気観光スポットとなり、世界中からビルバオに観光客が訪れるようになった。また、この建物はバスク地方全体の象徴となり都市のイメージアップにもつながった。

内観

「グッゲンハイム効果」あるいは「ビルバオ効果」という言葉で語られるほどに良い意味で街を変貌させた建築。建築が元来持っている潜在的な力を見事に証明した稀有な建築物である

🍷 **もっと調べてみよう！**

事 項
◇博物館の分類　　◇アートによる地域の活性化（各地の芸術祭など）　　◇キュレーター（学芸員）の業務
◇インスタレーション　　◇アール・ブリュット、グラフィティ

| コラム ▶▶▶▶ 美術館の計画

▷ユダヤ博物館（ダニエル・リベスキンド、2001）

　20世紀末、「脱構築主義建築」が流行した。哲学的な概念を流用した単なる形態操作であり、ほとんど社会的意義を持たなかったと悪評される作品が多いなかで、ユダヤ博物館は最も説得力を持った作品の一つであろう。

　この博物館の展示は、一般的な博物館とは異なり、ユダヤ人への迫害という、負の歴史、負の遺産の展示を含んでいる。当時のユダヤ人の不安な心境や閉ざされた未来、さらには歪んだ歴史そのものが、脱構築主義建築に特有の建築要素により表現される。鋭角に交差する地下通路、圧迫感を増幅させる傾いた天井、行き止まりの階段、大量虐殺による空白としてのヴォイド、無数の傷のような不規則な窓など、単なる形態の遊戯ではなく、そのすべてがユダヤ人の歴史を暗示し代弁している。そしてこれらの建築要素によって構成された建築空間全体を来館者が巡ること自体が、ユダヤ人の歩んできた歴史そのものを追体験し、より深く認識することにつながっているのである。

　この博物館では、仮に一切の展示品がなかったとしても、やはりユダヤ博物館なのである。建築物は展示品を収容する単なる容器であってはならないということを改めて認識させられる作品である。

全景

地下通路　　　　ヴォイド

▷金沢21世紀美術館（SANAA〔妹島和世・西沢立衛〕、2004）

　地方都市の公立美術館としては、異例の成功をおさめている美術館である。従来の「高価な美術品を黙って鑑賞する」タイプの美術館とは異なり、体験型の現代芸術作品や展示室全体を使ったインスタレーションなどが多数あり、どちらかと言うと「参加し、体で感じて楽しむ」美術館が目指されている。また、建物の外周部に沿って比較的広い範囲が市民ギャラリーを含む無料エリアで、地域の人々が気軽に訪れることができる場所となっている。

　建物は地上1階、地下1階建てで、全体は直径約112mの円形である。この中に、それぞれ独立した大小様々なキューブ状の展示室が光庭とともに埋め込まれている。外周面がすべてガラス張りであること、トップライト、要所要所にある光庭、さらには巧みに視線の抜けが考慮された廊下などによって、従来の美術館のような閉鎖的な薄暗さはまったくなく、内部は非常に明るく開放的な雰囲気が漂う。

　今後、美術館には単なる美術館としてではなく、都市の様々な文化活動の拠点としての在り方が広く求められていくであろうが、そのような多義的なあり方を具現化したことで、この美術館は前世紀の美術館とは異なる、まさに21世紀の美術館と言えるであろう。

　　※インスタレーション…物体や装置などを配置することで、空間そのものを
　　　　　　　　　　　　美術作品として構成する手法。

全景

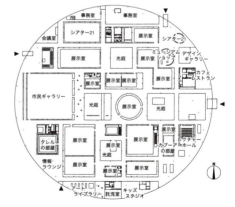
平面図

💡もっと調べてみよう！

建築作品
◇キンベル美術館（ルイス・カーン）　　◇オークランド美術館（ケヴィン・ローチ他）　　◇ルイジアナ近代美術館（ヨルゲン・ボー他）
◇グッゲンハイム美術館（フランク・ロイド・ライト）　　◇豊島美術館（西沢立衛）　　◇エストニア国立博物館（田根剛）
◇ミルウォーキー美術館（サンティアゴ・カラトラヴァ）　　◇下瀬美術館（坂茂）

2-7　劇場の計画

「劇場」について

- 「劇場」は、演劇やコンサートなどが行われる場所であり、演者の演じる舞台と、観客が鑑賞する客席を備えた施設である。
- 海外では古代ギリシャの野外劇場、日本では能舞台や歌舞伎小屋など、「劇場」は、歴史的にも古い建築タイプの一つである。
- 日本では多数の観客を収容でき、あらゆる出し物をそこで行う多目的ホールが数多く作られた時代もあったが、基本的には、目的に応じた専用の舞台形式や空間構成が必要となる。

主な学習事項

- ・一般的な劇場における必要諸室とそのゾーニングや機能的つながり方
- ・舞台形式の種類と概要
- ・劇場に関する基本用語
- ・客席を中心とした諸部分の寸法計画

1 劇場の構成

一般的な劇場における主要諸室のつながりは、次のようにモデル化できる。

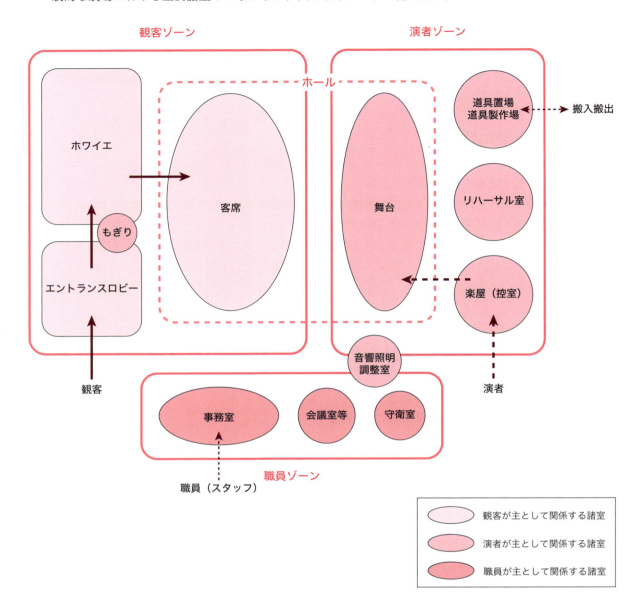

計画上の最重要ポイント
①観客の動線と演者の動線が交錯しないように、明確なゾーニングを行う。
②劇場の種類や規模に応じて、適切なステージ形式を選択する。
③すべての客席について十分な広さを確保し、また支障なく舞台が見られるように計画する。

2 劇場の分類

1 劇場の種類

劇場は、ホールとも呼ばれ、一般に、舞台と客席を備えた施設のことをいうが、様々な観点から多様に分類することができる。

〈目的別分類〉
　多目的ホール　：様々な演目に対応できるホール
　専用ホール　　：特定の演目のためのホール
　　　　　　　　　・演劇ホール
　　　　　　　　　・コンサートホール
　　　　　　　　　・オペラハウス（オペラ劇場）
　　　　　　　　　・歌舞伎劇場・能舞台
　　　　　　　　　・映画館

図1　コンサートホール、シューボックス型

〈形状別分類〉
　シューボックス型：直方体で軸性の強い形（図1）
　　　　　　　　　　伝統的なコンサートホールの型式
　アリーナ型　：円形、正方形等、中心性の強い形（図2）
　扇　型　　　：古代ギリシャの野外劇場が起源
　馬蹄型　　　：伝統的なオペラハウスの型式（図3）

図2　演劇ホール、アリーナ型

〈規模別分類〉
　小規模ホール　：客席数800人程度以下
　中規模ホール　：客席数800〜1,200人程度
　大規模ホール　：客席数1,200〜1,600人程度
　特大規模ホール：客席数1,600人程度以上

図3　オペラハウス、馬蹄型

この他、常設・仮設、屋内・野外などの観点からも分類が可能である。

2 舞台型式（図4）

舞台と客席の位置関係のことであり、上記の形状別分類とも密接に関わる。
劇場の目的に応じた舞台形式を採用する必要がある。

プロセニアムステージ（p.103に詳細説明）
・プロセニアム（額縁）を有したステージ。
・客席空間と舞台空間が明確に分離される。

オープンステージ
・プロセニアム（額縁）を持たないステージで、図4に示すような複数のタイプがある。
・客席空間と舞台空間が同じ空間内にあるので、観客との一体感を得られやすい。
・照明等の設備の配置には工夫が必要である。

アダプタブルステージ
・可変式ステージとも呼ばれ、演目に応じてステージの形態を変化させることができる。

エンドステージ

トラバースステージ

スラストステージ

センターステージ
（アリーナステージ）

図4　舞台型式

③ 劇場の計画の基本事項と必要諸室

■1 各ゾーンの区分

- 観客ゾーン、演者ゾーン、職員ゾーンは、明確に区別されなければならない。
- 出入口を別々にとることはもちろんのこと、館内でそれぞれの動線が交錯しないように諸室を配する。

> 観客ゾーンに属する諸室
> 　　**ホール客席、ホワイエ、エントランスロビー**（図1）など
> 演者ゾーンに属する諸室
> 　　**ホール舞台、楽屋、リハーサル室、照明・音響調整室**など
> 職員ゾーンに属する諸室
> 　　**事務室、会議室、守衛室**など

＊「エントランスロビー」は、図書館や美術館の「エントランスホール」と同等の空間であるが、劇場を「ホール」と呼ぶこともあり、本節では混乱を避けるため「エントランスロビー」とした。

図1　エントランスロビー

図2　ホワイエ

■2 劇場の諸室

ホワイエ（図2）
- 観客の開演待ちあるいは幕間の途中休憩のための空間。
- エントランスロビーが誰でも出入りできるのに対して、ホワイエは、もぎり（チケットチェック）を受けた者だけが入ることができるスペースである。
- 一般に、エントランスロビーとは別に、各ホールごとに付属して設けられる。

楽屋（図3）
- 演者の出演準備、出番待ちのための室。
- 洋室や和室、大部屋や小部屋などの種類に配慮する。

照明・音響調整室（図4）
- 舞台における照明や音響を一括してコントロールするための室。

図3　楽屋

大規模な劇場や劇場の種類によっては、必要に応じて次のような諸室が設けられる。

オーケストラピット（図5）
- オペラ等で必要となる、舞台と客席の間に設けられるオーケストラ（楽団）のためのスペース。
- 舞台の見えをさまたげないように、床レベルを下げて設けられることが多い。

木工場、画工場
- 大規模なオペラハウスなどにおける、舞台セットを製作するための諸室。

搬入口
- 大道具などを運び込むためのスペース。
- 保管・組立のスペースとともに、舞台近くに設けられることが多い。

図4　照明音響調整室

図5　オーケストラピット

④ 劇場の舞台構成

■1 プロセニアムステージの舞台構成要素

主として演劇鑑賞（オペラも含む）を目的とするプロセニアムステージでは、次のような諸装置を必要とする。

プロセニアムアーチ
・舞台と客席の間を区切る額縁。

側舞台（がわ）、後舞台（うしろ）
・大規模なプロセニアムステージでは、主舞台以外に側舞台、後舞台などの副舞台が設けられる。
　　側舞台：主舞台の左右に設けられた舞台
　　後舞台：主舞台の後方に設けられた舞台

フライズ（フライロフト、フライタワー）
・舞台上部に設けられた空間で、背景や照明などを吊るためのスノコ（ブドウ棚とも呼ぶ）がある。

奈落
・舞台の床下の空間で、回り舞台や迫（せ）りなどの機械設備を備える。

上手（かみて）・下手（しもて）
・客席から見て舞台の右側を上手、左側を下手という。

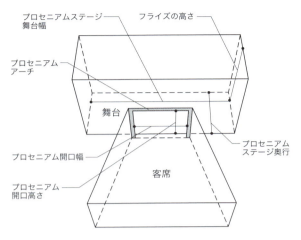

図1　プロセニアムステージに関する寸法（主舞台のみの場合）

■2 舞台構成要素の諸寸法（図1、2）

■ プロセニアムステージの舞台寸法

幅　：プロセニアム開口幅の<u>最低2倍以上</u>
　　　　　　　　　　（主舞台のみの場合）
　　　プロセニアム開口幅＋8m程度
　　　　　　（副舞台を備える場合各舞台ともに）

奥行：プロセニアム開口幅の<u>1.2倍以上</u>
　　　　　　　　　　（各舞台ともに）

■ フライズの高さ（舞台面からスノコまで）
　　プロセニアム開口高さの最低<u>2.5倍程度以上</u>

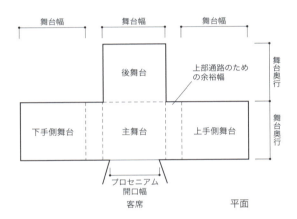

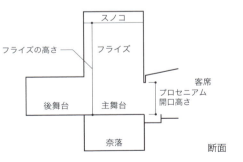

図2　プロセニアムステージに関する寸法（副舞台を備える場合）

プラスα

観客が実際に目にするきらびやかな舞台の周りには、それを支えるための実に広いスペースがある。

舞台セットを入れ替えるための副舞台、背景・照明・緞帳（どんちょう）などを納めるフライズ、登場人物の出退場装置としての奈落など、主舞台に比べて何倍ものスペースが必要となる。

また、客席からの観客の視線（特に最前列）を考慮して、目に触れるべきでないものは見えないようにしておくことも重要である。

5 劇場の実例分析

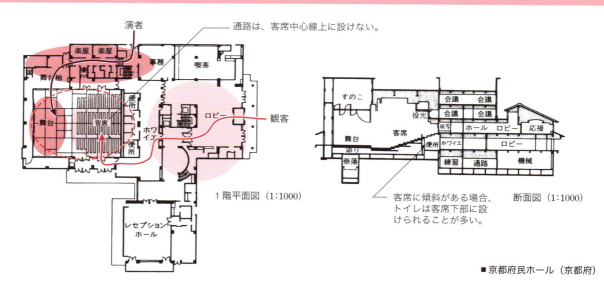

■ 京都府民ホール（京都府）

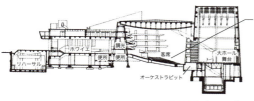

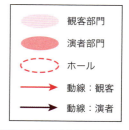

■ 東京文化会館（東京都）

凡例：
- 観客部門
- 演者部門
- ホール
- 動線：観客
- 動線：演者

確認事項
- 観客の動線と演者の動線が交錯しないように、観客部門と演者部門について明確なゾーニングを行う。
（観客と演者が出会うのは、ホールの客席と舞台においてだけである。）

6 劇場の計画に関するその他留意事項

1 舞台の見え

- 舞台を中心とした客席の広がりの範囲
  - 舞台の中心線から概ね120°の範囲に客席が収まるようにすればよい。
    （スクリーンなら60°の範囲内）
- 舞台から客席までの距離（可視限界距離）（図1）
  - 演技者の表情や細かい動作・身ぶりを鑑賞する場合
    約15m以内
  - 台詞主体の演劇や小規模音楽ホールの場合
    約22m以内
  - オペラなど、一般的な身ぶりだけ見えればよい場合
    約38m以内
- 舞台を見下ろす俯角（図2、3）
  - 前に座っている人の頭に邪魔されず、舞台前端部が見える必要がある。
  - したがって、傾斜床となることが多いが、各座席の俯角は15°以下が望ましい（最大30°以下）。

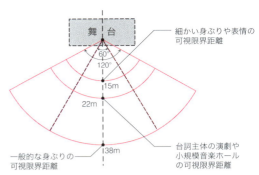

図1　客席の広がりと可視限界距離

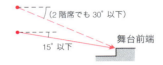

図2　舞台を見下ろす俯角の範囲

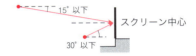

図3　スクリーンを見下ろす俯角、見上げる仰角の範囲

2 座席および通路（図4）

- 一般的な劇場における座席配置
  - 幅50cm程度、前後間隔95cm程度（最低85cm以上）
- 1人当たりの客席所要面積
  - 通路を含めて0.6〜0.7㎡が目安
- 縦通路
  - 幅は80cm以上、傾斜1/10以下
  - 客席中心線上にとることは避ける。

3 トイレの便器数

- 劇場では、幕間の途中休憩時間にトイレの利用が集中するため、便器の総数を多くとる必要がある。

適正器具数算定グラフから導き出すことができるが、客席数に対しておおむね以下の割合である。

　　女子便器　　1/30
　　男子便器　　1/60
　　男子小便器　1/60

4 音響

- 全客席に、偏りなく均等に音が達するよう配慮する。
- 演目に応じて適切な残響時間となるよう配慮する。

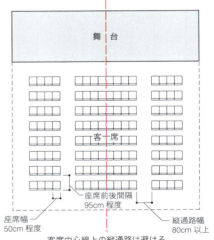

1個の座席面積は、足を置くスペースも含めて0.4〜0.5m²であるが、まわりの通路も含めて座席数で割ると、1人当たりの客席所要面積は、0.6〜0.7m²程度となる。

図4　座席および通路の寸法

プラスα

残響時間とは、厳密には、音源が発音を止めてから残響音が60dB減衰するまでの時間のこと。一般に、会話の場合は、短い方（1秒以内）が聞き取りやすく、音楽の場合は、ある程度長い方（1.5〜2秒程度）がよいとされる。ホールの大きさ、形状、素材によって変化する。また、観客も音を吸収するので、観客数によっても影響を受ける。適正な残響時間を設定し、調整する必要がある。

演習問題 ▶▶▶▶▶ 劇場の計画

2級建築士試験では、劇場の計画に関しては、商業建築に関する問題の選択肢の一つとして出題されることが多い。出題内容は、ステージの形式や、座席や通路の寸法、劇場に関する用語など、基本的事項がほとんどである。
1級建築士試験においても、出題頻度、難易度に大差はない。

問題

劇場等に関する計画について、以下の正誤を判断せよ。

出題年

(1) オペラ劇場における可視限界距離は、一般に 20m 程度である。

(2) 劇場におけるプロセニアムステージの舞台の幅を、プロセニアムの幅の 1.5 倍とした。

(3) 一般的な劇場における 1 人当たりの客席所要面積は、通路を含めて 0.5㎡ が目安である。

(4) 舞台の下手とは、客席から見て右側をいう。

(5) 劇場において、舞台と客席の一体感を高めるために、オープンステージ形式を採用した。

(6) 小劇場において、客席内の縦通路の幅を 70cm とした。

(7) 劇場において、座席の幅（1 人分の間口）を 55cm とし、前後間隔（背もたれ相互の間隔）を 100cm とした。

(8) 劇場において、客席の縦通路は、役者が演じやすいように舞台の間口の中心線上を避けて配置した。

(9) 劇場の計画において、プロセニアムステージは、必要に応じて客席と舞台との関係を変化させることができるので、演目に応じて適切な空間をつくりだせる。

(10) フライズ（フライロフト）は、舞台上部に設けられた空間で、幕や舞台照明等の吊物が収納される。

(11) 奈落は、舞台の床下の空間で、回り舞台やせりなどの機械設備が設置される。

(12) アリーナ型のコンサートホールは、客席が舞台を取り囲むように配置されたもので、演奏者と聴衆との間に一体感が生まれやすい。

(13) プロセニアム形式の劇場において、舞台の床面から、プロセニアムの開口の高さを 8m とし、フライタワー内のすのこの高さを 22m とした。

(14)* 劇場の搬入口において、プラットホームの高さを 1m とし、ウィング式（荷台の側面と屋根面を一体として上方に開くことができるもの）の大型トラックの駐車スペースの有効天井高を 4m とした。

(15)* 熊本県立劇場は来館者の動線を円滑にエントランス空間に導くために、演劇ホールとコンサートホールの間に光庭や吹抜けをもつモール状の空間を設けている。

(16)* 劇場において、舞台道具の搬入口は、上演中にも支障なく、舞台から迅速に舞台道具を搬出入できる位置に計画する。

(17)* 能舞台における花道とは、本舞台の後座から鏡の間に続く廊下のことであり、歌舞伎劇場における橋掛りとは、観客席を上手側で縦に貫く通路舞台のことである。

(1) ② 25、23、12
① 26、21、18、15
(2) ② 20、18、12、11
(3) ② 28、25、22、20、
13、12、11
① 25、21
(4) ② R4、R1、11
① 22
(5) ② R4、R1、30、27、
23、19、15
① 26
(6) ② 12
(7) ② 21
① 27、18、15
(8) ② 20、13
(9) ② R4、30
① 23、20、14
(10) ② 11
(11) ② 25、11
(12) ② R4、29、24
① 15
(13) ② R4、27
① 24
(14) ① 28、19
(15) ① 19
(16) ② 21
(17) ① R5

2 - 7 劇場の計画

解説

(1) 舞台から客席までの距離は、演技者の表情や細かい動作・身ぶりを鑑賞する場合は約15m、台詞主体の演劇や小規模音楽ホールで22m、オペラなど、一般的な身ぶりだけ見えればよいなら38mを限界とする。

(2) 劇場におけるプロセニアムステージの舞台の幅は、プロセニアムの幅の最低2倍以上は必要である。

(3)(7) 一般的な劇場における座席配置は、幅50cm程度、前後間隔95cm程度（最低85cm以上）であるが、さらに通路を考慮すると、1人当たりの客席所要面積は、通路を含めて0.6〜0.7㎡が目安となる。

(4) 舞台の上手とは、客席から見て右側をいう。

(5) プロセニアムステージでは、プロセニアム（額縁）によって舞台と客席が分断されるが、オープンステージの場合は、プロセニアム（額縁）がないので舞台と客席の一体感を得やすい。また、スラストステージの場合も、舞台の一部が客席に迫り出すので、舞台と客席の一体感を得やすい。

(6)(8) 客席内の縦通路の幅は80cm以上、通路の傾斜は1/10以下、客席の中心線上は避ける。

(9) プロセニアムステージでは、プロセニアム（額縁）によって舞台と客席の関係が固定されるので、演目に応じて適切な空間を作ることはできない。舞台と客席の関係を自由に変化できるのは、アダプタブルステージである。

(10) 舞台上部に設けられた空間をフライズ（フライロフト）と呼び、背景や照明などを吊るすための簀子（すのこ）がある。フライズ（フライロフト）の高さは、プロセニアムアーチの2〜3倍は必要である。

(11) 奈落は、舞台の床下の空間で、回り舞台や迫り（せり）などの機械設備がある。

(12) アリーナ型は、舞台の四周を客席が取り囲むので、オープンステージ型式となる。したがって、演奏者と聴衆の間に一体感が得られやすい。

(13) フライズの高さ（すのこの高さ）は、プロセニアム開口高さの2.5倍程度以上必要となるので、開口高さが8mの場合、8×2.5＝20m以上あれば十分である。また、開口寸法は演目や客席数によって異なる。

(14) 大型トラックのウィング開放時の高さは、4.6m以上あるので、天井高4mでは低すぎる。

(15) 熊本県立劇場（前川国男設計）は、演劇ホールとコンサートホールの間に光庭や吹抜けをもつモール状の細長い空間を設けており、来館者の動線を円滑にエントランス空間に導く役目を果たしている。

(16) 舞台道具の搬入口は、舞台からの搬出入の便を考えて舞台そばに設けられることが多いが、同時に上演中にも支障のない場所となるように考慮する。

(17) 能舞台において、本舞台の後座から鏡の間に続く廊下のことを橋掛りという。また、歌舞伎劇場において、観客席を縦に貫く通路舞台のことを花道という。

解答　(1)× (2)× (3)× (4)× (5)○ (6)× (7)○ (8)○ (9)× (10)○ (11)○ (12)○ (13)○ (14)× (15)○ (16)○ (17)×

| コラム ▶▶▶▶ 劇場の計画

▷ベルリンフィルハーモニーホール（ハンス・シャロウン、1963）

　世界屈指のオーケストラであり、ウィーン・フィルと並び賞されるベルリンフィルハーモニー管弦楽団の本拠地。

　第二次世界大戦で破壊されたホールを、世界最高のオーケストラに相応しいコンサートホールとして再建しようという機運のなか、1956年コンペが開かれドイツの建築家ハンス・シャロウンの斬新な計画が選択された。

　何よりも特徴的なのは、コンサートホールといえばオーケストラと客席が向かい合うシューボックス型が常識であった当時、あえてオーケストラを客席が取り囲むアリーナ型を採用したことである。音響面では不利な形であるため、反射板を吊すなどの工夫を余儀なくされたが、オーケストラと観客のこれまでにない新しい関係を生みだしたといえる。特に指揮者の表情が客席から見えることは、従来はあり得なかったことである。上階席もオーケストラを取り囲んでいるので、その様子は「ブドウ畑」に喩えられる。

　このホールの成功以降、このタイプのコンサートホールが数多く建設され、現在ではコンサートホールの一型式として定着している。

コンサートホール内部

断面図

▷西本願寺北能舞台（1582）

　現存する最古の能舞台であり、屋外に存在する。能は、歌舞伎や浄瑠璃などとともに日本の伝統芸能の一つであるが、能が演じられる能舞台には他にはみられない独自の特徴がある。

　能舞台は、舞台、地謡座、後座、橋掛り、鏡の間など、及び見所（客席）から構成されるが、舞台斜め後ろに延びる橋掛りは、元来、控えの間である鏡の間と舞台をつなぐ単なる通路であったものが、演者の登場退場に積極的な意味が与えられることで、副舞台としての役割を担うようになった場所である。この橋掛りの存在により、他にはほとんど見られない左右非対称の舞台構成となっている。

　また、舞台には、幕はなく観客に対して視覚的には開かれているが、同時に舞台周りの四本柱、白砂、屋根によって特別な場として区切られ閉じられている。

　舞台には、鏡板と呼ばれる松の描かれた背景があるだけで、それ以外の装飾的要素や大がかりな舞台装置等はまったくない。

　左右非対称の舞台構成、観客に対して開きつつ閉じる関係、極度の単純化・形式化と象徴化された世界、これらの特徴をそなえた能舞台は、世界にも類のない日本独自の劇場空間である。

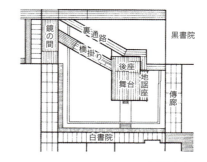

平面図（1:700）

厳島神社の能舞台

🍷 もっと調べてみよう！

事　項
◇劇場の種類（野外劇場や仮設劇場など）　◇日本の伝統的な劇場（歌舞伎場、農村舞台など）

建築作品
◇エピダウロスの劇場　◇グローブ座（シェークスピア劇場）　◇金比羅大芝居
◇エルプフィルハーモニー・ハンブルク（ヘルツォーク＆ド・ムーロン）　◇オスロ・オペラハウス（スノヘッタ）
◇台中メトロポリタンオペラハウス（伊東豊雄）

2-8　事務所の計画

「事務所」について

● 「事務所」とは、「オフィス」あるいは「執務空間」の意味であり、本節では主として高層の事務所ビルについて扱う。

● 事務所ビルの歴史は19世紀後半の「シカゴ派」に始まるが、その後、ニューヨークを始めとして世界中の都市に広まり、現在では大都市のほとんどに超高層の事務所ビルが林立する風景が見られるようになった。

● 一つのビルすべてを自社ビルとして専有する場合もあれば、一つのビルの中に複数の会社が賃貸契約を結んで入ることもある。

● 単調になりがちな事務所ビルにおいて、いかに個性豊かで、なおかつ快適な執務空間を計画するかが重要である。

主な学習事項

・「レンタブル比」「コアタイプ」など、事務所建築に関係の深い重要概念

・机のレイアウト計画および事務所に関わる諸計画

・数量算定を含むエレベーターの計画

① 事務所に関する計画上の重要事項

1 レンタブル比

- 貸事務所においては、総面積に対して貸室部分の割合を多くすることにより、建築主は収益を増やすことができる。特に、この割合のことをレンタブル比と呼び、計画上、重視される指標となっている。

$$レンタブル比 = \frac{収益部分}{延床面積}$$

（収益部分とは、階段、エレベーター、トイレ、廊下、エントランスホールなどを除いた貸室面積のこと）

- レンタブル比は、一般に、65～75％程度必要とされる。
- 基準階にだけに限って考えるなら、75～85％程度必要とされる。

　　基準階：同一平面が積み重ねられた階のことであり、事務室階は、基準階で構成される。

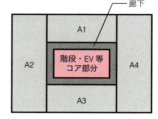

基準階におけるレンタブル比の計算方法

$$レンタブル比 = \frac{(A1+A2+A3+A4)}{床面積}$$

※フロア貸し（p.112 参照）の場合には、廊下部分の面積も収益部分に入れて計算する。

2 コアタイプ（コアプラン）

- 階段、エレベーター、トイレ、湯沸し室などの共用部分が集約されたものを、コアと呼ぶ。
- 高層事務所建築の基準階においては、「コア」が採用され、同時に「コア」の配置を考慮することは、次のような利点がある。
  - レンタブル比を高めることができる。
  - 有効な耐震構造計画をとることができる。
  - 有効な避難計画をとることができる。
  - 快適な執務空間を計画できる。

次に代表的なコアタイプと、その特徴を示す。

① **中央コア型（センターコア）**
　　構造的には、最もバランスがとれている。
　　二方向避難の確保が難しい。
　　床面積の大きい場合に用いられる。

② **両端コア型（ツインコア、ダブルコア）**
　　二方向避難の確保が容易。
　　コアどうしのスパンが大きくない場合には、構造的にも安定する。

③ **偏心コア型（サイドコア、片コア）**
　　コアの配置に偏りがあるので、構造的に不利。
　　二方向避難の確保が難しい。
　　床面積の小さい場合に用いられる。

④ **分離コア型（外コア）**
　　コアの配置に偏りがあるので、構造的に不利。
　　二方向避難の確保が難しい。
　　床面積が小さい場合に用いられ、事務室空間の自由度が高い。

⑤ **分散コア型**
　　両端コア型、偏心コア型の発展型。

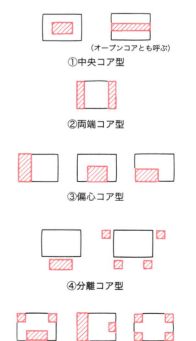

② 事務所の実例分析

中央コア型

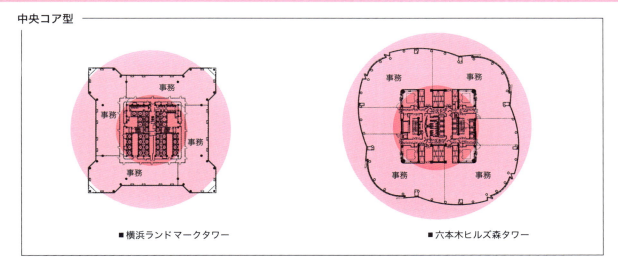

偏心コア型

両端コア型

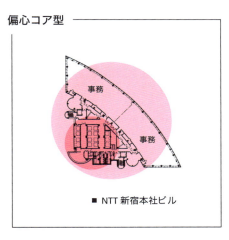

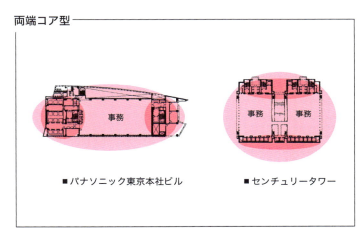

分散コア型

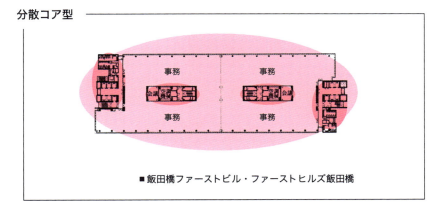

基準階平面図（1:2000）

> **確認事項**
> ・様々なコアタイプにおける、コアの位置と執務空間の位置関係を、具体的な建築作品の基準階平面図をとおして確認する。

2-8 事務所の計画

③事務所に関する計画上のその他留意事項

■1 その他の計画

モデュラープランニング （p.11 に関連事項）
- モジュール割りを取り入れた平面計画および断面計画のこと。
- 事務所建築では、基準階が繰り返されることや、執務空間のレイアウトへの対応、構造計画、コアの配置、駐車スペースなどへの配慮から、簡潔かつ有効な柱配置とすることが求められる。
- 一般に、柱のスパンは、6～8m 程度とされることが多い。
- 基準階の天井高は 2.5～2.8m、階高 3.5～4.0m 程度が多い。

フリーアクセスフロア （図1）
- 配線を納めるため、二重の床としたもの。平常時には大量の配線を目にすることなく、必要に応じて配線を自由にとりだすことができる。高さは 10cm 程度あれば十分である。
- 床配線システムとして他に、フロアダクト方式、セルラダクト方式、アンダーカーペット方式などがある。

図1　フリーアクセスフロア

システム天井 （図2）
- 照明や空調などの設備類を、一定の区画に集約して取り付けたシステム化した天井。施工時には天井工事と設備工事の特定箇所への集中を防げるほか、メンテナンスも容易である。

図2　システム天井

フリーアドレスオフィス （図3）
- 個人専用のデスクをなくし、在籍者で共有するオフィスの形式。
- オフィス空間の効率的利用を図ることができ、同時に、オフィス内でのコミュニケーション活性化にも寄与する。
- 在籍率が高すぎると、効率的な活用が難しい（60%以下が望ましい）。
- 情報通信技術の発達にともない、在宅勤務や会社以外で勤務するリモートワークも近年広がっている。

■2 その他の用語

フロア貸し
- 特定の階を一括して貸す形式のこと。
- 廊下などの共用部分の面積を減らすことができる。

インテリジェントビル
- 高度に情報化され、また、高度なオフィスオートメーションに対応した事務所ビル。

防災センター
- 自動火災報知設備、スプリンクラー、屋内消火栓などの、各種防災設備を監視するとともに、非常時の初期消火活動や避難を助ける情報センターの役割を持つ。

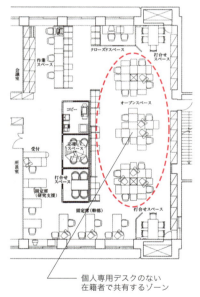

個人専用デスクのない在籍者で共有するゾーン

図3　フリーアドレスオフィスの例（1:300）

プラスα
防災センターと類似したものに「中央管理室（中央監視室）」がある。
こちらは、非常用エレベーター、排煙設備、空調設備などのコントロールを行う場所である。防災センターと一体化している場合もある。

3 机の配置形式 （図4）

事務室の机の配置（オフィスレイアウト）は、業務の種類や会議の形式や頻度などによって、最適なタイプを選択するべきである。

①並行式（同向式）
- 定型的な作業、比較的プライバシーの確保が必要とされる業務に適する。
- コミュニケーションをはかりにくい。
- 1人当たりの所要面積は、4〜6㎡となる。

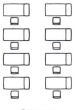
①並行式

②対向式
- グループ単位で打合せなど、密なコミュニケーションを必要とする場合に適する。
- プライバシーの確保が難しい。
- 1人当たりの所要面積は、3〜4㎡と最も少ない。

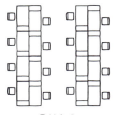
②対向式

③ランドスケープ式（オフィスランドスケープ）
- 業務内容に応じて、様々なタイプを自由に配置したタイプである。
- 固定間仕切りを使わず、ローパーティション、家具、植物などにより空間が区分される。
  ※ローパーティション…立位で視線をさえぎらず、座位で視線をさえぎる程度の高さの、背の低い可動間仕切り。
- 1人当たりの所要面積は大きくなる。

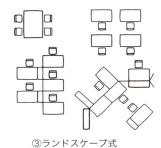
③ランドスケープ式

図4　机の配置形式

これら以外に、並行式と対向式の性質をあわせ持つ**スタッグ式**もある。

4 昇降機の計画 （図5）

- 台数算定には、利用ピーク時の5分間の利用人数を基準とする。

  自社ビルの場合　　在籍者数×20〜25%（人）
  貸ビルの場合　　　在籍者数×10〜15%（人）

- また、次の式で必要台数を直接算定することもある。

$$必要台数 = \left(\frac{3}{10,000}\right) \times 基準階床面積(m^2) \times 地上階数$$

- 特に高層ビルの場合、待ち時間の軽減、輸送能力増大のためにエレベーターのサービスフロアを低層用、高層用など、何層かに分けてゾーニングする（**ゾーニング方式**あるいは**コンベンショナルゾーニング方式**という）。各ゾーンのサービスフロア数は、10階程度、最大でも15階までとする。

- 超高層ビルの場合、ゾーニング方式をさらに縦に積み重ねた**スカイロビー方式**を採用することもある。

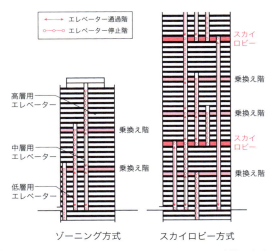
図5　昇降機の方式

| 演習問題 ▶▶▶▶▶ 事務所の計画 |

2級建築士の学科試験で出題される問題内容は、コアプラン、レンタブル比、机の配置形式等、毎年限られており、平易なものが多い。
1級建築士の学科試験で出題される問題は難易度が高く、数量計算も含めたより幅広い事項に関する知識の理解が求められる。

問題

事務所に関する計画について、以下の正誤を判断せよ。

出題年

(1) コアプランについて、より明快な二方向避難を計画するためには、ダブルコアよりセンターコアのほうがよい。

(1) ② 20、19、18、17、16、13、11
① 30、14、11

(2) コアプランにおける分離コア型は、耐震構造上有利であり、同時に自由な執務空間を確保しやすい。

(2) ② R1、23、21、17
① 30

(3) 貸事務所ビルにおける基準階のレンタブル比については、一般に、収益性を考慮すると、60 ～ 70%程度が目安となる。

(3) ② 26、22、20、19、16、13、12
① 18

(4) 事務室における机の配置形式について、密なコミュニケーションを必要とする事務には、対向式より並行式のほうが適している。

(4) ② R2、30、27、21、19、18、15
① 18、17

(5) オフィスランドスケープは、固定間仕切りを使わず、ローパーティション・家具・植物などによって、適度なプライバシーを保った事務空間を形成することである。

(5) ② R2、27、24
① 26、22

(6) 高層の事務所ビルにおける乗用エレベーターについては、一般に、最も利用者が多い時間帯の5分間に利用する人数を考慮して計画する。

(6) ② R2、23、19
① 17

(7) レンタブル比は、貸事務所ビルの収益性に関する一つの指標であり、非収益部分の床面積に対する収益部分の床面積の割合である。

(7) ② R2、25、21、18、14
① 23

(8) フリーアクセスフロアは、床を二重とし、OA機器等の配線を円滑に行うことができる。

(8) ② 23、18、14、13
① 15

(9) 貸事務所におけるフロア貸しは、階を単位として賃貸する形式である。

(9) ② R6、30、27、16
① 14

(10) システム天井は、事務室のモジュール割りに関係なく、天井の自由な位置に、照明・防災・空調などの設備器具を取り付けられるようにした天井である。

(10) ② R3、30、23、14
① 18

(11) 事務所ビルにおいて、事務室に設置するパーティションの高さをいすに座った状態における見通しを遮るために110cmとした。

(11) ② R5、R2、27
① R3、29、26、21、18

(12) 60階建ての事務所ビルのエレベーターの計画においてゾーニングを行う場合、各ゾーンのサービスフロア数を20階とした。

(12) ① R2、27、24、22、19、18、13

(13) 地上20階建の貸ビル（基準階の床面積1,200㎡）において、低層用4台、高層用4台の2バンクでエレベーターを計画した。

(13) ① 16、15

(14) フリーアドレスオフィスは、自宅勤務等、会社以外で勤務する形態で、空間の効率的な利用を図ることができる。

(14) ② R5、R3、R1、29、27、25、21、20
① 26、23、15

(15)* 事務室における1人当たりの床面積は、一般に、8 ～ 12㎡ 程度である。

(15) ② 26、19、16、13
① 25、11

(16)* 夜間の通用口は、一般に、複数設ける。

(16) ② 16

(17)* OA化は、一般に、事務室の冷房負荷を増加させる傾向がある。

(17) ② 14

解説

(1) ダブルコアは、基準階の両端にコアがあるので、中央部分にコアのあるセンターコアよりも、二方向避難を確保しやすい。

(2) 分離コア型は、構造上、強固となるコア部分が建物本体から離れた場所に設けられるので、耐震構造上は不利となる。執務空間は、コア部分に邪魔されることなく設けることができるので確保しやすい。

(3) 総床面積に対する場合のレンタブル比は、65～75％、基準階の総床面積に対するレンタブル比は、75～85％が標準である。

(4) 密なコミュニケーションを必要とする事務には、向かい合って座る対向式が適している。並行式は、比較的、プライバシーが要求される定型的な作業に適している。

(5) 適度なプライバシーを保ちつつ、同時にコミュニケーションを誘発するオフィスレイアウトの手法としてランドスケープ式（オフィスランドスケープ）がある。ローパーティション・家具・植物などでゆるやかに領域を作り、様々な座席スタイルを自由に用いる点に特徴がある。

(6) エレベーターの台数算定には、朝の出勤ピーク時5分間の利用人数を基準とする。時差出勤を行っている場合などは、昼食時を基準とすることもある。

(7) レンタブル比は、延べ面積に対する収益部分の面積の割合をいう。

(8) フリーアクセスフロアは、床を二重として床下空間内に配線する方式であるので、自由な配線が可能でOA化に適している。

(9) 小分けにして貸すブロック貸しや小部屋貸しに対して、フロア貸しとは、1階すべてをまとめて一つの会社に貸す方式である。共用廊下をとる必要がなくなるので、借りる側にとっては面積を有効に生かすことができ、貸す側にはレンタブル比を上昇させることができる利点がある。

(10) システム天井は、照明や空調等を一定の区画に集約して設けたものである。天井工事と設備工事の特定箇所への集中を防ぐことができるが、それらの取付け位置は固定されており、自由度は少なくなる。

(11) 座った状態で見通しを遮るためには、最低120cm以上必要である。

(12) 高層建築物では、エレベーターの停止する階数をエレベーターごとに区分することで利用の便を図る。1つのエレベーターが受け持つ階数（バンク）は、7～15階程度である。

(13) (3/10,000)×基準階床面積(㎡)×地上階数にあてはめて計算すると、7.2台となる。また、1バンクの受け持ち階数7～15階を考慮すると、低層用4台、高層用4台は適していると判断できる。

(14) フリーアドレスオフィスとは、個人専用のデスクをなくし、在籍者で共有する形式のオフィスであり、空間の効率的利用などを図ることができる。在席率は60％以下で有効な活用ができる。

(15) 事務室における1人当たりの床面積は、約10㎡である。

(16) 防犯上の理由から、夜間の通用口は通常、1ヵ所とする。

(17) OA化を進めると熱負荷を生じる電気機器などが増加し、室温が高くなるので、冷房負荷を増加させる傾向がある。

解答　(1)×　(2)×　(3)×　(4)×　(5)○　(6)○　(7)×　(8)○　(9)○　(10)○　(11)×　(12)○　(13)○　(14)×　(15)○　(16)×　(17)○

| コラム ▶▶▶▶ 事務所の計画

▷セントラル・ベヒーア本社（ヘルマン・ヘルツベルハー、1972）

　建物全体を必要に応じて部分に分割することで諸室を切り取るという計画手法がある一方で、逆に、まず諸室を設定しておいてそれらを統合することで全体を作り出すという計画手法もある。

　ここでは、1辺9mの正方形が基本ユニットとなり、これを3mの隙間を置いて多数配置し、さらに上階へと積みあげることで全体が構成されている。基本ユニットは、1辺3mの正方形のサブユニットを内包し、これを単位とし、場合によっては隙間部分も取り込んで、内部の机や座席などの配置次第で1人〜4人用の執務空間として機能する。さらに、会議、食堂、休憩室、便所など、オフィス内で必要とされる様々なタイプの空間としても変幻自在に機能する。

　寸法の決まった基本ユニットが、空間を閉塞させてしまうのではなく、逆にそのルールの中で使い手がレイアウトを工夫することによって多様な人間活動を誘発するきっかけとなっている。元来、自由とはこうしたものではないであろうか。そして、それら多様な個を容認しつつも、基本ユニットというシステムにより構造化され秩序立った全体が立ち現れるのである。個性を有する「部分」からスタートし、「全体」を目指すというオランダ構造主義の姿勢が如実に表現された作品である。

全景

ユニットタイプ

▷ロイズ・オブ・ロンドン（リチャード・ロジャース、1986）

　いわゆるハイテック建築の代表作とみなされている作品である。ハイテック建築では、建築物の構造や設備を、建築物内部に隠すのではなく、外部に露出させることで、デザイン要素として積極的に活用する。おのずと外観はメカニカルなものとなる。

　多くのハイテック建築が、この外観の奇抜さを売りにしたものであったのに対して、この作品ではその意図はむしろ副次的である。階段、エレベーター、便所などのサービス部門は分散して、すべて外周部に突出したタワーとして設けられ、中央には、アトリウムを囲んだオフィス空間だけが配されている。機能的に異なる主空間とサービス空間が明確に分離されているわけだが、50年以上の使用、つまり、将来のオフィスレイアウトの変更を見据えた執務空間の可変性を最優先した結果の平面計画である。と同時に、建築物は、人々がその構成・成り立ちを理解できるべきであるという設計者自身の考え方が貫かれた結果でもある。

　科学技術の進歩の速さには目を見張るものがあるが、「建築家はその表面的特徴に振り回されるのではなく、それをコントロールするだけの倫理観を持つべきである」とは、設計者の弁である。

全景

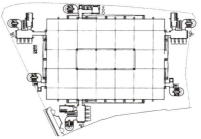

基準階平面図（1:2000）

🍎 もっと調べてみよう！

事　項
　◇オフィス建築の歴史（シカゴ派とニューヨークの摩天楼）　◇事務所ビルにおけるトイレの便器個数計画

建築作品
　◇香港上海銀行（ノーマン・フォスター）　◇カルティエ財団（ジャン・ヌーヴェル）　◇ヤマトインターナショナル（原広司）
　◇アップルパーク（ノーマンフォスター）　◇スウォッチ本社ビル（坂　茂）

2-9 ホテルの計画

「ホテル」について

● 「ホテル」は、宿泊施設の一つであり、主たる利用者と目的に応じて、ビジネスホテル、シティホテル、リゾートホテルなどに分類できる。

● 「旅館」「ユースホステル」「国民宿舎」なども宿泊施設である。

● 宿泊機能だけに特化したものから、飲食、宴会、スポーツ、温泉風呂などの付加機能を充実させたものまで、様々なタイプがある。

● 様々なタイプに応じて要求される建築的機能条件を、整理し、満たしていくことが重要である。

主な学習事項

・一般的なシティホテルにおける必要諸室と、そのゾーニングおよび機能的つながり

・ホテルの種類とその特徴

・客室の種類とその適正面積

2章 各種建築物の計画

1 ホテルの構成

一般的なシティホテルにおける各ゾーン（部門）および主要諸室のつながりは、次のようにモデル化できる。

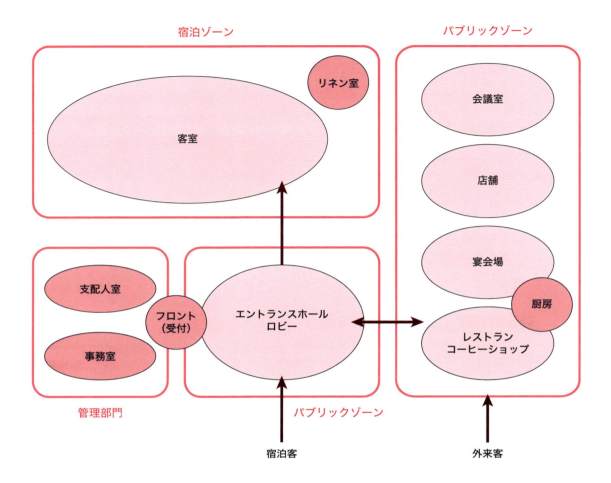

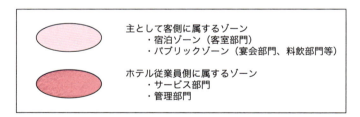

> **計画上の最重要ポイント**
> ①客側に属するゾーンと、ホテル従業員側に属するゾーンを、明確に区別すること。
> ②客側に属するゾーンにおいて、さらに、宿泊ゾーンとパブリックゾーンを、明確に区別すること。

2 ホテルの種類と諸室

1 ホテルの各ゾーン（部門）および諸室

- 主として客側に属するゾーン

　①宿泊ゾーン（客室部門）
　　　客室（図1）
　②パブリックゾーン（宴会部門、料飲部門など）
　　　エントランスホール、ロビー
　　　宴会場（図2）、**会議室、レストラン、**
　　　コーヒーショップ、各種店舗、浴場、娯楽室 など

図1　一般的な客室（ツインルーム）

- ホテル従業員側に属するゾーン

　③サービス部門
　　　厨房、リネン室（シーツ、枕カバー、タオルなどを整理保管する部屋）など
　④管理部門
　　　フロント（受付）、**事務室、支配人室** など

図2　一般的な宴会場

客室部門以外を総称して、**ポディアム部門**と呼ぶこともある。

2 ホテル・旅館の種類

①**ビジネスホテル**
- 出張などに利用されることが多い。
- 宿泊部門に重点が置かれる（延べ面積に対する客室部分面積の割合は60〜70％程度）。
- 交通の便利な場所に立地することが多い。

②**シティホテル**
- 一般に、ビジネスホテルよりも規模が大きく、グレードが高い。
- 宿泊部門だけでなく、宴会場やレストランなど、パブリックゾーンが充実している（延べ面積に対する客室部分面積の割合は40〜50％程度）。
- 都市施設の一つとして、都市中心部に立地することが多い。

③**リゾートホテル**
- 観光地や保養地に多く、旅行滞在のために利用される。
- 敷地周辺の環境を生かしたデザインを取り入れることが多い。
- ゆったりとくつろいだ雰囲気とされる。

④**旅館**
- 一般に、客室は和室とされ、全体の雰囲気も和風仕様でまとめられることが多い。
- 近年では、ホテルとの融合が進み、お互いの区別がつきにくくなっている。

上記以外にも、「コミュニティホテル」「ユースホステル」「国民宿舎」「カプセルホテル」など、様々なタイプの宿泊施設がある。
また、近年急速に普及してきている「民泊」についても、今後の展開に注意が必要である。

③ホテルの実例分析

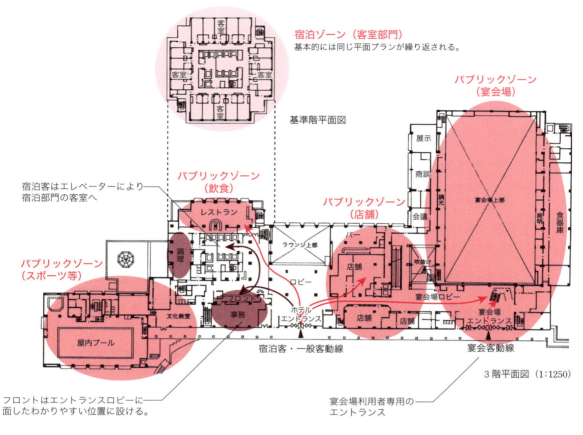

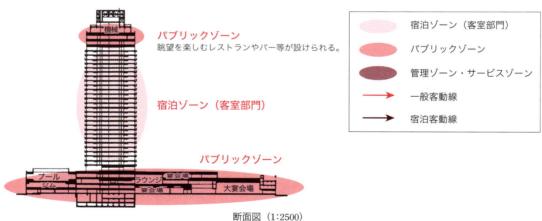

■ ホテルオークラ神戸（兵庫県神戸市）

> **確認事項**
> ① 客側に属するゾーンとホテル従業員側に属するゾーンが、明確に区分されていること。
> ② 客側に属するゾーンにおいて、さらに、高層部の基準階としての宿泊ゾーンと、低層部及びおよび最高層部のパブリックゾーンが、明確に区分されていること。

④ホテルに関する計画上のその他留意事項

１客室について

①洋室
- シングルルーム（1人室）　　　　：10〜25㎡
- ツインルーム　　（2人室）　　　：15〜35㎡
- スイートルーム（複数の室で構成された客室）：最低でも50㎡程度は必要

いずれも、ビジネスホテルが最も小さく、シティホテル、リゾートホテルの順で、大きくなる傾向がある。

②和室
- 主室が8畳間で、2〜3人用とされることが多い。
- 食事が客室でサービスされることも多い。

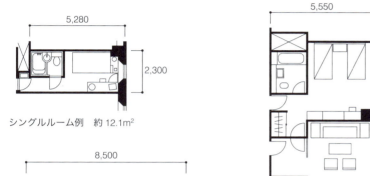

シングルルーム例　約12.1㎡

ツインルーム例　約34.0㎡

スイートルーム例　約67.4㎡

和室例　約37.3㎡

平面図（1:200）

２宴会場（バンケットルーム）について
- 結婚披露宴、各種パーティー、展示会など、様々な用途に使用される。
- 用途にあわせて、大中小各種宴会場があること、また可動間仕切りによって必要に応じて分割できるようになっていることが望ましい。
- 宿泊客と区別して、宴会場使用者専用の出入口、ロビー、ホワイエを備えていることも望ましい。
- 1人当たりの所要面積は、1.5〜2.5㎡程度である。

３エレベーター
- 客用エレベータは、客室100〜200室につき1台である。
- 高さ31mを超える場合、非常用エレベーターが必要となる（サービス用エレベーターとの兼用可）(p.181に関連事項）。

> **プラスα**
> 「スイートルーム」は、英語では「Suite Room」であり、居間と寝室が個別に設けられ、これらがひと続きとなった客室のことである。
> 決して、「スウィートルーム（Sweet Room）」ではない。
> 念のため。

演習問題 ▶▶▶▶▶ ホテルの計画

2級建築士試験、1級建築士試験ともに出題頻度はそれほど高くない。客室面積に関する設問が多く、それ以外についても限られた内容である。

問題

ホテル・旅館に関する計画について、以下の正誤を判断せよ。

		出題年
(1)	シティホテルの計画において、客室1室当たりの床面積は、シングルベッドルームを8㎡、ツインベッドルームを15㎡とした。	(1)② 20、19、13 ① 21、18、12
(2)	クリーンルームは、ホテルにおいては欠かせないものである。	(2)② 17
(3)	延べ面積に対する客室部分の床面積の合計の割合は、一般に、ビジネスホテルよりシティホテルのほうが大きい。	(3)② R6、R3、24、21、17
(4)	大規模なシティホテルにおいて、基準階における客室部分の床面積の比率は、一般に、65〜75%である。	(4)② R5、30、26 ① 21、13
(5)	シティホテルにおいて、結婚披露宴を想定した100人収容の宴会場の床面積を120㎡とした。	(5)① 26、23、18
(6)	客室600室の大規模なシティホテルにおいて、客用のエレベーターの台数を2台とした。	(6)① 24、21、14
(7)	高層ホテルの計画において、非常用エレベーターとサービス用エレベーターとを兼用とし、その近くにリネン室等のサービス諸室をまとめた。	(7)① 23、20
(8)	シティホテルは、一般に、客室部門とそれ以外の料飲、宴会、厨房、管理等の機能を担うポディアム部門により構成される。	(8)① 18
(9)	宿泊と宴会の客の動線に配慮して、メインエントランスホールとは別に、宴会場専用のエントランスホールを設けた。	(9)① 21
(10)*	シティホテルの安全性を確保するために、常時集中監視の防災センターを設けた。	(10)② 15
(11)*	シティホテルのフロントカウンターの高さについては、一般用を85cm、車いす使用者用を75cmとした。	(11)① 22、16

2-9 ホテルの計画

122

解説

(1)　シティホテルは、ビジネスホテルよりもグレードが高く、客室1室当たりの床面積も大きくなる。シングルベッドルームでは10㎡以上、ツインベッドルームでは20㎡以上となることが多い。

(2)　クリーンルームとは、空気清浄度が確保された部屋のことであり、精密機械工場、薬品工場、手術室などで必要とされる。
　　ホテルで必要となるのは、シーツなどを整理保管するリネン室である。

(3)　宿泊部門に重点を置くビジネスホテルに対して、シティホテルでは、宴会場や集会場などのパブリックゾーンを広く備えているため、延べ面積に対する客室面積合計の割合は低くなる。

(4)　延べ面積に対する客室部分の面積は、ビジネスホテルでは60〜70%、シティホテルでは40〜50%となるが、基準階における客室部分の面積の割合で考えると、いずれも65〜75%程度となる。

(5)　ホテルの宴会場の所要面積は、1人当たり1.5〜2.5㎡程度必要である。設問の面積では狭すぎる。

(6)　シティホテルの客用エレベーターの台数は、一般に、客室100〜200室につき1台である。設問の台数では少ない。

(7)　高さが31mを超える場合、非常用エレベーターが必要となるが、これをサービス用エレベーターと兼用することは差し支えなく、さらに、リネン室などと隣接させることは、サービス部門をまとめるうえでも効率的である。

(8)　客室部門以外の、パブリックゾーン（料飲、宴会など）と管理部門を総称して、ポディアム部門と呼ぶ。

(9)　大規模シティホテルの宴会部門の場合、宴会場のみを利用する客も多いので、宿泊客との混雑をさけるうえでも専用のエントランスホールを設けることは好ましい。

(10)　シティホテルでは、宿泊客以外の不特定多数の客が宴会場やレストランなどに出入りするので、常時集中監視の防災センターを設けて、安全性を高めることが望ましい。

(11)　一般用は、立位で対応するので、100cm程度の高さが必要となる。車いす使用者用については適当な高さである。

解答　　(1)×　(2)×　(3)×　(4)○　(5)×　(6)×　(7)○　(8)○　(9)○　(10)○　(11)×

| コラム | ▶▶▶▶ ホテルの計画 |

▶佳水園（村野藤吾、1959）

　都ホテル（現・ウェスティン都ホテル京都）の和風別館として建設されたものであるが、戦後の数寄屋建築の最高傑作ともいわれる。

　京都東山の山裾に、山の斜面を生かして建てられたホテル本館（これも村野藤吾設計）の7階からアプローチするが、決して人工地盤ではなく、東山そのものに接続され、そこが敷地となっている。まるで人工的なホテルの上階に、自然に囲まれた隠れ里のようにひっそりとこの一画が存在するのである。

　むくりを持つ傾斜の緩やかな屋根は、細かく分節化されて幾重にも重なりあい、ヒューマンスケールを保ちつつ周辺の自然の雰囲気に溶け込んでいる。中庭は、白砂と苔のみという枯山水的な形式でありながら、南側の山の斜面に既存の庭園から連続させ、その雰囲気を視覚的に生かしている。アプローチからの動線は、幾度も屈曲を繰り返し、奥行感覚を増幅させる。その都度変化する風景のシークエンス（展開、つながり）もまた目を楽しませる。

　ホテルに求められる「くつろぎ」の演出が、近代的なホテルにありがちな人工的環境としてではなく、自然環境と建築・庭園が見事に調和して発揮された例と言えるだろう。

全景

1階平面図兼配置図

▶リゾナーレ八ヶ岳（マリオ・ベリーニ、1992）

　ホテルにとっての真のホスピタリティーとは何であろうか。諸施設が充実していること、またそれ以上に、ホテル従業員の「もてなし」の態度も重要であろう。建築を計画する側からいえば、まず第一に諸施設を利用者が使いやすいよう機能的かつ合理的に配置することであろう。しかし、それ以上に重要なのが、敷地を読み解くことである。特に周辺環境に恵まれたリゾートホテルでは、最優先されるべき事柄である。

　ここでは、単体の建築物だけでなく、むしろ外部空間に重点を置き、ヨーロッパの丘陵都市にみられる街路や集落の空間構成を模して全体が構成されている。外部通路には、丘陵都市の街路にみられるような「にぎわい」が再現され、同時に、八ヶ岳、駒ヶ岳、富士山への眺望軸線がアイストップ（視線の終点）として確保されている。この手法は、内部空間と外部の自然とを接続させるうえで、日本のほとんどのホテルが和風庭園あるいは庭園的手法を用いるのに対して、都市的要素によってそれを実現したという点で特異である。しかしそのことで、和風とは一線を画したこのホテルに真に相応しい独自の雰囲気、つまり、ホスピタリティーを獲得したと言えるであろう。

街路景

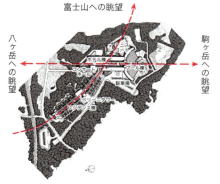

配置図

🔍 もっと調べてみよう！

事　項
　◇カプセルホテル　　◇コミュニティホテル　　◇クラシックホテル　　◇民泊

建築作品
　◇帝国ホテル（フランク・ロイド・ライト）　　◇東光園（菊竹清訓）　　◇ヴァルスの温泉施設（ピーター・ズントー）
　◇雲の上ホテル（隈研吾）　　◇ヘリタンス・カンダラマ（ジェフリー・バワ）

2 - 10　病院・診療所の計画

「病院・診療所」について

● 一般的には、「病院」とは、病人やけが人などに対して、医師が診察や治療を行う施設のことである。

● 厳密には、入院用のベッド数によって、病院と診療所（クリニック）に区別される。

● 内科、外科、小児科、産婦人科、眼科、皮膚科など、様々な診療科があるが、特定の診療科に限定した病院と、複数の診療科を有する病院がある。

● 特に後者の場合、病院の規模が大きくなることが多く、部門構成などを踏まえて複雑な機能を十分に整理して計画する必要がある。

主な学習事項

・病院の部門構成とその機能的つながり
・各部門ごとの計画上の要点
・診療所についての計画上の要点

①病院・診療所の構成

1 病院の構成

一般的な病院における諸部門のつながりは、次のようにモデル化できる。

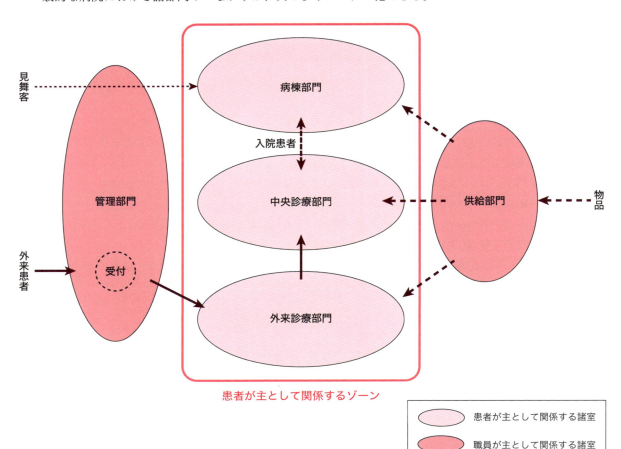

中央診療部門：高度化した検査、治療を集約（全体の15〜20%）
病棟部門　　：入院患者の生活の場であり、看護・診療を行う（全体の35〜45%）
外来診療部門：外来患者のための診療を行う（全体の10〜15%）
管理部門　　：病院全体の管理・運営を行う（全体の15〜20%）
供給部門　　：病院内で必要な物品を供給する（全体の15〜20%）

計画上の最重要ポイント

①中央診療部門を、病棟部門と外来診療部門の両者から利用しやすい位置に計画する。
②供給部門は、他各部門へ物品をスムーズに供給できるよう配慮する。
③外来患者、見舞客、入院患者、職員の動線が明確になるよう計画する。

2 診療所（クリニック）の構成

一般的な診療所における主要諸室のつながりは、次のようにモデル化できる。

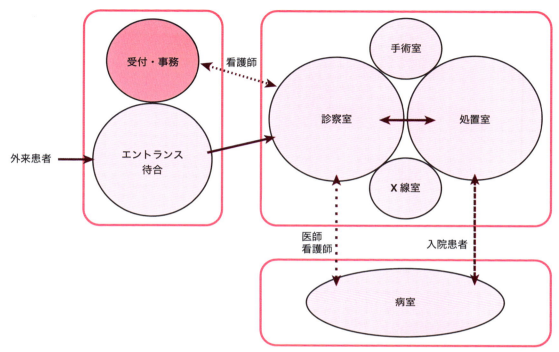

小規模な診療所では、診察室と処置室が区別されず一室となる場合もある。

計画上の最重要ポイント
① 診察室と処置室を近接させる。
② 手術室、X線室は、診察室、処置室に近接させる。
③ 受付・事務は、エントランス・待合に面させ、同時に診察室に近い位置が望ましい。

3 病院と診療所の定義

診療所：入院病床数が、<u>無床もしくは19床以下</u>
　　　　入院施設のない無床診療所が、有床診療所より多く、この傾向はますます強まっている。

病　院：入院病床数<u>20床以上</u>
　　　　さらに都道府県知事の承認を得て次のように称することができる。
　　　　　　地域医療支援病院：地域における医療の確保のために必要な支援に関する要件に該当するもの
　　　　　　特定機能病院　　：高度の医療の提供や開発、研修などに関する要件に該当するもの

[2] 病院の実例分析

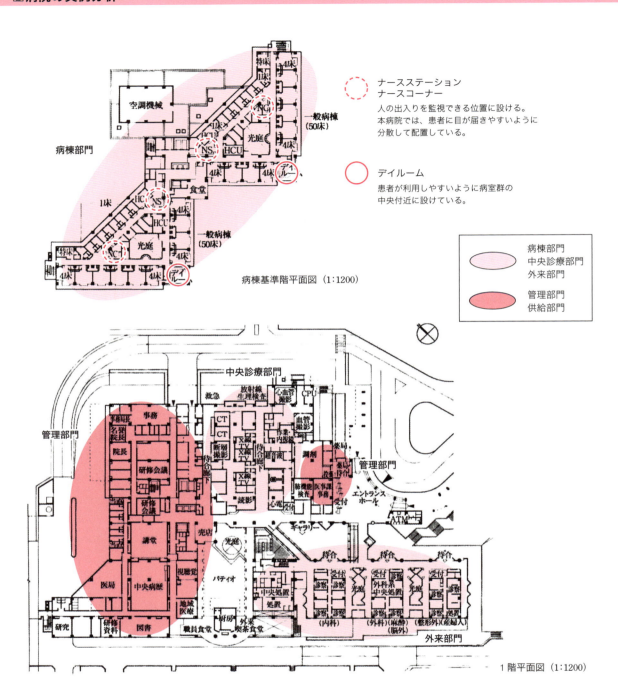

■大牟田市立病院（福岡県大牟田市）

> **確認事項**
> ①病棟、中央診療、外来、管理、供給の各部門を、明快にゾーニングする。
> ②中央診療部門は、病棟部門、外来部門、いずれからも利用しやすい中間の位置に計画する。

③ 病院を構成する各部門

①中央診療部門

ICU（Intensive Care Unit）：**集中看護単位（病室）**（図1）
- 重症患者や手術直後の患者など、高度の看護と設備を必要とする看護単位（病室）。
- 病棟部門ではなく、中央診療部門の手術部の近くに設ける。

手術室（図2）
- 通過動線を排除した独立性の高い位置に計画する。
  （厳重な清潔管理を要するため）
- **バイオクリーンルーム**（**無菌室**）とする（p.147に関連事項）。
  （空気清浄度を高めるため）

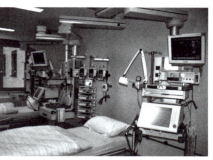

図1　ICU

②病棟部門

部門別面積としては、病棟部門の割合が最も大きい。

病室面積（図3）
- 4人室が標準的、26㎡程度以上は必要。
  1人当たり 6.4㎡以上を確保する（小児だけの場合、2/3以上で可）。
- 個室では 12㎡程度以上は必要。

看護単位（Nursing Unit）：特定の場所を担当する看護チーム
- 診療科別とすることが多い。
- 看護の度合い別とすることもある。
  PPC（Progressive Patient Care）**方式**と呼ばれる。
  ICUもこの考え方の一つである。
- 看護単位が担当する病床数は、50床程度が一般的だが、産科、小児科などでは 30床程度となる。

ナースステーション：看護師室（看護勤務室）
- 病室群に近接し、かつ、人の出入りを監視できる位置に設ける。

デイルーム：休憩・談話室
- 患者の気分転換、見舞客との面会などに利用する。

ストレッチャー：患者を寝かせたまま移動させる患者搬送車（図4）
- ストレッチャーやベッドの出入りのため、病室の出入口の幅は 120cm以上必要、廊下幅は 250cm程度必要。

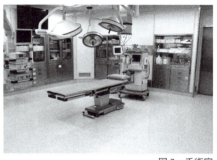

図2　手術室

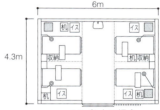

a. 6.4m²/人の場合

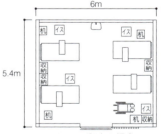

b. 8.0m²/人の場合

図3　病室（4人室）平面の例（1:200）

③外来部門

各診療科の配置計画
- 外科、内科など
  利用患者数が多いので、1階入口近くに設ける。
- 産婦人科、皮膚科など
  プライベート性を高めるため、比較的、奥まった位置に設ける。

④管理部門およびサービス部門

SPD（Supply Processing & Distribution）：物品管理センター
- 病院内で扱う物品を、一元的に管理供給する。

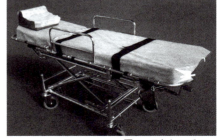

図4　ストレッチャー

演習問題 ▶▶▶▶▶ 病院・診療所の計画

2級建築士試験では、主に 診療所の計画に関して出題されることが多い。出題内容は平易で対応しやすい。
一方、1級建築士試験では、病院の計画に関して出題されることが多い。規模が大きく、様々な部門に分かれているので、
幅広い知識が要求され、難易度は高い。

問題

病院・診療所に関する計画について、以下の正誤を判断せよ。

出題年

(1) 診療所において、診察室と処置室を離して配置した。
(1) ② R4、20、18、13、12

(2) 診療所の患者4人収容の一般病室の面積を、16㎡とした。
(2) ② R2、30、29、26、25、17、13
① R4、R2、29、25、22、13

(3) 病院の手術室を、バイオクリーンルームとする。
(3) ② 15

(4) 診療所のX線撮影室は、診察室及び処置室から離して設けた。
(4) ② R2、23、19

(5) 病院におけるデイルームとは、入院患者がくつろいだり、談話するためのスペースである。
(5) ① 10

(6) 病院の病室の出入口の幅は、ベッドの円滑な移動を考慮して110cmとした。
(6) ① 20、11

(7) 病院は、一般に、患者に直接関係のある「診療部門、病棟」と、患者に直接関係の少ない「供給部門、外来部門、管理部門」から構成される。
(7) ① 22、18

(8) 一般的な病院の計画において、延べ面積に対する外来部門の床面積の割合を、40%とした。
(8) ① 27、16

(9) 病院における1看護単位当たりの病床数は、一般に、内科や外科に比べて、産科や小児科のほうが多い。
(9) ① R1、14

(10) 病院の計画において、病院管理の効率及び患者の動線を配慮して、外来部門を診療部門と病棟部門との間に配置した。
(10) ① R6、15

(11) 病院の計画に当たり、ICU（集中治療室）を、人や機器の出入りが多い手術部と離し、療養できる病棟部門に配置した。
(11) ① R5

(12) 病院の計画において、病院内で使用する物品の管理を一元化するために、SPD部門を設けた。
(12) ① 25、15

(13) 病院の外来診療部の計画において、患者の出入りの多い内科は外来入口の近くに配置し、産婦人科は他科と分離させ奥まった場所に配置した。
(13) ① 28、13

(14)* 診療所の平面計画において、患者の動線とカルテを搬送する動線とが交差しないように配慮した。
(14) ② 19

(15)* 診療所の待合ホールにおけるいすのレイアウトについては、玄関に対面するように計画した。
(15) ② 19

(16)* 診療所の手術室については、前室を設け、出入口を自動ドアとした。
(16) ② 22、19

(17)* 診療所の病室における全般照明を、間接照明とした。
(17) ② 20、19

(18)* 病院の中央材料室は、手術室との関係を重視して配置する。
(18) ① 17、13

(19)* 病院の計画において、ICU全体の床面積を、1床当たり18㎡とした。
(19) ―

(20)* 病院の産婦人科の計画において、リラックスして出産できるようLDR室とした。
(20) ① R2、28

(21) 緩和ケア病棟において、病室はすべて個室とし、共用部に患者や患者家族が利用できる調理室や食事室を設置するなど、患者とその家族のQOLを高める計画とした。
(21) ① R6

2－10 病院・診療所の計画

解説

(1) 診察と処置は連続して行われるので、両者は隣接して配置すべきである。

(2) 病室の所要面積は、1床当たり 6.4㎡ 以上必要である。4人室の場合では、25.6㎡ 以上は必要である。16㎡ では狭すぎる。また、小児のみの病室の場合は 2/3 以上で可とされる（ただし 1 人室では不可）。

(3) 浮遊粉塵を基準値以下とし、無菌状態に保つために、手術室をバイオクリーンルームとすることは必要である。

(4) X 線撮影は、診察の一手段として行われるので、診察室にも処置室にも近いほうが望ましい。

(5) 患者が病室外で休憩したり、他の患者や見舞客と談話できるスペースをデイルームといい、病棟に必要なスペースである。

(6) 病室の出入口の幅は、ストレッチャーやベッドの出入りを考慮して、最低 120cm は必要である。

(7) 病院は、一般に、患者に直接関係のある「外来部門、診療部門、病棟」と、患者に直接関係の少ない「供給部門、管理部門」から構成される。「外来部門」とは、「外来患者診療部門」のことである。

(8) 一般的な病院では、病棟部が最も大きく全体の床面積の 35 ～ 45%、外来部門の割合は 10 ～ 15% 程度である。

(9) 1 看護単位の病床数は、50 床程度が多いが、産科や小児科では仕事量が多いので 30 床程度となる。

(10) 診療部門を、外来部門と病棟部門の間に配置すべきである。

(11) ICU では高度の看護と設備を必要とするため、病棟部門ではなく、中央診療部門に配置する。

(12) SPD（Supply Processing & Distribution）部門は、物品管理センターのことであり、病院内で扱う物品を一元的に管理供給する。

(13) 外来部門の各科の配置については、患者数の多い科を出入口の近くに配置し、プライバシーの確保が重要な科を、通過動線を避けた奥まった位置とする。

(14) 患者の動線とカルテを搬送する動線には、直接の関係はないので、交差させる必要はない。

(15) 玄関に対面させると、外気の影響を受けやすく、また、待合者の視線が、入ってくる人の視線とあいやすいので、あまりよくない。

(16) 手術室には、医師の準備や患者の待機のために前室を設ける。また、出入口を自動ドアにすることで、ストレッチャーの通過が容易になる。

(17) 病室に落ち着いた温かい雰囲気を与えることができるので、間接照明とすることは適当である。

(18) 医療器械等の滅菌を担当する部門である。手術部とのつながりを最優先して配置する。

(19) ICU は、重症患者に対して集中的に治療看護を施すことを目的とする。1床当たり 50 ～ 60㎡ 程度である。

(20) LDR 室とは、従来個別であった陣痛室、分娩室、回復室が一体となった病室で、リラックスした家庭的雰囲気の中で出産できる。

(21) 緩和ケアとは、がん患者の苦痛を取りのぞき、患者と家族にとって自分らしい生活を送れるようにするためのケアである。設問のような生活の質を高める計画とすることは適切である。

解答　(1)×　(2)×　(3)○　(4)×　(5)○　(6)×　(7)×　(8)×　(9)×　(10)×　(11)×　(12)○　(13)○　(14)○　(15)×　(16)○　(17)○　(18)○　(19)×　(20)○　(21)○

コラム ▶▶▶▶▶ 病院・診療所の計画

▷パイミオのサナトリウム（アルヴァ・アールト、1933）

アールト初期の代表作である、結核患者のための療養施設である。外観にはコルビュジエの影響もみられるが、配置計画については、建物を機能ごとに分節化し、それらを角度の異なる複数の軸線上に乗せている。一説には、当時、結核患者はできる限り日光浴をすることが重要であると考えられており、患者が各建物を使用する時間帯に最大限の日射を受けることができるよう配慮したためだともいわれている。

また、通常各病室のベランダに個別にとられる日光浴のためのスペースは、患者どうしのコミュニケーションによる精神的な回復効果を考えて病棟最上階とバルコニー棟にまとめてとられている。病室内でも、最大限光が入るように窓際でスラブが上部へ折り曲げられていたり、同室の患者の迷惑にならないよう水跳ね音のしない手洗器を考案したり、ベッドで寝ていることの多い患者の視線を考慮して天井と窓に対するデザインに重点を置くなど、患者の立場に立った実にきめ細かな配慮がなされている。

近代建築という、下手をすると無味乾燥になりがちな建築言語を用いながらも、あくまで、建築物を使用する人間の立場を中心に計画されており、アールトの真骨頂が感じとれる作品である。

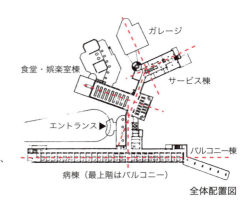

全体配置図

屋上の日光浴のためのテラス

▷聖路加国際病院（日建設計、1992）

1902年に開設されて以来、日本の病院界において常に指導的役割を果たしてきた病院である。「聖ルカ」の名前の由来通り、キリスト教精神に基づくホスピタリティーを実践している。新病院は、ライフサイエンスセンターとして全体が計画された広大な敷地の一画を占める。

特徴的なのは、11階建の病棟である。患者のプライバシーを尊重する方針により、ほとんどすべてがトイレ・シャワーを備えた個室形式の病室で構成されている。病室内のベッドは、廊下に対して斜めに配置され、看護師にとっては、廊下から患者の様子を観察しやすくなっている。同時に、患者にとっては、ベッドに寝ていながら横を向くだけで外の景色を眺めることができることとなる。

すべての病室について良好な景観を公平に確保するため、病棟はその相互間隔まで計算された三角形平面2棟接続型となり、ファサードは良好な景色の方向に向かって取り付けられた窓が連続する独特なものとなる。

入院している患者の身になって、彼らが必要とするものが吟味され、そこから、この病棟の平面計画はなされ、それがそのまま建築物の形となっている。

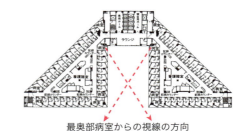

病棟平面図（7階、8階、1:2000）

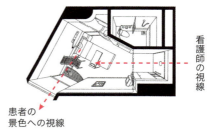

個室病室アクソメ

🔍 もっと調べてみよう！

事　項
◇ナイチンゲール病棟　◇ホスピスおよびターミナルケア

建築作品
◇サン・パウ病院（モンタネール）　◇ヴェネツィアの病院計画（ル・コルビュジエ）　◇チャイルド・ケモ・ハウス（手塚建築研究所）
◇デンマーク国立病院北棟（3×n他）　◇マギーズ・ヨークシャー（ヘザウィック・スタジオ）

2 - 11　商業建築の計画

「商業建築」について

● 「商業建築」の幅は広い。実際に物品を販売する店舗だけでなく、料理や飲み物を提供する飲食店、さらに、具体的な形を伴わないサービスを提供する場合もある。
● 物品を販売する店舗に限っても、その規模や形態は、小規模な小売店からコンビニ、スーパー、百貨店、大規模量販店と様々である。
● 消費者のニーズにあわせた経営展開が求められるため、建築に求められる機能も多種多様である。また、変化も激しい。

主な学習事項

・飲食店における厨房面積、百貨店における売場面積等の面積配分
・飲食店の客席やカウンター、物品販売店の店内通路幅や陳列棚などの寸法計画
・最近、主流となっている、コンビニエンスストアや大規模量販店などの計画

2章　各種建築物の計画

1 商業建築の形式と分類

商業建築に様々な種類があるが、本節では便宜上、次のように分類して扱う。
（ホテル、劇場などについても商業建築として扱う例もあるが、本書では個別の節を設けて扱った。）
- 飲食店　　　：喫茶店、レストランなど
- 物品販売店：商店、百貨店、ショッピングセンター、大規模量販店、コンビニエンスストアなど

　　　　　　　　大規模量販店：特定の商品を大量に仕入れて割安で販売する大型店舗
　　　　　　　　　　　　　　　　スーパーマーケット、家電量販店、ドラッグストア、ホームセンターなど

■1 飲食店の計画

①面積計画
- 延べ床面積に対する厨房面積の割合
　種類や規模などによって、かなり左右されるが、レストランでは、喫茶店に比べて広い調理場が必要となるので、大きくなる傾向がある。
　- レストランの場合：25～40%を標準とする。
　- 喫茶店の場合　　：15～25%を標準とする。
- 客席1席当たりの床面積
　客席面積全体に対する客席数の取り方によって左右される。
　- できるだけ客席数をとる場合　　　：1.1～1.5㎡/人程度
　- ゆったりとした雰囲気とする場合：1.5～2.5㎡/人程度

②動線計画
- セルフサービス形式の場合、配膳用と下げ膳用のカウンターは別々にとり、これから飲食する客と飲食が終わった客の動線が交差することによる混雑を避ける。
- **パントリー**（食品庫）は、使い勝手を考えて厨房に隣接させて設ける。

③寸法計画
- テーブルどうしの間隔（内法）（図1）
　150cm以上（いすを引いても背後のいすに当たらないように考慮）
- 通路幅（図2）
　最低90cm以上（給仕人や客が支障なく通行できることを考慮）
- カウンターの高さ（図2）
　カウンターについては、客との視線の高さをあわせるため、カウンター内の床レベルを下げたり、座面の高いカウンター用のいすを使用することがある。

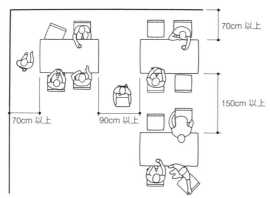

図1　食堂のテーブルまわりの寸法（1:100）

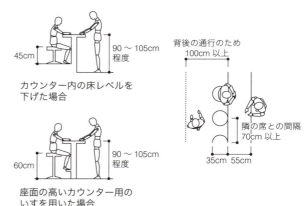

図2　カウンターまわりの寸法（1:100）

2 物品販売店の計画

①面積計画

- 延べ床面積に対する売場面積の割合
    - 百貨店の場合 ：60〜70%を標準とする。
      （エレベーター、階段、便所などを除いた純売場面積は、40〜60%程度となる）
    - 大規模量販店の場合：60〜65%を標準とする。

②店内計画

- 一般に、巡回しやすい動線計画とすることが多い。
- 店内全体の商品の配置がわかりやすいように、什器の高さを抑えて見通しをよくしたり、案内サインなどに工夫を加える。

        什器：商品を展示陳列するためのショーケースや陳列棚などのこと

③寸法計画

- 通路幅

    大規模量販店
    - 1.8m あれば、大型カートや車いす使用者のすれ違いが可能。
    - 3m あれば、通路に一部はみだして店員が作業していても余裕を持って通行が可能。

    小規模物品販売店
    - ショーケースに囲まれた店員用通路幅として、1.1m 以上あれば、店員どうしのすれ違い、接客中に背後を他の店員が通行することが可能。

- 陳列棚などの高さ（図3）

    成人にとってもっとも商品を手に取りやすい高さは、腰から肩までの高さであり、床上 70〜150cm 程度である。

④小規模物品販売店の出入口の計画（店頭形式）（図4）

- 開放型：店外と店内の境界に、ほとんど仕切りがない形式。
          一般客が自由に入りやすい雰囲気となる。
          防犯対策には、配慮が必要である。
- 閉鎖型：扉、ショーウィンドーなどで、出入口の位置と幅を制限する形式。
          一般客にとっては入りづらい雰囲気になるが、店内を落ち着いた雰囲気にすることができる。
          高級店や固定客を主に対象とする店に適している。
          防犯性が高く、空調効率も高くなる。

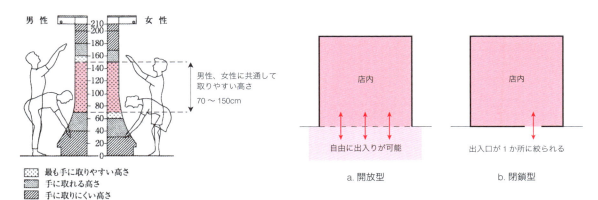

図3　商品の取りやすい高さ　　　　　　　　　　　　　　　　図4　店頭形式

②商業建築の実例分析

▼飲食店

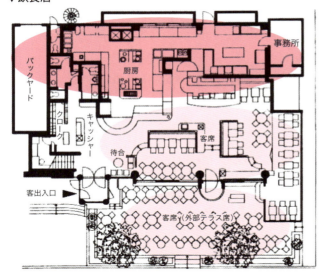

平面図（1:300）

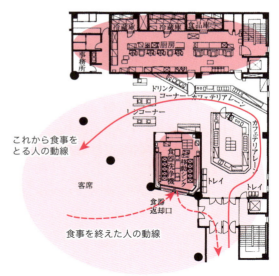

1階平面図（1:500）

①レストラン
・必要な厨房面積を確保する。
・様々なタイプの席を組み合わせる場合は、特に、テーブルや座席の寸法、通路などのあき寸法に留意する。

②学生食堂（セルフサービス形式の食堂）
・セルフサービス形式の場合、これから食事をする人と、食事を終えて出ていく人の動線が交わらないよう計画する。
・このため、配膳用と下げ膳用のカウンターを個別に設ける。

▼物品販売店

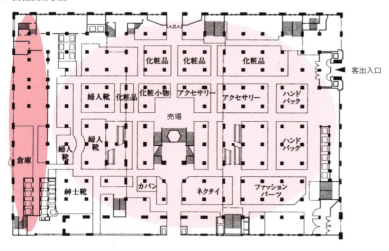

1階平面図（1:1200）

①百貨店
・必要な売場面積を確保する。
・多数の客が来店することを想定して、必要な通路幅を確保する。

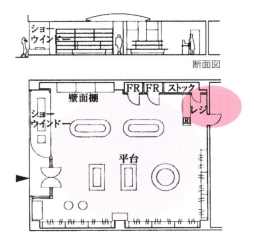

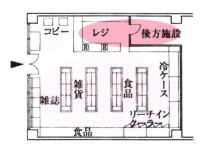

平面図（1:300）　　　　　　　　　　　平面図（1:300）

②コンビニエンスストア
・床面積は100㎡程度の場合が多い。
・平面パターンは、現在のところ画一的である。
・店内の見通しと巡回性が優先される。

③洋品店
・入口にショーウィンドー、店内ではレジを奥に配して客を引き込む。
・店内中央には、平台等低めのものを置き、店内全体の見通しをよくする。

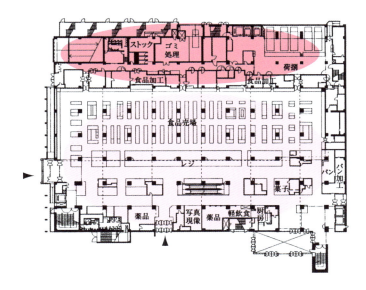

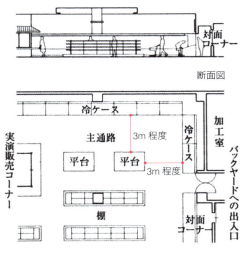

1階平面図（1:1200）　　　　　　　　食品売場　部分平面（1:300）

④スーパーマーケットの食品売場
・客のゾーンとスタッフのゾーンを明確に区別する。
・壁際に沿って主通路をとり、これに沿って客を巡回させる。
  主通路幅は3m程度とする。
・店内什器の高さは、見通しを優先して低くする場合と、商品の量や種類を多くすることを優先して高くする場合がある。

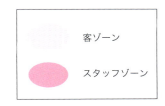

演習問題 ▶▶▶▶▶ 商業建築の計画

> 2級建築士学科試験では、劇場や宿泊施設を含めて商業建築に関する問題として、ほぼ毎年1題は出題される。問題内容は、飲食店の厨房の床面積や百貨店の売場面積の割合など、基本的な内容が多い。
> 1級建築士学科試験では出題頻度は少ない。

問題

商業建築に関する計画について、以下の正誤を判断せよ。

		出題年
(1)	一般的なレストランの厨房の床面積を、レストラン全体の床面積の20%とした。	(1)② R6、R3、R1、26、24、22、20、19、18、17、16、13、12
(2)	百貨店の売場部分の床面積の合計（売場内通路を含む）を、延べ面積の80%とした。	
(3)	セルフサービス形式のカフェテリアのカウンターは、配膳用と下げ膳用を1ヵ所にまとめて計画した。	(2)② 19、17、16　① 24、20、12
(4)	高級品や固定客を対象とする店舗において、店頭形式を開放型とした。	(3)② 19、12
(5)	物品販売店舗における売場内の通路幅については、一般に、客の流れを円滑にするために、客や店員が商品を扱う姿勢や動作の基本寸法を考慮する。	(4)② 22、18、15
		(5)② 17
(6)	コンビニエンスストアの売場内は、見通しがよく、客が自由でスムーズに巡回できる計画とした。	(6)② 16
(7)	喫茶店のカウンター内の床を、客席の床より高く計画した。	(7)② R1、21、16、12
(8)	物品販売店において、ショーケースで囲まれた店員用の通路幅を1.1mとした。	(8)② 13
(9)	飲食店の計画について、パントリーを厨房に近いところに計画した。	(9)② 12
(10)	大規模量販店の売場における通路の幅は、主な通路を3mとし、それ以外の通路を1.8mとした。	(10)② 22　① 28、17
(11)	大規模量販店の基準階において、売場（売場内の通路を含む）と後方施設との床面積の割合を1：1とした。	(11)② R6、30、26、24、22、20　① 17、14
(12)	一般に、商店の陳列棚は、床上500〜1,000mm程度の部分が、成人にとってもっとも商品を手にとりやすい高さである。	(12)② 23　① 24、14
(13)	客席の床面積120㎡のファミリー向け洋食レストランの計画において、面積の有効利用に配慮して、1席当たりの床面積を3㎡にした。	(13)① 22、12
(14)*	スーパーマーケットにおける客用の出入口を、店員用の出入口と分離した。	(14)② 18
(15)*	スーパーマーケットのレジカウンターの包装台の高さを、床面から100cmとした。	(15)② 22
(16)*	飲食店において、立位で食事をするためのカウンターの高さを、床面から850mmとした。	(16)② R6、21

解説

(1) 全体床面積に対する厨房面積の割合は、一般に、レストランでは 25 〜 45%、喫茶店では 15 〜 20%程度である。

(2) 百貨店の売場部分の床面積は、延べ面積の 60 〜 70%程度である。また、階段、エレベーター、便所などを除いた純売場面積は 40 〜 60%程度となる。

(3) 配膳用と下げ膳用の動線は、分離して混雑を防ぐことが重要である。

(4) 高級品や固定客を対象とする店舗においては、出入口以外の壁面を閉鎖して店内を落ち着いた雰囲気とした閉鎖型が、防犯上の観点からも適している。

(5) 物品販売店の売場内通路幅は、店員や客の通行に加えて、通路内での客の商品選択や、店員の作業などを含めた、様々な姿勢や動作の基本寸法を考慮して決める。

(6) コンビニエンスストアでは、店内全体の商品配置が客にわかりやすいよう見通しを良くし、同時に商品を選びやすいようにスムーズに巡回できるよう計画する。

(7) 客との目線の高さをそろえるために、カウンター内の床レベルを客席よりも下げるほうが望ましい。

(8) 1.1m の通路幅があれば、店員どうしのすれ違い、さらには接客中に後ろを通ることも可能である。

(9) パントリーは食料品や食器を収納する倉庫なので、利便性を考慮して、厨房に隣接して配置するべきである。

(10) 通路幅 1.8m あれば、車いす使用者や大型カート利用者のすれ違いが可能である。また、3m あれば店員の作業中でも余裕を持って通行ができる。

(11) 大規模量販店の売場面積の延べ面積に対する割合は、60 〜 65%程度である。設問では 50%となるので、少ない。

(12) 成人にとってもっとも商品を手にとりやすい高さは、腰から肩までの高さであり、床上 700 〜 1,500mm 程度である。

(13) 1 席当たりの床面積は、1.1 〜 1.5㎡ 程度である。3㎡ では、広すぎて有効利用とはならない。

(14) 百貨店やスーパーマーケットなどでは、客用の出入口と店員用の出入口は別に設けるべきである。

(15) 袋詰めを行うためには、100cm では高すぎる。テーブルと同じぐらいの高さ（70cm 程度）が望ましい。

(16) 立位で食事をするためのカウンターの高さは、1,000mm 程度である。

解答　(1)×　(2)×　(3)×　(4)×　(5)○　(6)○　(7)×　(8)○　(9)○　(10)○　(11)×　(12)○　(13)×　(14)○　(15)×　(16)×

| コラム | ▶▶▶▶ 商業建築の計画 |

▷ TIME'S（安藤忠雄、1984）

三条小橋から見た TIME'S

　京都、高瀬川沿いの三条小橋南西角に立地する、小規模店舗が数件入る程度の複合テナント建築である。

　安藤忠雄の設計姿勢には、建築物単体を設計する以上に、場所そのものを創設しようとする強い意図が感じられるが、この作品においてもこの点が際立っている。

　高瀬川に面する他の店舗のほとんどが、川底のレベルと地上レベルが大きく異なることもあり、せいぜいガラス窓から眺めるだけで、高瀬川との関係を放棄している。しかしここでは、川との積極的な関係を構築すべく、あえて川そば、前面道路よりも低いレベルに小さな溜りを設けている。この溜りは、人の集う広場であり、風景を眺める庭であり、動線上の核としても機能する。また、建築内部の通路は、上下の動きを繰り返しつつ複雑に入り組み、同時に南の通りへとつながっている。つまり、建物全体が通りから通りへと抜ける通過動線としても利用できる。

　京都の歴史性の中から「庭の親水性」「小路の迷宮性」という二点を抽出し、これを現代の商業建築において活用することで、まさにここにしかない場所を創設したといえるであろう。

断面図（1:500）

▷ パサージュ（主に19世紀前半、パリ）

パサージュ・デュ・グランセール

　パリの街中には、「パサージュ」と呼ばれるガラスの屋根を備えた小さな商店街がたくさん存在する。19世紀前半に数多く作られ、最盛時には100以上を数え、現在でも約20が残っている。ヴァルター・ベンヤミンの『パサージュ論』によっても有名であるが、雨の日でも濡れずに歩ける通路であり、また、当時の都市の市民にウィンドーショッピングという新たな都市経験を提供した。

　日本の駅前によくあるアーケード付き商店街ほど大きなものではなく、規模は小さく、どちらかというと路地裏空間に近い。しかしながら、そのいくつかのデザインは驚くほど洗練されており、ガラス屋根から射し込む柔らかな光と相まって居心地のよいヒューマンスケールの空間となっている。ほとんど外部空間であることを忘れてしまうほどである。せいぜい道幅5m程度の通路の両側には、レストラン、コーヒーショップや様々な小ぶりな店舗が建ち並ぶが、パサージュごとに、その多くのデザインが見事に統一されている。

　残念ながら、このようなパサージュですら、最盛期の賑わいはなくなってしまっているが、商業建築が単体としての建築を超えて、街路空間、街並ひいては都市空間と密接に関係した示唆深い例であることに変わりはない。

ギャルリ・ヴィヴィエンヌ　　パサージュ・ジュフロウ

🍄 もっと調べてみよう！

| 事　　項 |
◇商店街（アーケード街）　◇テーマ型商業空間　◇アウトレットモール

| 建築作品 |
◇そごう百貨店（村野藤吾）　◇ハイエック・センター（坂 茂）　◇ラ コリーナ近江八幡（藤森照信）
◇未来コンビニ（コクヨ、GEN設計）　◇1000Trees（ヘザウィック・スタジオ）

2 - 12　各種建築物の計画

「各種建築物」について

- ●ここまでみてきた様々な建築物以外にも、数多くの建築タイプがある。
- ●庁舎、コミュニティ施設、高齢者施設、駐車駐輪施設、スポーツ関連施設、交通関連施設、宗教施設など、実に様々である。
- ●それぞれに必要とされる建築的機能も多様であり、また、世の中の動きを反映して変化していく部分も多い。
- ●このような状況を踏まえたうえで、主要なものについては計画上の要点を把握しておくべきである。

主な学習事項

- ・高齢者施設などの概要
- ・駐車・駐輪施設についての寸法計画
- ・スポーツ関連施設について、各種競技のコートの大きさや屋内競技場の天井高などの寸法計画
- ・その他各種建築物についての計画上の要点

ⅡⅡ高齢者福祉施設などの分類と計画概要

高齢者施設等関連諸施設には、主たるものとして、次のようなものがある。

❶老人福祉施設（老人福祉法 (1973) に基づく高齢者福祉のための施設）

①特別養護老人ホーム（介護老人福祉施設に同じ）

身体上または精神上、著しい障害があることにより、常時介護が必要で、在宅介護が困難な高齢者のための施設。

②養護老人ホーム

低所得などの原因により、自宅生活が困難な、介護を必要としない自立した高齢者のための施設。

③軽費老人ホーム（うち C 型がケアハウス）

独立した生活が困難でかつ家族による援助を受けることが困難な高齢者が、自立した生活ができるように無料又は低額な料金で、食事の提供や、その他日常生活上必要なサービスを受けることができる施設。

④老人短期入所施設（ショートステイ）

養護者の疾病などの理由で、居宅で介護を受けることが困難になった高齢者を、短期間入所させ養護する施設。

⑤老人デイサービスセンター

在宅介護を受けている高齢者が、送迎などにより通所して、入浴や日常動作訓練、生活指導などのサービスを受ける施設。

⑥老人福祉センター

無料又は低額な料金で、老人に関する各種の相談に応ずるとともに、老人に対して、健康の増進、教養の向上、およびレクリエーションのための便宜を総合的に供与することを目的とする施設。

⑦老人介護支援センター

老人福祉に関する専門的な情報提供、相談、指導や、居宅介護を受ける老人とその養護者などと老人福祉事業者との間の連絡調整、その他援助を総合的に行うことを目的とする施設。

❷介護保険施設（介護保険制度 (2000) に基づく介護保険が適用される施設）

①介護老人福祉施設（特別養護老人ホームに同じ）

②介護老人保健施設

入院治療の必要はないが、リハビリテーションや看護・介護を必要とする高齢者に対して、居宅における生活への復帰を念頭に置いた機能訓練などの自立を支援する施設。

③介護療養型医療施設（2017 年度末で廃止後 6 年間の経過措置期間を経て介護医療院に引き継がれる）

集中治療は既に必要ないが、居宅に戻るには医療依存度の高い患者が入院する施設。

④介護医療院（2018 年 4 月〜）

介護療養型医療施設を引き継ぐ施設。

単なる医療施設ではなく長期療養のための生活施設という位置付けである。

　　　　Ⅰ型：比較的重度の医療ケアを必要とする者が対象。看取りやターミナルケアにも対応。

　　　　Ⅱ型：比較的容体が安定した者が対象。

❸その他留意すべき施設

・認知症高齢者グループホーム

　介護が必要な認知症の高齢者が、生活上の介護を受けながら共同生活（5 〜 9 名）を行う施設。

・サービス付き高齢者向け住宅

　介護サービスは受けることができないが、安否確認と生活相談のサービスを受けることができる、比較的元気な高齢者のための施設。

高齢者施設等分類図

4 計画上の留意事項

- 複数の機能を持つ施設が併設される場合には、明確なゾーニングを行うこと。
- **ユニットケア**

   少人数のグループに分けて介護するために、数室の居室を共有空間とともにユニット化し、これを複数設ける方式。近年、特別養護老人ホームなどで採用例が増加している。

- 室面積

   特別養護老人ホームの居室：1人当たり <u>10.65㎡ 以上</u>
   介護老人保健施設の療養室：1人当たり <u>8㎡ 以上</u>
   介護医療院の療養室　　　：1人当たり <u>8㎡ 以上</u>（一部屋4人以下で、パーティションや家具などによる間仕切りが必要）
   介護療養型医療施設の病室：1人当たり <u>6.4㎡ 以上</u>

実例分析

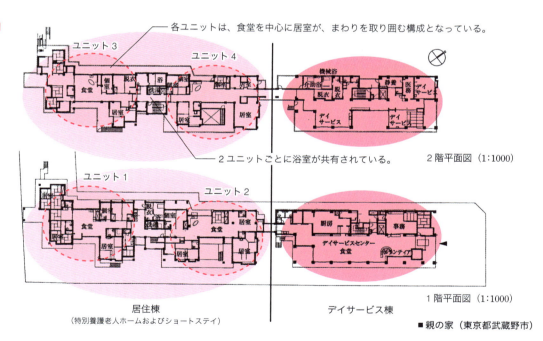

親の家（東京都武蔵野市）

確認事項

①居住施設（特別養護老人ホームおよびショートステイ）と通所施設（デイサービス）が、明確にゾーニング分けされていること。
②居住部門では、ユニットケアを実践するべく、10人程度を1グループとした4つのユニットが構成されていること。

[2] 駐車・駐輪施設などの計画概要

1 駐車スペース

- 1台当たりの大きさ：直角駐車の場合、幅 300cm × 長さ 600cm 程度あれば理想的

    （幅に関しては、最低 230cm 程度必要、車いす使用者に配慮するなら 350cm 必要）

- 駐車パターンと標準寸法（図1）

    1台当たりの駐車所要面積

    直角駐車　＜　60°駐車　＜　45°駐車　＜　30°駐車　＜　平行駐車

    必要な車路幅

    平行駐車　＜　30°駐車　＜　45°駐車　＜　60°駐車　＜　直角駐車

    往復2車線の車路幅は、最低 5.5m 以上と規定されている。

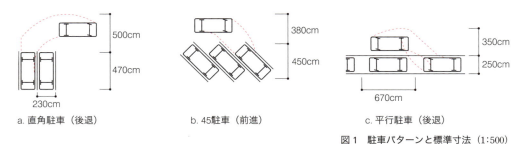

a. 直角駐車（後退）　　　b. 45駐車（前進）　　　c. 平行駐車（後退）

図1　駐車パターンと標準寸法（1:500）

- 駐車場

    機械式駐車場と自走式駐車場がある。

    自走式立体駐車場について

    スロープの勾配：1/6 以下と規定されている。

    緩和勾配　　　：本勾配の 1/2 程度で約 4m 設ける。

    　運転者にスロープの存在を知らせ、同時に車体下部をすらないようにするために設ける。

    梁下高さ　　　：自動車用車路　2.3m 以上必要

    　　　　　　　　駐車部分　　　2.1m 以上必要

    自動車用車路の屈曲部の内法半径：5.0m 以上必要

    一般建築物の地下階などに駐車場を設ける場合（図2）

    他の諸部分の寸法との整合性を付けつつ、柱間寸法（スパン）を決定する必要がある。

    （p.11 のモデュラーコーディネーションの考え方を参照）

    柱間に2台並行駐車させる場合：5.4～7.2m のスパンが必要

    柱間に3台並行駐車させる場合：8.0～9.0m のスパンが必要

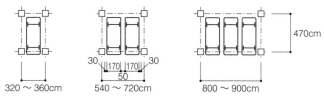

図2　駐車柱間寸法（1:500）

2 駐輪スペース

自転車　　：60 × 190cm 程度必要

自動二輪車：50cc クラス　　70 × 190cm 程度必要

　　　　　　750cc クラス　　90 × 230cm 程度必要

3 スポーツ施設などの計画概要

スポーツ施設については、各種競技コートの平面寸法や必要高さに留意する必要がある。

トラックフィールドの大きさ（図1）
　　200mトラックをとる場合：65 × 130m
　　400mトラックをとる場合：120 × 190m

各種屋外球技場
　　長軸を南北方向にとる（夕方の太陽光による眩しさを避けるため）。

体育館の配置計画
　　長軸を東西方向にとる（自然採光に配慮して）。

各種競技用コートの寸法（図2）
　　バスケットボール：コート 28 × 15m
　　（周辺の余裕を見込んだ全体　40 × 25m 程度）
　　バレーボール　　：コート 18 × 9m
　　（周辺の余裕を見込んだ全体　35 × 20m 程度）
　　硬式テニス　　　：コート 24 × 11m 程度
　　（ダブルス、周辺の余裕を見込んだ全体　40 × 25m 程度）
　・周辺の余裕を見込んだ全体寸法は、いずれも公式競技用。
　　一般的使用では、若干狭くなってもよい。

各種武道場の寸法（図2）
　　剣道・柔道：ともに周辺の余裕を見込んだ全体として 15 × 15m 程度

屋内球技場・武道場の天井高（図2）
　　屋内球技場：約 12.5m 以上　（最も高くなるバレーを基準として計画する）
　　武道場　　：約 4.5m 以上

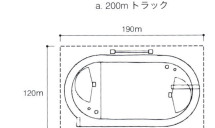

a. 200mトラック

b. 400mトラック

図1　トラックフィールドの大きさ（1:5000）

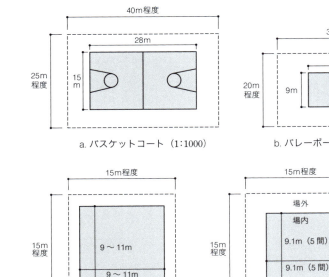

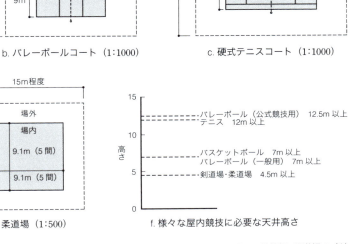

図2　競技場・武道場の寸法

④ その他各種建築物の計画概要

❶ コミュニティ施設

- 地域住民の交流のための施設である。
- 様々な名称の施設があるが、便宜上、次のように分類しておく。

　　　　集会・文化・教育系：公民館、コミュニティセンター、文化センター、生涯学習センターなど
　　　　運動・健康系　　　：スポーツセンター、健康センターなど
　　　　総合系　　　　　　：地区センター

　　上記の施設名称と内部機能の対応については、必ずしも厳密ではないのが現状である。
　　上記以外にも「市民センター」「市民プラザ」「福祉センター」などの名称を用いた施設も多く見られる。

- コミュニティ施設（総合系）の計画概要

　　必要諸室（かなりの幅があるが、一般的には次のようなものとなる。）
　　　　　　集会部門　　　　　　　　　　　　：多目的ホール、会議室、和室など
　　　　　　趣味・学習・サークル活動部門：工作室、料理室、音楽室、児童室など
　　　　　　スポーツ部門　　　　　　　　　：体育館、プールなど

- さらに、高齢者通所施設、保育所、図書館、行政諸施設などが併設されることもある。
- 規模の大きなものについては、地域コミュニティの核としての位置付けをされることが多い。

　諸室の配置計画
- それぞれ異なる利用目的を持った来館者が、円滑に利用できるように、各部門ごとに、グループ化し、明確にゾーニングする。
- ホールや体育館を備える場合、面積が大きくなるとともに、天井高も高くなるので、特に注意が必要である。

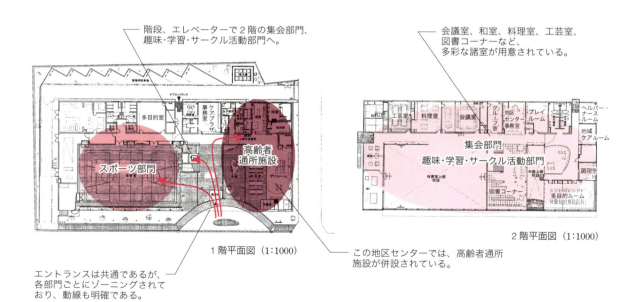

■横浜市東永谷地区センター・横浜市東永谷地域ケアプラザ

2 市庁舎

- 行政関係部門と議会関係部門から成り立ち、個別にエントランスが必要である。
- 市民が通常最も利用するのは、行政関係部門にある窓口である。
- 従来は事務種別ごとの個別窓口形式であったが、近年は総合窓口形式が増えている。
- 「開かれた庁舎」あるいは「地域コミュニティの核としての庁舎」を目指して、多目的ホール、展示スペース、図書館などを併設したり、各種のイベントを行う例も増えてきている。
- 面積構成

    窓口事務・一般事務：約20～25%程度
    議会関係　　　　　：約10%程度

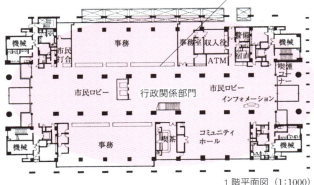
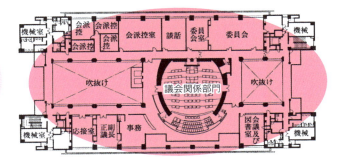

市民の利用の多い窓口は、利用しやすい1階に設けられている。

1階平面図（1:1000）　　6階平面図（1:1000）

■あきるの市庁舎

3 工場

- 精密機械工場や医薬品工場などでは、空気中の粉塵の量を抑えるために、必要な室については**バイオロジカルクリーンルーム（バイオクリーンルーム）**とする（p.129に関連事項）。

4 空港

- 駐機方式

    フロンタル方式　　：ターミナル前に一直線に並んで駐機する。小空港に適する。
    フィンガー方式　　：ターミナルから桟橋のように延びたフィンガーの周りに駐機する。中・大空港に適する。
    サテライト方式　　：サブターミナルを設けてその周りに駐機する。大空港に適する。
    オープンエプロン方式：ターミナルビルから離れたエプロンに集中して駐機する。利用者は、バスなどで搭乗する飛行機付近まで運ばれる。大空港に適する。

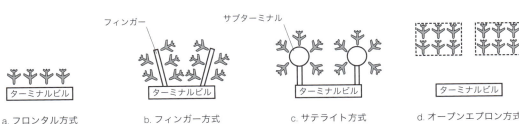

a. フロンタル方式　　b. フィンガー方式　　c. サテライト方式　　d. オープンエプロン方式

空港の駐機方式

演習問題 ▶▶▶▶ 各種建築物の計画

> 2級建築士の学科試験では、駐車場・駐輪場に関する寸法計画や高齢者施設などの概要に関する設問が多い。
> 1級建築士の学科試験では、これら以外にスポーツ施設、市庁舎、コミュニティセンターなど、様々な建築物に関して幅広く知っておく必要がある。

問題

■高齢者施設に関する計画について、以下の正誤を判断せよ。

(1) ケアハウスは、地域の高齢者の交流、レクリエーションなどのための施設である。

(2) 特別養護老人ホームは、常時介護の必要はないが、自宅で介護を受けられない高齢者が、入浴や食事等の介護、医師による健康管理や療養上の指導等を受ける施設である。

(3) 老人デイサービスセンターは、介護者の負担を軽減するため、寝たきりの高齢者等を数日間入所させ、介護サービスを提供することを目的とした施設である。

(4) 認知症高齢者グループホームは、介護を必要とする認知症の高齢者が、入浴や食事等の介護を受けながら共同生活を行う施設である。

(5) 介護老人保健施設は、リハビリテーションや介護を必要とする高齢者が、長期的な入院治療を受ける施設である。

(6) 特別養護老人ホームの、定員2人の入居者専用居室の所要床面積を18㎡とした。

(7) 特別養護老人ホームにおいて、少人数のグループに分けて介護するために、共用空間を数室の居室とともにユニット化し、そのユニットを複数配置する計画とした。

(8) 介護療養型医療施設は、病状が安定している長期患者であって、常時医学的管理が必要な要介護者のための治療機能・療養機能をもった施設である。

(9) 在宅介護支援センターは、老人に対して、健康の増進、教養の向上及びレクリエーションのための便宜を総合的に供与することを目的とする施設である。

(10) 介護老人保健施設の計画において、4人部屋の療養室については、1室当たりの床面積を28㎡とした。

出題年

(1) ② R3、28、22、18、14
① 27、21

(2) ② R3、22、18、14
① 24、21、17

(3) ② R3、22、18、14
① 26、15

(4) ② R4、22、18
① R3、24、23、17、14

(5) ② R3、28、22、18、14
① 29、17、12

(6) ② 30、28、25、23、20

(7) ② R2
① 23、19、15

(8) ① 21、17

(9) ① 17

(10) ① R5、23、16

■駐車場・駐輪場に関する計画について、以下の正誤を判断せよ。

(1) 小型自動二輪車1台当たりの駐車スペースを、55cm×190cmとした。

(2) 自走式の立体駐車場において、自動車用の斜路の本勾配を、1/5とした。

(3) 普通自動車が前進で45度駐車するための一方通行の車路幅を、300cmとした。

(4) 自転車1台当たりの駐輪スペース（幅×奥行）を、60cm×190cmとした。

(5) 屋内駐車場の自動車用車路の屈曲部の内法半径を、6.0mとした。

(6) 屋内駐車場の自動車用車路のはり下の高さを、2.0mとした。

(7) 屋内駐車場において、自動車1台当たりの駐車所要面積は、一般に、直角駐車より60度駐車のほうが小さい。

(8) 一般乗用車の駐車場の計画において、傾斜路の始めと終わりを緩和勾配とする部分については、本勾配の1/2の勾配とし、長さをそれぞれ4mとした。

(9) 地下に駐車場を設ける場合の大規模店舗の柱スパンは、柱間に自動車が並列に3台駐車できるように、8.5mとした。

(10) 車路の両側に普通乗用車を駐車させる駐車場において、車路の幅を狭くするため、60°駐車ではなく、直角駐車とした。

(1) ② 18、14、① 30、25

(2) ② R5、29、26、22、18、14
① R5、29、22

(3) ② 26、18

(4) ② R6、29、26、21、16、14、12
① 27、21、17

(5) ② 14、① 28、23、16

(6) ② 14、① 28、12

(7) ② 26、21
① R1

(8) ② 20
① 26、22、19

(9) ② R5、29
① R1、26、17

(10) ① 15

2-12 各種建築物の計画

148

(11)* 2階建の立体駐輪場において、階段を利用しながら自転車を手押しで移動するための斜路の勾配を、1/5とした。

(11)② 25、20、18

(12)* 自走式の立体駐車場において、車路を含む普通自動車1台当たりの所要床面積を、50㎡とした。

(12)② 18

■スポーツ施設に関する計画について、以下の正誤を判断せよ。

(1) 体育館における配置計画は、一般に、自然採光と、夏期の通風・換気に配慮して、長軸を東西方向に配置する。

(1)① 17

(2) スポーツ施設の配置計画において、屋外球技場は、長軸を東西にとることが望ましい。

(2)① 30、25、21、14

(3) 体育館の計画において、バスケットボール、ハンドボール、バレーボール、バドミントンの競技を想定した場合、一般に、バスケットボールを基準として天井高を想定する。

(3)① R2、25、22、21、18、12

(4) 剣道場の有効天井高は、動作寸法をもとに安全のためのスペースを見込んで、5mとした。

(4)① 20、17

(5) 屋内の公式試合用のテニスコートの中央部分の天井高を、8mとした。

(5)① 26、23、19

(6) 6人制バレーボールの公式試合を行うコートを2面配置するために、体育館の床面の内法寸法を24×24mとした。

(6)① R2、28、24、17、13、12

(7) 武道場において、柔道場及び剣道場として兼用する競技場の床面の内法寸法は、12m×12mとした。

(7)① 15

■その他の建築物の計画について、以下の正誤を判断せよ。

(1) 市庁舎の計画において、利用者が各種届出や証明書の受領を円滑に行えるように、情報システムを導入し、個別窓口形式とした。

(1)① 20

(2) 市庁舎において、建物全体に占める議場、委員会室、議員控室等の議会関連諸室の床面積の割合を約40%とした。

(2)① 23、18、13

(3) 医薬品工場において、空気中の生物微粒子数を一定値以下に抑えるために、バイオロジカルクリーンルームを採用した。

(3)① 20、16、13

(4) 小規模の空港の旅客ターミナルビルにおいて、駐機数が少ないので、サテライト方式を採用した。

(4)① 18

(5) コミュニティセンターにおいて、図書館や会議室などのゾーンと体育室や実習室などのゾーンとは、離して設けるとよい。

(5)② 30、24

(6)* 市庁舎においては、市民が日常利用するメインエントランス、職員・サービスのエントランスのほかに、議会用のエントランスを考慮する必要がある。

(6)① R5、17、14

2
－
12

各種建築物の計画

149

解説

■ 高齢者施設に関する計画について

(1) ケアハウスは、家族による援助を受けることが困難な高齢者が、日常生活上、必要なサービスを受けながら自立的な生活をする施設である。設問は、老人憩の家についての説明である。

(2) 特別養護老人ホームは、常時介護が必要で在宅看護を受けることが困難な高齢者が、入浴や食事などの介護、医師による健康管理や療養上の指導等を受ける施設である。

(3) 老人デイサービスセンターは、在宅介護を受けている高齢者が、送迎などにより通所して、入浴や日常動作訓練、生活指導などのサービスを受ける施設である。

(4) 認知症高齢者グループホームとは、認知症の高齢者が、地域社会に溶け込むように生活することを理想とし、専門スタッフなどの介護を受けながら、少人数（5〜9名程度）、一般の住宅で共同生活する社会的介護の形態のことである。

(5) 介護老人保健施設は、家庭復帰を目指して機能訓練や看護・介護を行う施設であり、長期的な入院治療を受ける施設ではない。

(6) 特別養護老人ホームの居室の入居者1人当たりの床面積は、10.65㎡以上とされており、2人部屋なので21.3㎡以上は必要となる。

(7) 特別養護老人ホームでは、従来の4人部屋ではなく、数室の居室と共用スペースを一つのユニットとして、これを複数配置するユニットケアと呼ばれる形式に移行しつつある。

(8) 介護療養型医療施設は、集中治療は既に必要ないが、在宅に戻るには医療依存度の高い患者が入院する施設である。

(9) 在宅介護支援センター（老人介護支援センター）は、市町村の窓口以外で、専門家による介護の相談・指導が受けられる施設である。設問は、老人福祉センターについての説明である。

(10) 介護老人保健施設の居室の入居者1人当たりの床面積は、8㎡以上とされており、4人部屋なので32㎡以上は必要となる。

■ 駐車場・駐輪場に関する計画について

(1) 1台当たりの幅は、50ccクラスで70cm、750ccクラスで90cm程度は必要である。

(2) 1/6を超えないことが定められている。また、傾斜部の始まりと終わりに緩和勾配を設ける。

(3) 普通自動車が前進で45度駐車するための一方通行の車路幅は、小型で350cm、中型で380cm、大型で470cm程度必要である。

(4) 自転車1台の長さは約180cm、ハンドル幅は約60cmである。したがって駐輪スペースの大きさとして適当である。

(5) 屋内駐車場の自動車用車路の屈曲部の内法半径は、5m以上と定められている。

(6) 屋内駐車場の自動車用車路のはり下の高さは、2.3m以上と定められている。

(7) 所要駐車面積は、直角駐車の場合がもっとも小さくなり、60°駐車、45°駐車、30°駐車、平行駐車（縦列駐車）の順で大きくなる。

(8) 緩和勾配は、勾配の始めと終わりを運転者に知らせるとともに、車体下部の損傷を防止するために設けられるが、勾配は本勾配の半分とし、その長さは3.5m以上と定められている。

(9) 柱の断面寸法を考慮しても内法で7.5m程度は確保できるので、普通乗用車を3台並列駐車することができる。

(10) 車路の幅に関しては、直角駐車の場合がもっとも大きくなり、60°駐車、45°駐車、30°駐車、平行駐車（縦列駐車）の順で小さくなる。

⑾　約 1/4 程度以下の勾配であればよい。

⑿　車路を含んだ自走式駐車場の床面積は、1 台当たり 30 〜 50㎡ である。

■スポーツ施設に関する計画について

(1)(2)

　　体育館では、南面採光の有利さを生かすために、東西方向を長軸とする。屋外球技場では、夕方の太陽の光の眩しさを考慮して、南北方向を長軸とする。

(3)(4)(5)

　　各種球技のために併用される屋内球技場（体育館）の天井高さは、最も高さを必要とされる球技を基準に計画する。

　　バレーボールで 12.5m 以上、硬式テニスで 12m 以上は必要である。

　　また、剣道場や柔道場の天井高は最低 4.5m 必要である。

(6)　バレーボールのコートの大きさは、18 × 9m であるが、公式試合対応の場合、コートの周辺と 2 面のコートの間に相当の距離をとらなければならないので、24 × 24m では不可能である。

(7)　15 × 15m 程度の大きさが必要となる。

■その他の建築物の計画について

(1)　情報化の進展に伴い、総合窓口として一箇所で対応できるようになってきている。

(2)　約 10％程度である。

(3)　医薬品工場、精密機械工場、手術室などでは、浮遊粉塵量や生物微粒子数を基準値以下に抑えたバイオロジカルクリーンルームを用いる。

(4)　駐機数が少ない場合には、ターミナルビル前面に並列で駐機させるフロンタル形式が適している。

(5)　コミュニティセンターにおいては、異なる利用目的を持った来館者が円滑に利用できるように、異なるゾーンは明確に分離することが望ましい。

(6)　市庁舎は、行政部門と議会部門に区分され、これらの性質も大きく異なるので、個別にエントランスを設ける。

解答												
高齢者施設に関する計画	(1)×	(2)×	(3)×	(4)○	(5)×	(6)×	(7)○	(8)○	(9)×	(10)×		
駐車場・駐輪場に関する計画	(1)×	(2)×	(3)×	(4)○	(5)○	(6)×	(7)×	(8)○	(9)○	(10)×	(11)○	(12)○
スポーツ施設に関する計画	(1)○	(2)×	(3)×	(4)○	(5)×	(6)×	(7)×					
その他の建築物の計画	(1)×	(2)×	(3)○	(4)×	(5)○	(6)○						

| コラム ▶▶▶▶ 各種建築物の計画

▷サグラダ・ファミリア教会（アントニオ・ガウディ、1883〜）

　教会、つまり宗教建築である。現代の世の中では、ほとんど建てられる機会もなくなってきたが、歴史的にみるならば、西洋では少なくともバロック時代までは、建築物の中心は教会であった。宗教は、人間の精神的支柱であり、その具現化が教会であった。そして、都市や時代までも象徴するものであった。このような意味合いを持つ最後の建築物が、サグラダ・ファミリア教会であろう。

　建築家として成功していたガウディが、そのすべてを投げ打ってまで打込んだ教会の建設、その遺志を引き継いで少しずつではあるが、いま現在も、着実に完成に向けて建設が進んでいる。そのデザインの独自性にも目が奪われるが、完成された作品ではなく、建設途上の作品がこれほど注目される例は他にない。元来、ゴシックの大聖堂等は完成までに数百年を要することは決して珍しいことではなかった。都市の威信をかけた一大事業であったのである。現在、建築物は使い捨てのように扱われ、その存在価値は相対的に低下している。そのような世の中だからこそ、我々は、この教会をバルセロナという一都市、あるいはスペイン一国に限らず、人類共有の誇りうる貴重な建築遺産として大切にすべきではなかろうか。

完成予想立面

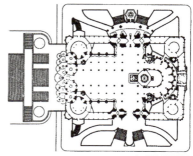

完成予想平面

▷名護市庁舎（象設計集団、1981）

　この市庁舎の最大の特徴は、地域性を積極的に取り込んだことである。独特の赤い色彩を持つコンクリートブロックの使用、寄棟屋根の建物が集まった集落のような外観、「アサギテラス」と呼ばれるこの地域特有の半屋外空間、シーサーの並んだファサードなど、沖縄の建築物に普通にみられる建築要素が溢れている。その結果、我々が市庁舎と聞いてイメージするある種の近付き難い威厳や堅苦しさはまったくなく、存在感を保ちつつも、地域に溶け込み、市民に親しまれる市庁舎となっている。

　特に「アサギテラス」は、内部と外部の中間領域であり、地域の人々が気軽にいつでも利用できるスペースとして活用されるとともに、熱帯特有の暑さをしのぐための機械に頼らない装置としても機能する。これは、建築物内部に設けられた「風の道」についても同様で、風の吹き抜ける通り道とその吹き出し口を設けることで冷房に頼らない、つまり環境に負荷をかけないサスティナブルな建築物のあり方が提案されている。

　「地域に開かれた建築」「地球環境に配慮した建築」という、いま現在の建築が抱える最大のテーマが、30年前という非常に早い時期に見事に達成された事例である。

連続する屋根

アサギテラス側の外観

🌱 もっと調べてみよう！

| 事　　　項 |
| ◇シルバーハウジング　◇野球場やサッカー場の計画　◇立体駐車場の計画 |
| 建築作品 |
| ◇国立代々木競技場（丹下健三）　◇関西国際空港（レンゾ・ピアノ）　◇セイナツァロ村役場（アルヴァ・アールト）|

3-1 高齢者・障害者に配慮した建築計画

高齢者・障害者に配慮した建築計画について

● 「バリアフリー」という言葉とその概念は、世間でもかなり広く認知されるようになってきた。

● 高齢者や障害を持った人々が、健常者と同様に不自由なく建築物を利用できるように計画することは、非常に重要である。

● 高齢者や障害を持った人々のための特別なデザインではなく、健常者と区別なく利用できる「ユニバーサルデザイン」という考えも広く普及している。

● わが国が直面する超高齢社会においては、建築計画上、欠くことのできない最重要ポイントとなるであろう。

主な学習事項

・「ノーマライゼーション」「バリアフリー」「ユニバーサルデザイン」などの基本概念

・関係法令の整備の概要

・階段、トイレ、浴室、駐車スペースなど、建築物の部位別のバリアフリー計画の要点

3章 人と地球にやさしい建築計画

①ノーマライゼーションの普及と展開

高齢者、障害者などに配慮した建築について学習するためには、次の2点についてあらかじめ理解しておく必要がある。

- ・障害者の社会的な扱い方に関する理念・考え方の歴史的変遷
- ・障害者と健常者が社会生活を共にするうえで必要となる方法やデザインの指標

大きな枠組は、次のように図式化できるであろう。

理念・考え方の変遷

> 収容保護
> 障害者は、一般的な社会生活が営めないので、健常者とは隔離して施設に収容して保護すべきである。

↓ 考え方の変化

> ノーマライゼーション（Normalization）
> 障害者と健常者は、お互いを区別することなく、社会生活を共にすべきである。

「ノーマライゼーション」の理念・考え方を実現するための具体的方法・デザイン

> バリアフリー（Barrier Free）
> 障害者や高齢者が社会生活を営むうえで、支障となる物理的な障害を取り除くこと。
>
> ┊ 移行しつつある
> ↓
>
> ユニバーサルデザイン（Universal Design）（UD）
> 障害者と健常者など、すべての人が分け隔てなく利用できるデザイン

収容保護

- 「高齢者や障害者などは、社会生活に支障があるので、社会から隔離して施設に収容して保護するべきである」という考え方。
- しかし、この方法では、高齢者や障害者などが一般的な社会生活を送る権利は奪われ、同時にある種の差別意識を助長しかねない危険性もはらんでいる。

ノーマライゼーション

- 「高齢者や障害者などが、障害を持ったまま、健常者とともに普通に日常生活ができるようにすべきである」という考え方。
- デンマークのB・ミッケルセンがはじめて提唱、1959年、同国では法律化される。

「ノーマライゼーション」の理念・考え方を実現するための具体的方法・デザイン

バリアフリー

- 「ノーマライゼーション」の考え方に基づく具体策の一つ。
- 狭義では、「身体障害者等に対する建築などにおける物理的障壁（バリア）を除去すること」を意味する。
- 最近は拡大解釈されて、建築に限らず「あらゆる面における障壁（バリア）の除去」を意味することが多い。

ユニバーサルデザイン

- 「ノーマライゼーション」の考え方に基づく具体策の一つ。
- 「バリアフリー」が障壁のある世界を前提として、そこから障壁を取り除くことをうたっているのに対して、「ユニバーサルデザイン」はそもそも障壁のない世界を作り上げていくことに力点が置かれる。
- 時代の流れは、「バリアフリー」から「ユニバーサルデザイン」へと向かっており、プロダクトデザインなどの分野では「ユニバーサルデザイン」を取り入れたものが次々と登場しているが、耐用年数の長い建築物においては、いまだ「バリアフリー」の段階だといえる。
- 用語の使い方においては「ユニバーサルデザイン」の意味を含んで「バリアフリー」という語が使われることもあり、注意が必要である。

ユニバーサルデザイン7原則

- アメリカのロナルド・メイス博士により提唱された、ユニバーサルデザインが満たすべき性質の指標。
  - ①公平性：どのような人でも公平に使用できること
    （equitable use）
  - ②自由度：使用するうえで自由度が高いこと
    （flexibility in use）
  - ③簡単さ：使用方法が簡単でわかりやすいこと
    （simple and intuitive）
  - ④明確さ：使用上必要な情報がすぐにわかること
    （perceptible information）
  - ⑤安全性：使用上のミスが危険につながらないこと
    （tolerance for error）
  - ⑥持続性：身体への負担が少なく、弱い力でも使用できること
    （low physical effort）
  - ⑦空間性：使用するうえで十分な空間があること
    （size and space for approach and use）

② 日本における関係法令の整備

１ 日本における主要法令の整備

1946年 「憲法第25条」
・基本的人権、特に生存権の保障
「国民は、健康で文化的な最低限度の生活を営む権利を有する」

障害者に関わる重要法令等

1993年 「障害者基本法」
・「ノーマライゼーション」の考えに基づき、障害者の自立とともに、社会、経済、文化など、様々な分野へ障害者の参加を促進させることを目指す。

1995年 「障害者プラン・ノーマライゼーション7カ年戦略」
・地域における共生、障害者の安全な暮らしの確保、社会的自立の促進、生活の質（QOL：Quality of Life の略）の向上、バリアフリーの促進など7つの施策の重点的推進を図る。
・新障害者プラン（2003）に引き継がれた。

2006年 「障害者自立支援法」
・障害の種類にかかわらず、共通した福祉サービスを共通の制度により提供することで、障害者の自立支援を目指す。
・障害者総合支援法（2013）に引き継がれた。

高齢者に関わる重要法令等

1963年 「老人福祉法」
・高齢者の福祉を図るため、その心身の健康の保持と生活の安定に必要な措置について定める。
・7つの老人福祉施設を規定（老人福祉施設については、p.142、2-12項①で説明している）。

1989年 「ゴールドプラン（高齢者保健福祉推進10カ年戦略）」
・急速な社会の高齢化に対応して、20世紀中に実現を図るべき数値目標を掲げた。

2000年 「ゴールドプラン21」
・介護保険制度の開始を受けて、介護サービスの基盤整備、認知症高齢者支援対策の推進、活力ある高齢者づくり対策の推進、支え合う地域社会の構築などを目標に策定された（介護保険施設については、p.142、2-12項①で説明している）。

２ 建築に関わる法令の整備

・障害者基本法を受けて、特に建築物に関する法令として、ハートビル法が制定された。
・その後、それを補うべく公共交通機関を対象とした交通バリアフリー法が制定された。
・さらに、これらはバリアフリー新法として統合・拡充され、現在に至っている。
（現在はバリアフリー法と呼ばれている。以下、バリアフリー法と記す）

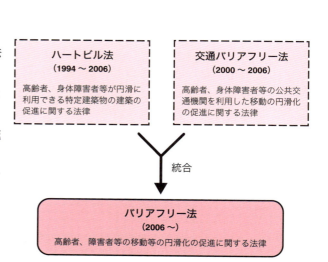

1994 ～ 2006 年

ハートビル法（高齢者、身体障害者等が円滑に利用できる特定建築物の建築の促進に関する法律）

・不特定かつ多数の人の利用する建築物（特定建築物）の建築主は、建物の各部分を、高齢者や身体障害者が安心して気持ちよく利用できるように努めなければならない。

2000 ～ 2006 年

交通バリアフリー法（高齢者、身体障害者等の公共交通機関を利用した移動の円滑化の促進に関する法律）

・公共交通機関を利用する高齢者、身体障害者の身体的負担を軽減し、その利便性、安全性の向上を図る。

2006 年 12 月～

バリアフリー法（高齢者、障害者等の移動等の円滑化の促進に関する法律）

・これまでは個別に行われていた建築物と交通施設の整備を、一体的に行うため、上記の 2 法令が統合・拡充された。

拡充ポイント

①対象者の拡大

・従来の身体障害者に加えて、知的障害者、精神障害者、妊婦、けが人などが対象者として含まれるようになった。

②対象物の拡大

・これまで個別に整備されていた建築物と公共交通機関の整備を、一体化して行う。

・屋外駐車場、都市公園なども整備対象とする。

・駅を中心とした地区や高齢者、障害者などが利用する施設が集まった地区では、地区全体が重点的かつ一体的に整備される。

③ソフト面での充実

・**スパイラルアップ**

高齢者や障害者等の参加のもとに具体的なバリアフリー施策を検証し、その結果に基づいて新たな施策を講じるという段階的・継続的発展を目指す。

・**心のバリアフリー**

バリアフリー化の促進に関する国民の理解・協力を求める。

プラスα

日本では、一般にもかなり浸透してきた「バリアフリー」という言葉だが、英語では、段差など物理的障害を取り除く場合にのみ使われる。

広く概念としての「バリアフリー」を表す言葉としては、施設などの利用しやすさを表す「アクセシビリティー」が用いられている。

3 – 1 高齢者・障害者に配慮した建築計画

③高齢者・障害者に配慮した建築計画

１公共施設などにおける部位別の主要な留意事項 (バリアフリー法による制限を受ける建築物について)

■**駐車スペース**（図１）

- 車いす使用者用駐車スペースを、利用建築物の出入口に近い位置に、一定数設ける。

  〈駐車スペースの数〉

  全駐車台数200以下の場合：全駐車台数の <u>1/50 以上</u>

  全駐車台数200以上の場合：全駐車台数の

  <u>1/100 に 2 を加えた数以上</u>

  〈駐車スペースの幅〉

  <u>350cm 以上</u>（車いすによる乗降を考慮）

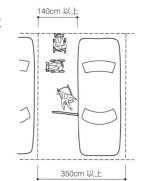

図１　車いす使用者用駐車スペース

■**便所**

- 高齢者障害者等用便房（バリアフリートイレ）を設ける（図２）。
  (2021年、国土交通省により「多目的トイレ」「多機能トイレ」「誰でもトイレ」など健常者の利用を促すような名称の使用を控えるよう通達された。)

  - 車いす使用者、乳幼児を連れた人、オストメイト等が使用できる便房である。
  - 次のような諸機能を備える。（すべてを備えるわけではない）

    折りたたみ式おむつ交換台
    ベビーチェア
    オストメイト対応汚物流し
    (オストメイトとは、人工肛門や人工膀胱を設けた人のこと)
    幼児用便器・親子便座
    フィッティングボード（着替え台）

  - 便所全体の入口付近に設ける。
  - 内法寸法　<u>200 × 200cm 程度</u>以上必要。
  - 出入口の扉は<u>引き戸</u>とする。
  - 必要な部分に手すりを付ける。

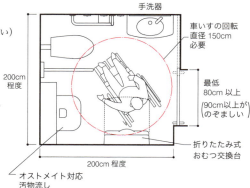

図２　高齢者障害者等用便房

■**階段**（図３、p.160の図10、11も参照）

- 主たる階段は、らせん階段や回り階段としない。
- 寸法　<u>蹴上 16cm 以下</u>がのぞましい。
  <u>踏面 30cm 以上</u>がのぞましい。
- 手すりを２段とする。

  高さ <u>60～65cm 程度</u>（高齢者、子ども用高さ）
  高さ <u>75～85cm 程度</u>（一般用高さ）

- 段鼻は突き出さない（つまずき防止のため）。
- 蹴込み板を設ける（視覚障害者等の杖を挟み込まない）。
- 昇り始めと降り始めの位置に、点状ブロックを敷設する（視覚障害者などを誘導するため）。
- 表面は滑りにくい仕上とする。

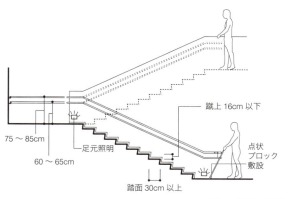

図３　階段の概要

■ **傾斜路（スロープ）**（図4）

- 勾配

    1/12 以下（高さ 16cm 以下の場合 1/8 以下で可）
    また、屋外にあっては 1/15 以下がのぞましい。

- 幅

    傾斜路だけの場合　：120cm 以上
    　　　　　　　　　　（150cm 以上がのぞましい）

    階段が併設される場合：90cm 以上
    　　　　　　　　　　（120cm 以上がのぞましい）

- 踊場

    高さ 75cm 以内ごとに、踏幅 150cm 以上の踊場が必要
    （高低差が 75cm を超える傾斜路の場合）

- 手すりを設置する。
- 表面は滑りにくい仕上げとする。

■ **廊下幅**（図5）

- 最低でも 120cm 以上とし、一定区間ごとに車いすが転回できるスペース（140cm 角以上）を設ける。
- 車いすどうしのすれ違いができる 180cm 以上とすることがのぞましい。

■ **出入口**（図6）

- 最低でも、車いすが通行できる 80cm 以上を必ず確保する。
- 主要な出入口は自動扉とし、幅 120cm 以上とするとともに、他の出入口についても、幅 90cm 以上とすること。

■ **昇降機**

- 2 階建以上の建築物については、エレベーターを設ける。
- かごや乗降ロビーの大きさ、出入口の幅などを適切にするとともに、音声装置などを設ける。

■ **スイッチや操作ボタン**

- 90 〜 100cm 程度に設置するのが適当である。

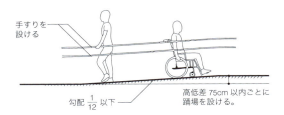

図4　傾斜路（スロープ）の主要寸法

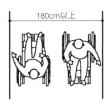

図5　車いす使用者に配慮した廊下幅

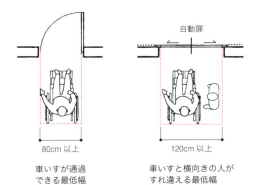

図6　車いす使用者に配慮した出入口幅

> **プラスα**
>
> バリアフリー法によって制限を受ける建築物は、学校、病院、ホテル、百貨店など不特定かつ多数の者が利用する建築物であるが、厳密には、特別特定建築物と特定建築物に分類される。
> - また、満たすべき基準も、建築物移動等円滑化基準と建築物移動等円滑化誘導基準の2通りある。
> - 建築物移動等円滑化基準については、一定規模以上の特別特定建築物では必ず満たす必要があり、特定建築物では満たすべく努力する必要がある。
> - 建築物移動等円滑化誘導基準については、満たすと優遇措置が得られる。
> - 本文では、基本的に建築物移動等円滑化基準に沿って記述してあるが、「のぞましい」という表現で記述しているのは建築物移動等円滑化誘導基準である。

	特別特定建築物	特定建築物
建築物移動等円滑化基準	一定規模以上の場合適合義務（必ず満たす必要あり）	努力義務（満たすよう努力）
建築物移動等円滑化誘導基準	基準を満たすと優遇措置あり	基準を満たすと優遇措置あり

2 住宅における部位別の主要留意事項

住宅においては、バリアフリー法の規制がかかることはないが、高齢者などに配慮したきめ細やかな計画が求められる（図7）。

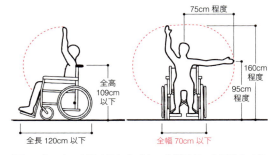

図7 車いすの主要寸法および車いす使用者の主要動作寸法

■ 玄関 （図8）

- **くつずり**高さは、2cm 以下とする。
   （車いすが乗り超えることのできる高さを考慮）
- 玄関内部と玄関ポーチとは、異なる色を使用する。
   （くつずりの段差がわかりやすいように）
- 上がりがまちの高さは、18cm 以下とする。
   （できない時は、式台等を用いて緩和する）

■ 廊下

- 幅は、最低 80cm 以上とする。
   （車いすの全幅に 10cm 程度加えた値以上）
- 廊下が直角に曲っている場合や、廊下に面して居室の扉がある場合は、廊下幅にさらに余裕を持たせることがのぞましい。
- 手すりや足元照明を設ける。
- すべりにくい素材を使用する。

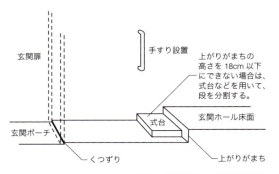

図8 玄関まわりの計画留意点

■ 階段 （図9）

- 踊場付き階段が望ましい。
   （回り階段や直階段では転落事故の危険が高い）
- 蹴上と踏面の寸法に配慮する。
   （建築基準法では蹴上げ 23cm 以下、踏面 15cm 以上だが急勾配過ぎる）

> **プラスα**
> 踏面、蹴上の指針の一例としてとして、次の式がある。
> $550mm \leq T + 2R \leq 650mm$
> $\dfrac{R}{T} \leq \dfrac{7}{11}$ （あるいは $\dfrac{6}{7}$、$\dfrac{22}{21}$ など）
> （T：踏面、R：蹴上）
> たとえば、踏面 26cm、蹴上 16cm であれば、上記の式を満たす。

踊場付き階段　　　回り階段　　　吹き寄せ階段
・安全性が高い　　・段数はかせげるが　・60度部分の段を
　　　　　　　　　　転落の危険が高い　　踊場的に使える
　　　　　　　　　　　　　　　　　　　　ので許容範囲

図9 階段の種類

- 段鼻部分にノンスリップを設置する（図10）。
- 手すりを設ける。
- 手すりの端部は、壁側または下向きに曲げる。
   （衣服等を引っ掛けないように）

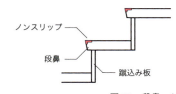

図10 段鼻・ノンスリップ

■ 台所 （図11）

- キッチンタイプは L 型キッチンが適当
   （車いすによる少ない移動と回転だけで使える）
- カウンター下に足を納めるクリアランス（高さ 60cm、奥行 45cm 程度）を設ける（図14 も参照）。
   （車いすや座った姿勢でも利用できるように）

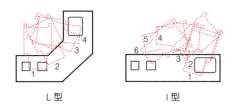

図11 キッチンタイプによる車いすの動きの違い

- **便所** (図12)
    - 寝室に近い位置に設ける。
        (夜間就寝中に便意をもよおした場合を考慮)
    - 広さ
        奥行180cm程度（車いすの前方アプローチに対応）
        幅150cm程度（介助スペースが必要な場合に対応）
    - 手すりを設ける。

- **洗面脱衣室**
    - 180cm×180cm程度の室の大きさを確保する。
        (いすに腰掛けながらの脱衣や、介助者が入ることも考慮する)
    - 洗面カウンター下に足を納めるクリアランス（高さ60cm、奥行45cm程度）を設ける（図13）。
        (車いす、あるいは座った姿勢でも利用できるように)

- **浴室** (図14、15) (p.18、26に関連事項)
    - 180cm×180cm程度の室の大きさを確保する。
        (介助者が入ることやシャワーいすの使用も考慮する)
    - 入口扉は3枚引戸が望ましい。
        (車いすが通過できる幅を確保するため)
    - 浴槽の縁の高さを、洗い場床面から40～45cmとする。
        (容易にまたぎ越すことができ、また、浴槽横に置いたベンチを利用して腰掛けて出入りすることもできる)
    - 排水溝にグレーチングを使用する。
        (脱衣室との段差を解消するため)
    - 手すりを設ける。

- **建具** (図16)
    - できる限り引戸を使用する。
        (車いす使用者にとって最も開閉が容易)
    - 和室洋室間の敷居には、すりつけ板やV溝レールを使用する（床段差を解消するため）。

- **水栓金具**
    - シングルレバー式混合水栓とする。
        (弱い力でも使用できるように)

- **コンセント**
    - 取付け高さは、床から40cm程度以上とする。
        (無理な姿勢になる必要をなくすため)
    - マグネットキャッチ式
        (引っ掛かった時に容易に外れるように)

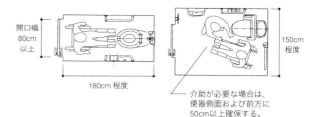

図12　住宅の身障者対応便所

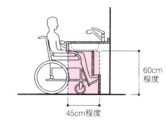

図13　足をおさめるためのクリアランス

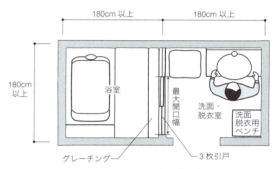

図14　洗面脱衣室と浴室の大きさ

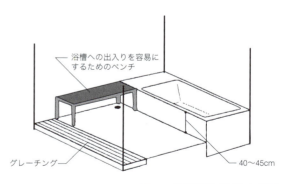

図15　身障者等に配慮した浴室

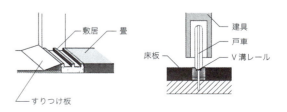

図16　すりつけ板とV溝レール

演習問題 ▶▶▶▶▶ 高齢者・障害者に配慮した建築計画

バリアフリー・ユニバーサルデザインに関しては、近年、特に注目されているテーマでもあるので、建築士試験では毎年必ず出題される。高齢者や障害者に配慮した建築物の各部分の寸法に関する問題が多い。また、関係法令の詳しい内容については、建築法規の分野で出題される。

問題

バリアフリーやユニバーサルデザインに配慮した建築物の計画について、以下の正誤を判断せよ。

		出題年

(1) 公共建築において誰もが利用しやすいように、ロナルド・メイス（Ronald Mace）等が提唱したユニバーサルデザインの5つの原則に沿って計画した。

(1)① 20

(2) 駐車場において、身体障害者に配慮した駐車スペースを、全駐車台数200台に対して3台分確保し、小型自動車1台当たりの駐車スペース（幅×奥行）のサイズを、350cm × 600cmとした。

(2)② R4、R1、26、19、18、17、14

(3) 建築物内の廊下において、直径3.5cmの手すりを床から80cmの高さに設け、廊下幅は、車いすのすれ違いを考慮して150cmとした。

(3)② 28、18、17、13
① 28、26、20、15

(4) 多機能便房の広さを200cm × 200cmとし、出入口の有効幅を90cmとした。

(4)② 27、19、17、14、13
① 26、22、21、18、14

(5) 屋外の傾斜路において、階段が併設されている場合、車いす使用者に配慮して、傾斜路の幅を80cmとした。

(5)② 22、20、14、13
① R3

(6) 車いす使用者用の屋外傾斜路の勾配を、1/20とした。

(6)② R2、R1、30、26、18
① R3、26、25

(7) 屋内傾斜路には、高さ100cmごとに踏幅150cmの踊場を設けた。

(7)② 27、20、17、14
① R3

(8) 住宅における玄関の外側とくつずりとの高低差を、3cmとし、くつずりの色は玄関ポーチの色と同色とした。

(8)② R4、28、18、17、16、13

(9) 公共建築物の来館者用の手すりについては、高齢者や子どもにも利用しやすいように、高さが上段80cm、下段60cmの2段式とした。

(9)② R3
① 29、21、19

(10) エレベーターの乗降ロビーに設ける操作ボタンを床から80cmの高さに設置し、操作ボタンの脇に点字表示を行った。

(10)② R4、R2、27、26、25、19
① R3、26、21、20、14

(11) 壁に設置するコンセントの取付け高さは、高齢者や車いす使用者が利用しやすいように、床面から40cmとした。

(11)② R5、R4、30、20
① 19

(12) 車いす使用者に配慮して、居室入口前の廊下は、車いす使用者が転回しやすくするため、直径1,200mmの転回スペースを計画した。

(12)② R5、R4、R3、30、27
① R4

(13) 車いす使用者の利用に配慮して、記帳などを行う受付カウンターの下部に、高さ50cm、奥行30cmのクリアランスを設けた。

(13)② R6、R4、R1、29、28、23、22、19、16
① 30、22、19

(14) 住宅においては、浴槽の縁の高さは、洗い場の床面から60cmとした。

(14)② R6、R4、R2、27、26、16、11
① 25

(15) 住宅においては、室内の出入口の戸は、できるだけ引戸とした。

(15)② 29、24、16、14、13、12

(16) 住宅においては、車いす使用者が利用するキッチンは、L字型よりI字型のほうが使いやすい。

(16)② R3、29、23、20、14
① 24、21

(17) 住宅においては、浴室の出入口に、脱衣室との段差の解消と水仕舞を考慮して、排水溝にグレーチングを設けた。

(17)② R1、23、19、13

解説

(1) ユニバーサルデザインとは、障害者と健常者など、すべての人が分け隔てなく利用できるデザインのことであり、ロナルド・メイス博士はその指標として、公平性、自由度、簡単さ、明確さ、安全性、持続性、空間性の7原則を提唱した。

(2) 車いす使用者用駐車スペースは、全駐車台数の1/50以上（全駐車台数200以下の場合）設けなければならない。また、1台の駐車スペースの幅は、車いすによる乗降を考慮して、350cm以上は必要である。

(3) 車いすのすれ違いを考慮した廊下幅は、180cm以上必要である。また、手すりについては、直径が3〜4cm程度で、高さ75〜85cmの位置にできる限り連続させて設ける。

(4) 多機能便房とは、高齢者・障害者など、様々な身体機能上の制約を受ける人々の利用を想定した便房であり、多目的トイレとも呼ばれる。200cm×200cm程度の大きさで計画できる。便所の出入口の幅に関しては、最低でも80cm以上は必要である。

(5) 障害者や高齢者などの利用に考慮した傾斜路の幅は、階段に代わるものの場合120cm以上、階段が併設される場合90cm以上必要である。

(6) 車いす使用者用の傾斜路の勾配は1/12以下（高さ16cm以下の場合、1/8以下で可）であるが、屋外では、1/15以下がのぞましい。

(7) 高低差が75cmを超える傾斜路は、高さ75cm以内ごとに踏幅150cm以上の踊場を設けなければならない。

(8) 車いすで容易に超えることのできる段差は、2cm程度が限度である。また、段差をわかりやすくするためには、くつずりと玄関ポーチの床の色は同色にすべきではない。

(9) 高さ80cm程度に設ける通常の手すりに加えて、高齢者や子ども用に60cmの高さにも手すりを設けて二段とすることは望ましい。

(10) 車いす使用者が利用するエレベーターの操作ボタンの高さは、100cm程度が適当である。操作ボタンは、押しボタン式で、ボタン脇に点字表示を行うことが望ましい。

(11) かがみ込む姿勢は体に負担がかかりやすいので、通常の20cmよりも高めの40cm程度以上とすることが多い。

(12) 車いすの転回には、140cm（1,400mm）角以上のスペースが必要である。

(13) 受付、洗面台、キッチンカウンターなどでは、車いす使用者にとっては、自分の膝までがクリアランスの下に入るようにすると使用が楽になる。クリアランスのサイズは、高さ60cm、奥行45cm程度である。

(14) 浴槽縁の高さは、またぎ越しが容易に行えるように、洗い場床面から30〜45cm程度とする。また、浴槽横にベンチを置いて、これを利用して浴槽への出入りを行う場合は、ベンチの座面高さともそろえるため40〜45cmとするとよい。

(15) 身体の位置を大きく移動させる開き戸よりも、その必要のない引戸であることが望ましい。また、便所の扉については、便所内で倒れた高齢者を連れ出す時のことを考慮して、引戸もしくは外開きとすべきである。

(16) L字型キッチンの方が、車いすの回転を使えるので移動距離が少なく便利である。

(17) 脱衣室と浴室の間にグレーチングの排水溝を設けることで、段差がなくなり、バリアフリーに貢献できる。

解答　(1)×　(2)×　(3)×　(4)○　(5)×　(6)○　(7)×　(8)×　(9)○　(10)×　(11)○　(12)○　(13)×　(14)×　(15)○　(16)×　(17)○

> コラム ▶▶▶▶▶ 高齢者・障害者に配慮した建築計画

▷ベルリンの壁崩壊（1989）

　壁は、最も簡単に領域を区分できる建築要素である。その壁によって、かつてベルリンの街は二分されていた。そして、その壁の崩壊は物理的に壁がなくなったということ以上に、元来、同一民族ながら分断されていた東西ドイツが統合されたことであり、同時に当時東西冷戦といわれ世界を二分していたアメリカと（旧）ソ連を中心とした二大陣営の宥和と歩み寄りを象徴的に示すものであった。

　バリアフリーとは、原義どおりに訳すと「障壁を取り除くこと」であり、スケールこそ異なるものの、本質的にはベルリンの壁崩壊と合い通じるものがある。障害者らにとって通行の障害となる段差をなくしたり、スロープやエレベーターを設置して実在のバリアーをなくしていくことだけでなく、それにより達成される精神的な統合や宥和こそが重要ではないだろうか。心の中にある差別意識の壁を一つずつなくしていくことができなければ、本当の意味でのバリアフリーは達成され得ないであろう。

　中東パレスチナは、現在でも紛争の絶えない政治的に難しい問題を抱えた地域であるが、21世紀になってなお、人類が新たな人種差別を目的とした巨大な壁を築いていることは憂慮すべきことである。

ベルリンの壁（1986）

パレスチナの「アパルトヘイト・ウォール」（分離壁）

▷富山ライトレール「ポートラム」（2006〜）

　日本で、いや世界各国で近年、路面電車が復活している。新型路面電車で「LRT」（Light Rail Transitの略）と呼ばれるものである。日本では、富山市のライトレール（愛称「ポートラム」）が、よく知られている。

　路面電車は交通渋滞を招く元凶であるとして、次々と廃止されていた時期があった。それがなぜ今また注目を浴びているのか。いくつかの理由が挙げられるが、電気を利用しているため自動車のような排気ガスがなく環境にやさしいこと、超低床のため車いすでも楽に乗り降りができることの二つは大きな理由となるであろう。

　しかし、それ以上に重要なのが、都市の無秩序な空洞化を抑制する「コンパクトシティ」というまちづくりの方針に寄与していることである。公共交通機関や自転車を積極的に活用することで、市街地中心部から自動車をできるだけ排除し、そこへ人を呼び戻し、活気のある街として再生させること。その目的を達成していくうえでLRTが果たしている役割は非常に大きい。

　バリアフリーやユニバーサルデザインは、単体のモノや建築のデザインに留まらず、環境問題や街作りと緊密に絡んでいくことで、その真価をより発揮できるのである。

市街地を走るポートラム

バス停と同床レベルのプラットホーム

🔍 もっと調べてみよう！

事　項
◇駅や交通機関でみられるバリアフリー　　◇文房具や家電製品など身近なモノにみられるユニバーサルデザイン

建築作品
◇東川口の住宅（谷口宗彦、田中栄作）　　◇ボルドーの住宅（レム・コールハース）

3-2 地球環境に配慮した建築計画

地球環境に配慮した建築計画について

- 人間は科学技術を発展させることで、便利で快適な生活を手に入れた。
- しかし、そのために、大量のエネルギーや資源を消費することとなり、地球環境に大きな負荷をかけることとなった。
- このような状況のなかで、建築においても、省エネルギーに配慮したり、使い捨てにならない建築のあり方などが模索されるようになった。
- 我々の子孫が暮らす将来の地球を考えるなら、このような視点は建築計画上欠くことのできない重要なポイントとなるであろう。

主な学習事項

- ・種々の環境問題の概要とそれに対する取り組みの歴史の概観
- ・解決策として近年、注目されている「持続可能性」という概念
- ・地球環境、あるいは「持続可能性」に配慮した住宅としての「資源循環型住宅」「環境共生住宅」
- ・地球環境、あるいは「持続可能性」に配慮した建築の手法として「コンバージョン」「リノベーション」

Ⅰ 環境問題概観

・科学技術の発展により、人間の生活は快適で便利なものとなったが、その一方で自然環境には大きな負荷をかけることとなった。
・この結果、自然の自浄作用だけでは対応できない様々な環境問題が顕在化した。

❶ 主な環境問題

① 地球温暖化

・二酸化炭素等の温室効果ガスによる平均気温の上昇。
・氷山や永久凍土の融解、海水面の上昇と陸地の水没、生態系の変化、異常気象など、波及的に影響を及ぼす。
・石油などの化石燃料の燃焼による二酸化炭素の大量発生が主原因。
・現在、最も注目されている環境問題であり、国際的な取り決めを含めて解決が模索されている。

② 酸性雨

・排気ガスなどに含まれる硫黄酸化物や窒素酸化物により、酸性化した雨が降る現象。
・土壌汚染、水質汚染、森林の立ち枯れ、建造物の溶解などを引き起こす。

③ オゾンホール

・フロンによるオゾン層の破壊。
・地上に降り注いだ紫外線を浴びることにより、皮膚癌や白内障が増加する。
・フロンの使用が抑制された結果、現在、オゾン層は回復の方向に向かっている。

その他、環境ホルモン、ダイオキシン問題、森林破壊、砂漠化、海洋汚染、野生動物・生物種の減少、異常気象、資源・エネルギーの枯渇、人口・食糧問題などなど、人類がかかえる環境問題は数多い。
またこれらは、個別の環境問題として片付けられる問題でなく、一つの環境問題が、他の環境問題を誘発したり助長することで、相互に悪影響を及ぼしあうことに注意する必要がある。

❷ 環境問題を提起した研究・書籍など

① 『沈黙の春』（1962、レイチェル・カーソン）
・農薬等化学物質の危険性をいち早く指摘。
・環境問題を一般に知らしめた最初の書。

② 『成長の限界』（1972、ローマ・クラブ）
・人口の爆発的増加や資源の枯渇などにより、人類の成長が限界に達することを指摘するとともに人類存続のための方向転換の必要性を強調。

③ 『奪われし未来』（1996、シーア・コルボーン他）
・合成化学物質（環境ホルモン）により生殖器障害や異常行動が引き起こされることを指摘。
・因果関係については解明されていない部分も多い。

④ 『不都合な真実』（2007、アル・ゴア）
・地球温暖化により衝撃的に変化した自然を数多く紹介し、環境を守る努力の必要性を強調。

②環境問題に対する取り組みと「持続可能な社会」

■１世界的な流れ

1972 年　ストックホルム会議（国連人間環境会議）

・環境問題全般についての初めての大規模な国際会議。

・キャッチフレーズは「**かけがえのない地球**」（Only One Earth）

1992 年　地球サミット（国連環境開発会議）

・「**持続可能な社会**」を実現するための方策を探るべく開催された。

・具体的行動計画である「アジェンダ 21」や「環境と開発に関するリオ宣言」などを採択。

2002 年　ヨハネスブルグサミット（持続可能な開発に関する世界首脳会議）

・「アジェンダ 21」の実施状況の点検。

・今後の具体的取り組み促進についての国際的合意を図る。

■２「持続可能な社会（サスティナブル ソサイエティー）」

・1981 年にレスター・ブラウンにより初めて提唱された概念である。

・「**持続可能な開発（サスティナブル ディベロップメント）**」「**持続可能性（サスティナビリティー）**」を含めたこれらの用語は、環境問題を解決するための最も重要なキーワードとなっている。

・「大量生産・大量消費・大量廃棄」によって地球環境に大きな負荷をかけ破壊していく社会から脱却し、将来にわたって人類が存続できるよう地球環境にできるだけ負荷を与えない「持続可能な社会」づくりが目指されている。

・そのために「持続可能性」に最大限配慮した「持続可能な開発」を進めていくことが重要である。

・2015 年の国連サミットにおいて、2030 年までの長期的開発指針として、17 の目標と 169 のターゲットからなる持続可能な開発目標（**SDGs**）が示された。

■３日本における流れ

1967 年　公害対策基本法

・公害問題や大気汚染への対応策。

公害問題は、人間自身の健康が損なわれるという問題であり、地球そのものに負荷がかかる環境問題とは内容が少し異なる。日本では、水俣病、イタイイタイ病、四日市ぜんそくなどがよく知られている。

1993 年　**環境基本法**

・国際的な流れを受けて「持続可能な社会」の構築を目指すための環境基本計画を策定。

2000 年　**循環型社会形成推進基本法**

・「持続可能な社会」づくりの基本として「**循環型社会**」の実現を目指す。

・廃棄物の適正処理とリサイクルの推進が２つの柱。

・これら実現のため、廃棄物処理法（2001）、資源有効利用促進法（2001）が施行される。

・さらに、建設業を対象として、建設リサイクル法（2002）が施行される。

プラスα

その他、建築に関連して注目しておくべき関連法令や事項として次のようなものがある。

住生活基本法（2006）……………「量から質」「フローからストック」への住宅政策の転換をはかるための基本法。

長期優良住宅普及促進法（2008）……住生活の向上や環境負荷の低減を目的として、長期優良住宅を認定し、その普及を促進する。

生物多様性基本法（2008）………… 世界に先駆け、生物の多様性の保全を目的として制定。

建築物省エネ法（2016）……………… 建築物におけるエネルギー消費量削減を図る。

都市の低炭素化の促進に関する法律（エコまち法）（2012）……都市部における二酸化炭素排出の削減を図る。

CASBEE（建築環境総合性能評価システム）…………………………建築物を環境性能で格付けする手法。

③資源循環型住宅と環境共生住宅

- 「持続可能性」、あるいは環境に配慮した建築の具体的試みとして、住宅建築の中から「資源循環型住宅」と「環境共生住宅」を紹介する。
- いずれも地球環境に負荷をできるだけかけないことを目指すという点では共通している。

■1 資源循環型住宅

- 経済産業省が 2000 年から 5 ヵ年計画で取り組んできた「資源循環型住宅技術開発プロジェクト」のなかで具体的に提案されている。
- 特に「**資源の循環**」及び、その結果として「**循環型社会形成**」が目指され、その考えに合致した住宅システムのことである。
- 建築物としての住宅だけでなく、そこに住む人間のライフスタイル全般までも考慮している。
- 長寿命で、リサイクルしやすく、エネルギーを効率的に利用できるなどの特徴がある。
- 資源循環型住宅を支える、特に重要な技術として、次の 6 点がある。
  - ①リデュース（発生抑制、長寿命化のための技術）
  - ②リムーブ（リユース、リサイクルのために部材の取外しを容易にする技術）
  - ③リユース（再使用のための技術）
  - ④リサイクル（再生利用のための技術）
  - ⑤ロスフリーエネルギー技術（エネルギーの使用や損失を抑える技術）
  - ⑥評価・管理技術（上記の技術を統合的に評価・管理する）

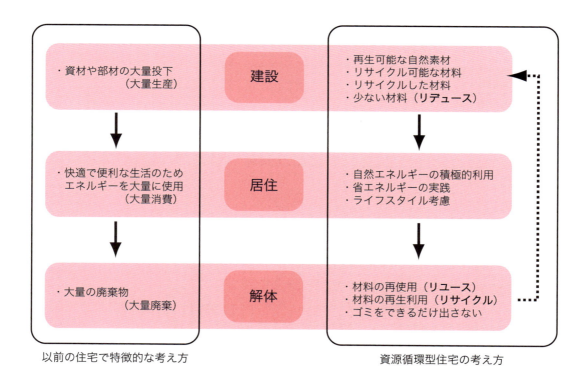

以前の住宅で特徴的な考え方　　　　　　資源循環型住宅の考え方

- いわゆる、資源循環型住宅ではないが、同様の考え方に立脚する建築作品として、NEXT21 (p.47 参照) をあげることができる。

2 環境共生住宅

- 「**環境との共生**」を通して地球環境を保全することが目指された住宅である。

  「地球環境を保全する観点から、エネルギー・資源・廃棄物などの面で充分な配慮がなされ、また周辺の自然環境と親密に美しく調和し、住み手が主体的にかかわりながら、健康で快適に生活できるよう工夫された住宅および、その地域環境」（「環境共生住宅推進協議会」による）と定義されている。

- 「**地球環境の保全**」「**周辺環境との親和**」「**健康で快適な居住環境**」の3点を、またこれらのバランスがとれていることを特に重視する（図1）。

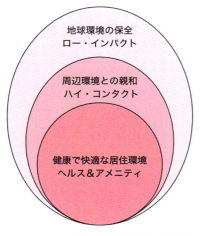

図1　環境共生住宅の概念図

「地球環境の保全」
　建物自体のライフサイクルを考えて地球環境に負荷をかけない。

「周辺環境との親和」
　土地のもつ特性を理解して、住まいの「うち」と「そと」を連続させ、共生させる。
　地域全体を住まいと考えて近隣の人々とのつながりを深める。

「健康で快適な居住環境」
　毎日の生活の基盤であり、安らぎの場所である住まいで、健康で快適な生活が送れるようにする。

〈代表事例〉

「**世田谷区深沢環境共生住宅**」（1997）（図2）

- 日本における環境共生住宅の先駆け的存在。
- 敷地には5つの住戸棟が分散型に配置され、次に挙げるような考えられるありとあらゆる環境と共生する手法が駆使されている。
  - 「屋上緑化」「壁面緑化」
  - 「太陽熱発電」「太陽光発電」「風力発電」
  - 「雨水の利用」
  - 「風の通り道、せせらぎやビオトープの設置」
  - 「井戸や樹林の保存」

図2　世田谷区深沢環境共生住宅

「環境共生住宅」の原理や特性を踏まえて、これを住宅にとどまらず、他の建築タイプに応用したものとして、「環境共生建築」と呼ばれうるような建築も次々と登場してきている。

プラスα

- 「ビオトープ」は一般に「生物が生息する場所」という意味である。
- 近年、小学校で児童が校庭に池や小川を中心としたビオトープを作る例もよく見られる。昆虫、魚、鳥などが生息する生態系を備えた自然空間を作り出すという環境保全だけでなく、これらを観察すること、さらには児童自身が協力して作ることにより社会性を身に付けることなどの教育的効果も目論まれている。

ビオトープ

4 コンバージョンとリノベーション

「持続可能性」、あるいは環境に配慮した建築の具体的試みとして、古くなった建築物を廃棄せずに、使い続ける試みがある。建築そのもののリユース（再使用）であるが、以下の2通りの用語がよく使われる。

「コンバージョン」
　　時代のニーズに即して用途を変更し、建築物に改造を加えて使用し続けること。

「リノベーション」
　　老朽化した建築物などを修繕・改造・刷新することで性能を向上させて使用し続けること。
　　日本では用途変更をしない場合について使われることが多いが、元来の意味では用途変更の有無は問わない。

1 世界におけるコンバージョンの代表事例

オルセー美術館（パリ）（図1）
- 使用しなくなった駅舎（オルセー駅）を美術館として転用した。
- 現在では、ルーブル美術館、ポンピドゥーセンターとともに、パリの三大美術館の一つとされるほど有名。

テート・モダン（ロンドン）（図2）
- 使用しなくなった発電所（バンクサイド発電所）を美術館として転用した。
- かつて大型発電機のあった空間をタービン・ホールとしてエントランス部分とし、屋上にはガラス張りのフロアが新たに設けられた。

リンゴット工場（トリノ）（図3）
- 屋上にある試走用サーキットが有名であった巨大な自動車工場を見本市会場や音楽ホールなどの多機能複合施設として転用した。

カステル・ヴェッキオ美術館（ヴェローナ）（図4）
- 14世紀に建設され、第二次世界大戦中の爆撃により荒廃していた古城（スカリジェロ城）を修復しつつ美術館へと転用した。

その他の事例として、次のようなものがある。

ハンブルガーバーンホフ現代美術館（駅舎 → 美術館）
フェルクリンゲン製鉄所（製鉄所 → 博物館・科学技術センター等）
ハイライン（鉄道 → 公園）

図1　オルセー美術館

図2　テート・モダン

図3　リンゴット工場

> **プラスα**
> 西洋におけるコンバージョンの歴史は非常に古い。
> - キリスト教の教会の起源は、古代ローマ時代、多目的建築物（バシリカ）や墳墓を転用して作られたものであった。
> - また、映画『ローマの休日』で有名なサンタンジェロ城は、ハドリアヌス帝の霊廟が、軍事施設や教皇の要塞を経て、現在では美術館へと転用されている。
> - 同じくローマ市内に残るマルチェッロ劇場は、劇場でありながら、後に集合住宅へと転用され現在に至っている。
> - トルコのアヤ・ソフィア教会はキリスト教の教会からイスラム教のモスクへと転用され、スペインコルドバのメスキータはまったく逆の過程を辿った。
> - 木造の日本と異なり、石造を基本とするヨーロッパでは、建築物の寿命は総じて長く、建物の骨組だけを残しておき、内部の機能を変えて使い続けることは、ある意味当然であった。

図4　カステル・ヴェッキオ美術館

2 日本におけるコンバージョンの代表事例

倉敷アイビースクエア（図5）
- 日本におけるコンバージョンの先駆的事例。
- 紡績工場をホテルや展示施設として再生させた。

大分アートプラザ（図6）
- 磯崎新の初期の代表作である旧大分県立図書館を展示施設として転用し、市民に開放している。

サッポロファクトリー（図7）
- 明治9年に開設されたビール工場の煉瓦造の建築群を保存再生し、それらを大きなアトリウムや地下通路などで結び付けて、複合商業施設とした。

横浜赤レンガ倉庫
- 長年使用されていなかった煉瓦造の倉庫を、劇場、ギャラリー、商業施設などにした。

その他の事例として次のようなものがある。

- **自由学園明日館**（学校 → イベント施設）
- **同潤会青山アパート**（集合住宅 → 商業施設）
- **京都文化博物館別館**（銀行 → 博物館）

3 リノベーション（用途変更していないという意味で）の代表事例

ドイツ国会議事堂（図8）（p.174コラムに関連事項）
- 中央の巨大なガラス張りのドームが特徴的。
- ドーム内部は見学者用の通路があり、ベルリン市街を見晴しながら同時に議場を覗き見れるようになっている。
- 一般に開放されたドームの存在が、ドイツの目指す開かれた政治の象徴ともなっている。

大英博物館（図9）
- 中央の円形閲覧室を残す以外、館外へ諸機能が移行した図書館部門の跡が、明るく開放的なガラス屋根によって覆われた中庭（グレートコート）として再生した。
- 博物館の諸室をつなぐ通路であると同時にミュージアムショップやカフェを備えた屋内広場として機能する。

中京郵便局
- れんが造の外観だけを残して、内部を一新した。
- 日本における歴史的建造物の壁面保存の最初の事例。

ここまで紹介してきた大規模建築物の事例だけでなく、例えば伝統的な町家や民家を壊して新しい建物に建て替えるのではなく、その雰囲気をうまく生かしながら現代風に改造して住み続けたり、あるいはレストランやカフェやその他商業施設として再生させるような試みは最近、広く行われている。

図5 倉敷アイビースクエア

図6 大分アートプラザ

図7 サッポロファクトリー

図8 ドイツ国会議事堂

図9 大英博物館グレートコート

演習問題 ▶▶▶▶ 地球環境に配慮した建築計画

環境に配慮した建築計画に関しては、近年特に注目されているテーマではあるが、建築士学科試験では設備計画（2009年以降、1級建築士学科試験では環境分野）の問題として出題されることが多い。いわゆる計画分野の問題としては、1級建築士学科試験で、建築物の改修や集合住宅の事例などとして出題された程度である。今後、問題量が増加することも予想される。

問題

環境問題とその原因について対応するものを選択せよ。

	出題年
①地球温暖化	② 13
②シックハウス症候群	
③ダイオキシンの発生	
*④ヒートアイランド現象	
⑤オゾン層の破壊	

選択肢　a.　フロンガスの使用　　b.　廃棄物の焼却
　　　　c.　コンクリート建築物やアスファルト道路の増加
　　　　d.　二酸化炭素の増加　　e.　化学物質による室内空気の汚染

■環境に配慮した建築物の計画について、以下の正誤を判断せよ。

(1)　サッポロファクトリー（札幌市）は、明治9年に開設されたビール工場の煉瓦造の建築群を保存、再生し、それらを大きなアトリウムや地下通路等で結び付けて複合商業施設としたものである。　(1)① 24、19、15

(2)　アートプラザ（大分市）は、大分県立図書館を展示施設に転用したものである。　(2)① 25、19

(3)　リンゴット工場再開発（トリノ）は、巨大な自動車工場を、大学と研究所に転用したものである。　(3)① 29、25、19、16

(4)　テート・モダン（ロンドン）は、煉瓦造の証券取引所を、エントランスホールを兼ねた5層吹抜けの巨大な展示空間をもつ美術館に転用したものである。　(4)① 24、19、16

(5)　倉敷アイビースクエアは、平屋建の紡績工場の一部を撤去してできた二つの広場を中心として、ホテル、展示施設等にしたものである。　(5)① 25、16

(6)　横浜赤レンガ倉庫は、長年使用されていなかった煉瓦造の倉庫を、平成14年、劇場、ギャラリー、商業施設等にしたものである。　(6)① 21、16

(7)　パリのオルセー美術館は、中世の城を改修して、美術館にしたものである。　(7)① 24、16

(8)　世田谷区深沢環境共生住宅（東京都世田谷区）は、木造平屋建の住宅団地の建替え計画により建設され、高木の保存、井戸の活用、優良土壌の再利用、古材の使用等、既存の環境の保存を意図している。　(8)① 19、16

(9)　コンバージョンは、既存建築物の用途変更や用途変換という意味等に用いられ、都市部においては、空室となった事務所ビルを集合住宅、SOHO（Small Office/Home Office）等に改修した例がある。　(9)② R3、30、28 ① 22、16

(10)*　パークアンドライドは、一般に、郊外の鉄道駅の付近に駐車場を整備し、自家用車から鉄道に乗り換えることにより、中心市街への自家用車の流入を減らす方法である。　(10)② 30、29 ① R1、24、21、16

(11)*　サスティナブル（持続可能）な建築の計画にあたっては、自然、風土、地域性、場所性などの認識が重要である。　(11)① 22

解説

地球温暖化は、二酸化炭素に代表される温室効果ガスが原因である。

シックハウス症候群とは、接着剤や塗料などに含まれる化学物質が原因で、人体に様々な悪影響を及ぼすことである。

ダイオキシンは、塩素系化合物を含むゴミや廃棄物を不完全燃焼した時に発生する。

ヒートアイランド現象とは、コンクリート建築物などが昼間に蓄積した熱を夜間に少しずつ放出したり、クーラーの人工的な排熱、緑地の減少などによって都市部の気温が高くなる現象である。

オゾン層は主にフロンガスにより破壊される。

■環境に配慮した建築物の計画について

(1) サッポロファクトリー（札幌市）は、ビール工場の赤煉瓦建築群を保存、再生し、それらを大きなアトリウムや地下通路などで結び付けて複合商業施設としたものである。

(2) アートプラザ（大分市）は、大分県立図書館の新築移転に伴い、旧館を市民ギャラリーやアートホールなどの展示施設に転用したものである。

(3) リンゴット工場再開発（トリノ）は、巨大な自動車工場を、見本市会場、音楽ホール、ホテル、事務所などからなる多機能建築物に転用したものである。

(4) テート・モダン（ロンドン）は、煉瓦造の火力発電所を、エントランスホールを兼ねた吹抜けの巨大な展示空間をもつ美術館に転用したものである。

(5) 倉敷アイビースクエアは、日本におけるコンバージョンの先駆的事例であり、平屋建の紡績工場の一部を撤去してできた二つの広場を中心として、ホテル、展示施設などにしたものである。

(6) 横浜赤レンガ倉庫は、平成元年までに倉庫としての役割を終え長らく使用されていなかった煉瓦造の倉庫を、文化施設、商業施設として再生させたものである。

(7) パリのオルセー美術館は、駅舎の大空間を生かして、美術館にしたものである。城を改修して美術館とした例としては、イタリアのカステル・ヴェッキオ美術館がある。

(8) 世田谷区深沢環境共生住宅は、環境共生住宅の先駆的事例かつ代表的事例であり、自然エネルギーの利用や屋上緑化などを行うとともに、既存の環境の保存を意図して、高木の保存、井戸の活用、優良土壌の再利用、古材の使用などを行っている。

(9) コンバージョンは、既存建築物の用途変更や用途変換という意味などに用いられ、都市部においては、空室となった事務所ビルを集合住宅、SOHO（Small Office/Home Office）などに改修した例や、京都では、住み手がなくなった伝統的な町家を飲食店に転用するような例がある。

(10) パークアンドライドとは、自宅から自家用車で最寄りの駅またはバス停まで行き、車を駐車させた後、バスや鉄道などの公共交通機関を利用して都心部の目的地に向かうシステム。都心部における交通渋滞の緩和に役立つ。

(11) 地球環境に負荷をかけないサスティナブルな建築の計画では、地球環境と調和するように自然、風土、地域性、場所などの認識が何にもまして重要となる。

解答　①d ②e ③b ④c ⑤a　(1)○ (2)○ (3)× (4)× (5)○ (6)○ (7)× (8)○ (9)○ (10)○ (11)○

| コラム ▶▶▶▶ 地球環境に配慮した建築計画

▷ドイツ国会議事堂（ノーマン・フォスター〔修復設計〕、1999）

　いわゆるリノベーション（修復）の成功事例である。これを手掛けたノーマン・フォスターは大英博物館のグレートコートの修復も成功させている。

　1990年の東西ドイツ統一後、首都がベルリンに戻された。これに伴い、旧国会議事堂（1894建設）を統合ドイツの国会議事堂として使用することとなり大規模な修復が行われた。歴史的建造物を尊重する立場から、外観の大きな変更はほとんど加えられていない。この修復の最たるものは、ガラスの屋上ドームの設置である。一般の人々に開放されたこのドームは、内部が緩やかな螺旋状のスロープとなっており、ベルリンの街並を一望することができる。同時にドーム内部からは、議場の様子を覗き込むことができる。

　第二次世界大戦により負の遺産を背負ったドイツが東西ドイツ統一を機に、これを清算すべく、開かれた国家、開かれた政治を目指そうとする姿勢がこのドームに象徴的に表現されている。リノベーションの意義は、地球環境に配慮した単なる建築物の修復に留まらない。場合によっては歴史をも修復するという壮大な意味を込めることができることを、この作品は実証している。

正面

屋上ドーム内観

▷アクロス福岡（エミリオ・アンバース〔基本設計〕、1995）

　福岡の新たなランドマークを目指すべく、旧福岡県庁跡地に建設された公共施設と民間施設の複合建築である。オフィスビルが建ち並ぶ都心部にあり、北側から見る限り他と変わらないありふれたごく普通の建築物にしか見えないが、最大の特徴は、南側の公園に面して作られた、大々的に屋上緑化が施された階段状の庭園である。公園側から眺めると、公園の緑から連続した、まるで小高い丘か山のように見える。この庭園は、一般に開放されており、自由に散策を楽しむこともできる。

　建築物単体としての内部の機能を満たすだけでなく、隣接する都市公園という都心部における限られた自然環境を最大限尊重し、これの延長として連続させるという方法により、公園および建築物の両者が互いに相乗効果を与え、両者の存在価値を高めている。同時に都市におけるこの場所の存在価値をも高め、結果、都市のランドマークとしての役割を果たしている。

　ここでの屋上庭園は、建築物に付加しただけの屋上緑化とは異なり、公園の緑の延長としての緑化であり、さらに、都市に深くコミットした都市組織の改変ともいえるものである。

公園側から見た全景

西側道路から見た近景

🔍 もっと調べてみよう！

事　項
◇町家や古民家のリノベーション・コンバージョン　◇シックハウス症候群　◇スローライフ　◇CASBEE（建築環境総合性能評価システム）

建築作品
◇チバウ文化センター（レンゾ・ピアノ）　◇フォード財団本部（ケヴィン・ローチ他）　◇タンポポハウス（藤森照信）
◇六甲枝垂れ（三分一博志）

3-3　建築計画の今後

建築計画 の今後について

● 世の中のしくみが高度に技術化され複雑になるとともに、建築のあり方もますます多様化しつつある。

● 従来の主要な建築タイプ別に要点を学ぶ建築計画学では、対応できない様々な側面が明らかになってきている。

● このような側面を認識し、それに応じた建築計画の概要を学んでおくことも重要である。

● 建築計画学そのものも、時代に即して変化していくべきなのであろう。

主な学習事項

・特殊な機能を有する建築物や、複合的な機能を持つ建築物の計画

・都市と密接な関わりを持つ建築物の計画

・景観形成に配慮した建築のあり方

・防災や減災の視点からの建築計画

1 特殊な機能を有する建築物と複合的な機能を有する建築物

1 特殊な機能を有する建築物

- 本書ではここまで代表的な建築タイプについて解説してきたが、これ以外にも数多くの建築タイプが存在する。
- 今後、世の中の動きを反映してまったく新しい建築タイプが登場することも予想される。
- それぞれの建築タイプが、独自の機能を持ち、それによって求められる空間も様々である。
- 下に挙げたのは、一般に、建築計画学の講義で詳細に扱われる機会は少ないものの、建築タイプとしては知名度の高いものや、現代の町中によく見かけるものばかりである。

　　余暇・宿泊関係
　　　　植物園・動物園・水族館、遊園地、テーマパーク、温泉・クアハウス、保養所・研修所など
　　集会・市民サービス関係
　　　　結婚式場・葬祭場、宗教施設、裁判所、警察署・消防署など
　　生産・交通関係
　　　　各種工場、発電所、ゴミ処理施設、駅舎、港湾施設、空港など
　　業務・商業関係
　　　　銀行、ガソリンスタンド、スポーツジム、カラオケボックス、パチンコ店、理髪店、リラクゼーションサロンなど

- 特殊な機能を有する建築物であっても、人間が利用する建築物である限り、その建築物に必要とされる機械や物品の寸法と人間がそこで行う行為との関係から建築計画を行うことが可能である。
- 実例として、消防署、葬祭場、水族館について確認する。

実例1　消防署

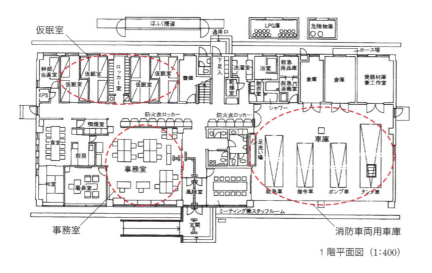

次の諸室が必要。
- 消防車両用車庫
- 仮眠室：出動に備えて仮眠するための室
- 事務室

さらに次の諸室を備えるものもある。
- 通信指令室
- 屋内訓練場

1階平面図（1:400）

■湖西広域南部消防署

実例2 葬祭場

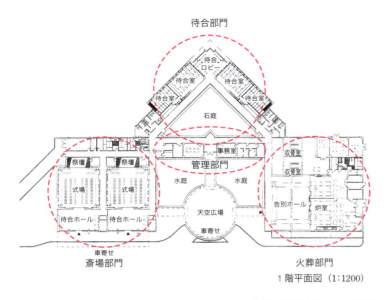

■ 渋川広域斎場「しらゆり聖苑」
1階平面図（1:1200）

一般に、4つの部門から構成される。

〈火葬部門〉
- 告別室：最後の別れを行う室
- 炉室
- 収骨室：骨上げを行う室

〈待合部門〉
- 待合室：火葬の間の待合

〈斎場（式場）部門〉
- 式場：通夜、葬儀を行う室
- 遺族控室

〈管理部門〉
- 事務室

実例3 水族館

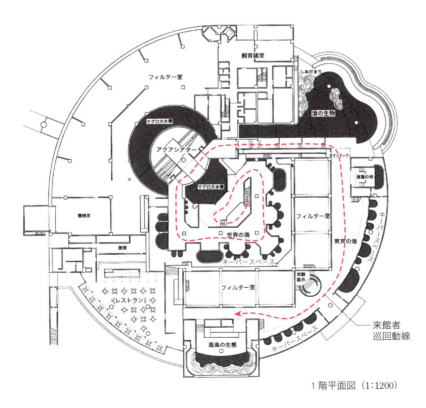

■ 東京都葛西臨海水族園
1階平面図（1:1200）

公開領域と非公開領域を明確に区分する。

〈公開領域〉
- 展示水槽：水族館の中心となる展示
- ショープール：イルカやアシカのショーを行う
- 展示室
- レクチャールーム

〈非公開領域〉
- キーパースペース：水槽背後にあるメンテナンスや餌を与えるためのスペース
- ろ過設備室（フィルター室）：水質コントロールのための機械室

3-3 建築計画の今後

177

2 複合的な機能を有する建築物

- 複数の機能をあわせもつ建築物が増加してきている。
- 敷地の有効活用や利用者の利便性の観点から、今後も増加していくであろう。

実例1 小学校・幼稚園・公民館

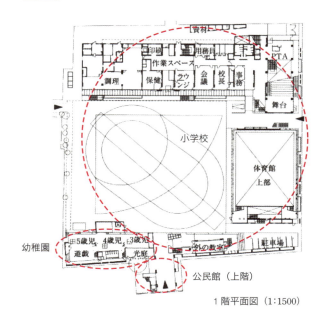

1階平面図（1:1500）

- 市街地の真中に位置する小学校。
- 狭小敷地のため、地下1階地上5階建とし、さらに、幼稚園と公民館を併設することで、敷地の有効利用を図るとともに、地域住民の小学校への関心を高める結果にもつながった。

■博多小学校・奈良屋公民館

実例2 オフィス・ホテル・商業施設

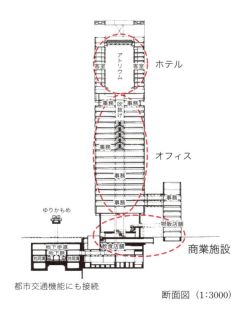

断面図（1:3000）

25階（ホテルロビー階）

34階（ホテル客室階）

平面図（1:1500）

- 通信社の本社とホテルが同居する超高層ビル。
- 低層階には商業施設も入っており、さらに地下鉄などの都市交通にも直接接続されている。
- 大都市における複合施設のありかたを示唆する。

■パークホテル東京（汐留メディアタワー）

②都市機能と密接な関係を有する建築物

- 都市における建築物のあり方は、都市の諸機能に密接に関係すべく、今後ますます発展、変貌していくであろう。
- 都市の要素としての広場や道路などの、諸空間を取り込んだ構成を持つ建築物の重要性が高まっている。
- さらには、都市交通との密接な関係を有する建築物が増加しつつある。

■東京国際フォーラム（ラファエル・ヴィニオリ、1996）

- 東京の都心部において、敷地を南北に通り抜けることができるオープンスペースを有する。
- 休日ともなれば、この屋外スペースで様々なイベントが行われ、屋台や出店が立ち並ぶ祝祭的空間となる。
- 都市的な広場を内包する複合建築物。

■猪熊弦一郎美術館・図書館（谷口吉生、1991）

- プロセニアムアーチに縁取られた、屋外ステージのようなファサードを有する。
- 駅前広場に向かって積極的な関係を持つことで、周辺一帯の活性化が図られている。

■京都駅ビル（原広司、1997）

- 京都の都市交通の拠点である京都駅に建つ。
- 駅としての機能以外に百貨店、ホテル、劇場、各種商業店舗を備える複合建築物。
- 京都のランドマーク的な役割も果たしている。

■横浜港大さん橋国際フェリーターミナル（foa、2002）

- 都市のオープンスペースがそのまま建築物の内部へと延長されている。
- 建物全体の高さも、客船の乗降に必要な最低限の高さに抑えられ、横浜港周辺の景観を阻害しないように配慮されている。

③ 景観形成に配慮した建築計画のあり方

- 景観法が施行されて以来、良好な景観の保全に対する意識も一般的に高まってきている。
- 建築物は、景観の重要な要素となるため、個別の建築物のデザインにも配慮が必要である。
- 特に都市部では、建築物により街並が形作られ、これが都市景観を構成する。
- 地域の伝統的な街並や自然景観を損なわないように、周辺と調和がとれるようにあわせていく計画が一般的である。
- しかし、なかには、あえて周辺と異なる雰囲気の建築物を計画し、新旧の刺激の与え合いを目論んだり、まったく新しい景観の創設を意図することもある。
- 景観形成だけにとどまらず、敷地の特性（周辺環境や風土も含む）を活かしつつ、都市や地域全体の将来像を見据えた建築計画が求められるであろう。

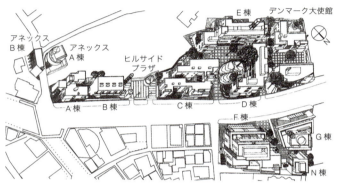

■ 代官山ヒルサイドテラス（槇文彦、1969〜1992）
（p.46に関連事項）

- 道路に沿って、6期20年以上にわたって同一の建築家による、統一されたデザインを持つ低層集合住宅が展開された。
- 1階には、商業施設が多数入り、出入り自由の居心地の良いオープンスペースとなっている。
- 道路に沿って形成されたこの風景が、今や代官山の看板的な風景となっており、街の規範となる景観形成に大きく寄与した。

■ ぐりんぐりん（伊東豊雄、2005）

- どこまでも平らで殺風景な埋立地に、子供が大人になっても記憶に残る原風景を作ることが目指された。
- 起伏に富んだ自然の大地を人工的に作りだすこと、つまり、新しい風景を作りだす試みである。
- 建物の機能は新しい人工地盤の下に埋め込まれ、建物屋上は散歩道として機能している。

■ ルーブルのガラスのピラミッド（I.M. ペイ、1989）

- 世界的に有名なパリのルーブル美術館のエントランスの計画。
- 周りを取り囲む伝統的な建築物の石造りのデザインに迎合するのではなく、ガラスという素材でまったく現代的な表現が行なわれた。
- ピラミッド形というわかりやすい形で、美術館のエントランスを明示するとともに、パリの都市軸の終点をも象徴している。

④防災・減災に配慮した建築計画のあり方

- 火災、地震、洪水などの災害は、時として、建築物やそれを利用する人間に甚大な被害を及ぼす。
- 火災についてはその発生を未然に防ぐ「防災」の視点が、また、地震や洪水など自然災害については被害を最小限にとどめる「減災」の視点が重要となる。
- 具体的な対策としては、建築構造の強化や対応する建築設備の設置などが主となるが、建築計画に関連する事柄として、次のようなものがある。

①避難経路の確保

- 二方向避難（図1）

  火災時を想定し、建築物内のすべての場所において、二方向以上の避難経路を確保すること。
  階段や廊下の配置計画に配慮が必要となる。

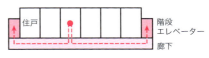

図1 二方向避難

- 劇場などにおける扉の開き勝手（図2）

  不特定多数の人が利用する劇場、映画館、集会場などでは、避難時の人の流れの方向を考慮して、扉を外開きとする。

②救出経路の確保

- 非常用エレベーターの設置（p.121に関連事項）

  火災時における高層階の救出活動に用いられるエレベーター。
  高さ31m以上の建築物では、設置が義務付けられる。

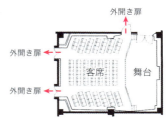

図2 劇場の扉

③防災センターの設置

  防災設備の管理、災害時の消火活動、避難誘導を集中的にコントロールするための室（p.112に関連事項）。
  一定規模以上の建築物では、設置が義務付けられている。

④災害を想定した配置計画

  災害の被害を最低限に抑えることができるように、建物全体の配置計画についてまで考慮しておくことも有効となる場合がある。

- 個別の建築物の対策にとどまらず、むしろ広く都市計画、地域計画のなかに組み込んだ形での対策がより重要となるであろう。

①一時(いっとき)避難場所、広域避難場所

  災害時の危険を回避するための避難場所。また帰宅困難者が交通機関の回復まで待機する場所。
  公園、団地、大学などが指定されることが多い。

②収容避難場所（避難所）

  災害によって自宅での生活ができない時に、短期間の避難生活を行う場所。
  学校の体育館、スポーツセンター等が指定されることが多い。

- また、巨大災害発生直後の避難所生活、仮設住宅の供給、さらにその後の建築物の修復再建や街の復興に対しても、迅速かつ合理的な対応が必要であるが、地域の歴史や自然環境、コミュニティ、個々の人間の心情などに十分配慮した建築計画が必要である。

■ 茨木市岩倉町防災公園
（UR都市機構、学校法人立命館、HEADS、2015）

・大学キャンパスと公園および周辺地域の間に物理的な境界が全くなく、開放的に一体化している。
・日常的には大学キャンパスの利用も含めて、地域住民が気軽に利用しやすい憩い・交流の場となる公園であるとともに、災害時には一次避難地としての役割を果たすように計画されている。
・かまどベンチ、雨水貯留槽、災害時に救護所となるあずまや、災害トイレとなるマンホールなど様々な防災機能が備わっている。
・日常の生活の中で、大学を地域に開かれた場所とするとともに、防災公園を親しみやすく意識づけることにも成功している。

■ 避難所用・紙の間仕切りシステム　Paper Partition System
（坂 茂、2011～）

・建築家・坂 茂が避難所生活の負担を軽減させるために提案する間仕切りのプロジェクト。2011年以降、（写真の）現在の形の間仕切り設置活動を行い、即時対応できるよう各自治体との防災協定の締結も進めている。
・他にも紙管やコンテナを使って簡単に建てられる仮設住宅の提案など、災害支援活動を積極的に行っている。

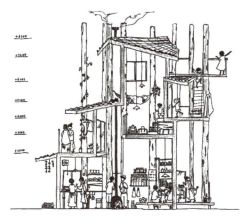

陸前高田みんなの家

■ みんなの家（2011～）

・東日本大震災の被災者が、人間らしい生活やコミュニティを回復するための拠点として建てられた施設。
・建築家伊東豊雄を中心として数多くの建築家が協力し、被災した各地に建てられている。
・仮設住宅団地内に建てられ、住民が集まり、子どもが遊ぶ場として使われたり、被災した商店街や漁港の周辺に事業を再興しようとする人々の拠点として建てられたり、場合によっては、その場所の記憶の拠り所や復興の象徴としての役割も果たしている。
・災害後、人や街が復興していく上で、建築が本来果たすべき初源的な役割を具現化したプロジェクトである。

プラスα

ハザードマップ

将来的に発生の予測される自然災害について、その被害の及ぶ範囲、被害の程度、避難の道筋、避難場所等を表した地図のことを言う。
噴火、地震、洪水、浸水、津波、高潮、土砂災害など、災害の種類に応じた種類のものを政府、各自治体が作成し公開している。住民に近隣の危険箇所を認識してもらい、随時避難訓練を実施することで、災害発生時に住民を迅速かつ的確に避難させるとともに、二次災害を防ぐ目的がある。
今後、都市計画、建築計画においても有効に活用されることが望まれる。

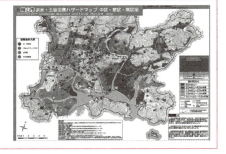

5 地域活性化の核としての建築のあり方

- 近年、空き家問題が顕在化し、街中のシャッター商店街や、地方の限界集落が取り沙汰されるなど、都会であるか地方であるかにかかわらず、地域社会の疲弊が指摘されている。このような状況の中で必要とされる地域を活性化させる包括的なまちづくり（地方も含む）のビジョンにおいて、建築が果たす役割はより重要となるであろう。

いくつかの試みを以下に示す。

①都市機能を集約したまちづくり（コンパクトシティ）

町の規模を小さく保ち、自動車ではなく徒歩で移動できる範囲を生活圏とすることで、住みやすいまちを作ることが目指される。公共交通機関や自転車の利用が推進され、職住近接の実現や地域コミュニティの再生効果も期待される。

事例　・富山市
　　　・ポートランド（アメリカ）

富山市はLRTを導入するなど、コンパクトシティとして日本で最も成功している事例である。

②特色を特化させたまちづくり

「〜のまち」「まち全体が〜」と呼ばれうるようなまちの個性化を目指す。まちの特色が特化されることで、個性的なまちとして一般に認知されやすく、観光客誘致にもつながりやすい（次の③と連動しやすい）。

事例　・直島、豊島（香川県）、犬島（岡山県）：
　　　　　　　アートによるまちづくり
　　　・サン・セバスチャン（スペイン）：
　　　　　　　美食を生かしたまちづくり

犬島の「家のプロジェクト」。瀬戸内芸術祭を開催するなど、アートによるまちづくりを積極的に進めている。

③体験重視の観光を推進するまちづくり

近年の外国人観光客の増加や、従来の「発地型観光」から体験重視の「着地型観光」への観光スタイルの変化に対応した観光客誘致によるまちの活性化の試みが増加している。

事例　・矢掛町（岡山県）：分散型ホテル
　　　・飛騨市（岐阜県）：フィルムツーリズム

④住民が誇りを持てるまちづくり

住民が自分たちの住んでいるまちを知り、場合によってはまちの運営にも積極的に関わることで、まちに対して誇りを持つようになる。「郷土愛」と呼ばれた概念に似ているが、近年は「シビックプライド」と呼ばれる。

事例　・神戸：「BE KOBE」
　　　・長崎：「長崎さるく」
　　　・アムステルダム（オランダ）：「I amsterdam」

街道沿いの宿場町である岡山県矢掛町は、日本で初めて街全体をホテルと見立てた「アルベルゴ・ディフーゾ・タウン」に認定された。同様のコンセプトは、近年、商店街でも活用されつつある。

- これらの試みは、それぞれが独立したものではなく、複合的な指針として使われることが多い。
- 個別の建築物の機能的側面もさることながら、このような地域活性化のビジョンに合致したソフト面から要求される建築計画のあり方が重要となるであろう。

2019年新たに設置された「BE KOBE」モニュメント

コラム ▶▶▶▶ 建築計画の今後

▷せんだいメディアテーク（伊東豊雄、2000）

　元来は個別の建築物となるべき図書館、アートギャラリー、ミニシアターなどの諸機能を併せ持つ複合建築物である。「メディアテーク」という名称は、「メディアの棚・引き出し」という意味であるが、コンペの審査員を務めた建築家磯崎新による命名である。現代生活においてますます重要性の増すあらゆる種類の情報メディアを自由自在に引き出すことのできる棚としての建築が求められたのである。

　最優秀案に選出されたのは、建築家伊東豊雄の案である。およそ力を負担しているようにはみえない海草のように揺らぐ13本のスケルトンチューブ（柱）、階高をランダムに規定する非常に薄い6枚のプレート（床）、内部を完全に透視することのできるガラスのスクリーン（壁）の三者によって全体は明解に構成されている。内部の構造体までも中空として透明化、無重力化された空間は、重さを持たない情報そのものが隠喩的に建築化されたようにも、あるいはそのような情報と関わる重さを持たない知能としての人間をも含んで両者が関わるべき場そのものが視覚化されたようにもみえる。そして、その姿が科学技術の対極にあるはずのケヤキ並木と響きあうところに建築の将来の可能性も垣間みえるのである。

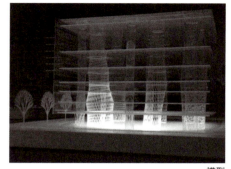

模型

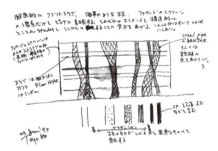

スケッチ

▷平等院鳳凰堂（1053）

　「10円硬貨に描かれている建物」といえばおそらく知らない人はいないであろう。日本人にもっとも馴染みのある日本を代表する古建築である。建造物だけでなく、絵画、彫刻、工芸品など約70点が国宝に指定されている。

　仏教の創始者である釈迦の入滅後二千年を経ると、釈迦の教えが及ばなくなり世の中が乱れると考えられていた。末法の世である。日本では、平安時代後期がその始まりとされ、人々は現世よりも死後、極楽に往生することを願った。平等院鳳凰堂は「極楽浄土（西方浄土）」を地上に再現すべく、時の権力者であった藤原頼通により建立された。堂内にはその教主である阿弥陀如来が本尊として納められている。

　鳳凰堂は、内部から鑑賞するのではなく、手前の池の対岸から眺めることで真の極楽浄土としてみえるといわれる。水面にその軽やかで優雅な姿を映した鳳凰堂と阿弥陀如来の尊顔を、極楽浄土があると信じられていた西の彼方にあわせて、池を挟んだ西の対岸に臨むのである。

　建築物単体でなく、池を中心とした庭園を含めて、極楽浄土を「風景」として構成することが、意識的に行われていたのである。

池の対岸より見た鳳凰堂

配置図

🔍 **もっと調べてみよう！**

事　項
　◇景観法　　◇耐震改修促進法　　◇広場、公園、道路などの都市の外部空間の計画　　◇D／H〔ディーバイエイチ〕

建築作品
　◇ゼンカイハウス（宮本佳明）　　◇ラ・ヴィレット公園（ベルナール・チュミ）　　◇坂 茂の諸作品　　◇厳島神社
　◇北京銀河SOHO（ザハ・ハディド）

事項索引

►あ

アイランド型	25
アクセス形式	42
上げ下げ窓	16
アスファルトシングル葺き	17
アダプタブルステージ	101
アリーナ型	101
アルコーブ	45, 64
アンダーカーペット方式	112
Ⅰ型	25
一時避難場所	181
一斉保育	67
一般開架閲覧室	75
移動図書館	77
イニシャルコスト	12
居間	25
入母屋	17
飲食店	134
インテリジェントビル	112
インフィル	44, 47
ウォークインクローゼット	25
ヴォールト	86
後舞台	103
内開き	16
『奪われし未来』	166
運営方式	55
江戸間（田舎間）	11
L型	25
エントランスホール	89
エントランスロビー	102
扇型	101
応接室	26
オーケストラピット	102
AV（オーディオ・ヴィジュアル）ルーム	75, 76
オープンエプロン方式	147
オープンシステム	55
オープンスクール	55
オープンステージ	101
オープンスペース	58, 59, 64
押入	26
オストメイト	158
オゾンホール	166
お話し室	76
オフィスランドスケープ	113
オフィスレイアウト	113
折り返し階段	17
折り戸	16
恩物	72

►か

開架式	75
会議	19
会議室	102
介護療養型医療施設	142
介護老人福祉施設	142
介護老人保健施設	142
階段	17, 26, 158, 160
階段室型	42
回転扉	16
回転窓	16
外来診療部門	126
カウンター	134
学芸員室	89
学習	19
楽屋	102
画工場	102
家事室	26
下腿高	10
片コア	110
片流れ	17
片引き	16
片開き	16
片廊下型	42
かね折れ階段	17
上手	103
仮眠室	176
側舞台	103
瓦葺き	17
環境共生住宅	47, 169
眼高	10
管理部門	126
キーパースペース	177
客間	26
キャレル	76
教科教室型	55
教科センター方式	61
供給部門	126
教師コーナー	59, 60
共同住宅	44
郷土資料室	75, 76
京間（本間）	11
切妻	17
金属板葺き	17
近隣住区理論	50
空港	147
くつずり	160
グリッド	11
グリッドプランニング	11
グルーピング	12
グレーチング	161
クローゼット	26
燻蒸室	89
蹴上	17, 158, 160
景観形成に配慮した建築計画	180
傾斜路	159
軽読書室	76
間（けん）	8
玄関	26, 160
減災	181
肩峰高	10
コア	27, 110
コア型	27
コアタイプ（コアプラン）	110
広域避難場所	181
公私分離	24
工場	147
交通バリアフリー法	156, 157

高齢者室	25
コートハウス型	27
コーポラティブハウス	44, 46
告別室	177
心のバリアフリー	157
子供室	25
コミュニティ施設	146
コレクティブハウス	44, 47
コンバージョン	170

►さ

サービスカウンター	75
サービスヤード	24
サイドコア	110
在来軸組工法	11, 32
作業室	75
サスティナビリティー	167
サスティナブル	152
サスティナブル ソサイエティー	167
サテライト方式	147
残響時間	105
酸性雨	166
式台	160
仕口	32
資源循環型住宅	168
資源の循環	168
システム天井	112
持続可能性	170
持続可能な社会	167
市庁舎	147
執務	19
シティホテル	119
自転車	144
児童閲覧室	75
自動貸出返却装置	77
自動出納書庫	77
自動二輪車	144
事務室	75, 102
下手	103
尺	8
写真室	89
尺貫法	8
ジャロジー窓	16
什器	135
集団住宅地	50
収骨室	177
重心高	10
就寝分離	24
収蔵庫	89, 91
収蔵能力	79
集中（ホール）型	43
集中看護単位	129
自由扉	16
自由保育	67
シューボックス型	101
集密書架	77
収容避難場所	181
収容保護	155
守衛室	102
手術室	129
巡回形式	91

185

循環型社会 …… 167, 168
畳（じょう）…… 8
昇降機 …… 113, 159
消防署 …… 176
照明・音響調整室 …… 102
ショープール …… 177
食事 …… 19
食事室 …… 25
食寝分離 …… 24
書斎 …… 25
シングルグリッド …… 11
シングルルーム …… 121
シングルレバー式混合水栓 …… 161
人体寸法 …… 9
診療所 …… 127

スイートルーム …… 121
水族館 …… 177
スイッチ …… 159
出納システム …… 75
スカイロビー方式 …… 113
スキップフロア …… 46, 52
スキップフロア型 …… 43
スケルトン …… 44, 47
スケルトン・インフィル型集合住宅 …… 44
ストレッチャー …… 129
スパイラルアップ …… 157
すりつけ板 …… 161
スレート葺き …… 17
スロープ …… 159
寸（すん）…… 8

『成長の限界』…… 166
積層書架 …… 77
迫り …… 103
セルラダクト方式 …… 112
前室 …… 89
センターコア …… 110
前方腕長 …… 10
洗面室 …… 26
洗面脱衣室 …… 161
専用ホール …… 101

総合教室型 …… 55, 58
操作ボタン …… 159
ゾーニング …… 12
ゾーニング方式 …… 113
外コア …… 110
外開き …… 16

►た
大規模量販店 …… 134
対向式 …… 113
台所 …… 25, 160
ダイニングキッチン …… 25
対面朗読室 …… 76
タウンハウス …… 44
畳割り …… 11
脱衣室 …… 26
田の字型 …… 27
ダブルグリッド …… 11
ダブルコア …… 110
多目的ホール …… 101
単位空間 …… 9

段階構成法 …… 50
団地間 …… 11
段鼻 …… 160
断面形式 …… 44

チームティーチング …… 55, 60
地球温暖化 …… 166
チケットカウンター …… 89
中央コア型 …… 110
中央診療部門 …… 126
中京間 …… 11
駐車スペース …… 158
直階段 …… 17
『沈黙の春』…… 166

ツインコア …… 110
ツインコリダー型 …… 42
ツインルーム …… 121
2×4（ツーバイフォー）工法 …… 8, 32
突き出し窓 …… 16
継手 …… 32
坪 …… 8
妻入 …… 17

出入口 …… 159
デイルーム …… 129
テーブル …… 19
手すり …… 17
テラスハウス …… 44
展示室 …… 89
展示準備室 …… 89
展示水槽 …… 177
伝統農家 …… 27
天窓 …… 16

動作空間 …… 9
動作寸法 …… 9
動線 …… 12
特殊な機能を有する建築物 …… 176
特別教室型 …… 55
特別養護老人ホーム …… 142
独立住宅 …… 44
都市機能と密接な関係を有する建築物 179
トップライト …… 16, 91
扉 …… 16
富山ライトレール …… 164
トラック …… 145

►な
ナースステーション …… 129
中廊下型 …… 27, 42
奈落 …… 103
納戸 …… 26

II型 …… 25
荷解室 …… 89
二方向避難 …… 181
乳児室 …… 67

ノーマライゼーション …… 155
ノンスリップ …… 160

►は
ハートビル法 …… 156, 157

バイオクリーンルーム …… 129, 147
バイオロジカルクリーンルーム …… 147
ハイサイドライト …… 91
パサージュ …… 140
柱割り …… 11
馬蹄型 …… 101
はめ殺し窓 …… 16
バリアフリー …… 155
バリアフリー法 …… 156, 157
バリューエンジニアリング …… 12
パントリー …… 134
搬入口 …… 102
ハンプ …… 50

光井戸 …… 45
光庭 …… 45
引き込み戸 …… 16
引き違い戸 …… 16
引き違い窓 …… 16
引き戸 …… 16
引き分け戸 …… 16
ビジネスホテル …… 119
避難所 …… 181
病院 …… 127
病棟部門 …… 126
平入 …… 17
開き扉 …… 16
開き窓 …… 16

分（ぶ）…… 8
ファシリティーマネジメント …… 12
V溝レール …… 161
フィルター室 …… 177
フィンガー方式 …… 147
夫婦寝室 …… 25
フォルト …… 50
複合的な機能を有する建築物 …… 178
複合動作空間 …… 9
舞台型式 …… 101
舞台構成要素 …… 103
ブックディテクションシステム …… 77
ブックモビル …… 77
『不都合な真実』…… 166
物品管理センター …… 129
物品寸法 …… 9
物品販売店 …… 134
武道場 …… 145
踏面 …… 17, 158, 160
フライズ …… 103
フライタワー …… 103
フライロフト …… 103
ブラウジングルーム …… 75, 76
フラット …… 44
フリーアクセスフロア …… 112
フリーアドレスオフィス …… 112
プレカット …… 32
プレファブリケーション …… 32
フロア貸し …… 112
フロアダクト方式 …… 112
プロセニアム …… 101
プロセニアムアーチ …… 103
プロセニアムステージ …… 101, 103
フロンタル方式 …… 147
分割法 …… 12

分散コア型 ……………………110
分離コア型 ……………………110

閉架式 …………………………75
閉架書庫 ……………………75, 76
並行式 …………………………113
併置校 ………………58, 60, 61
ベッド …………………………18
ペデストリアンデッキ …………47
ペニンシュラ型 ………………25
ペリー・C. A. …………………50
便所（トイレ）………18, 26, 158, 161
偏心コア型 ……………………110

保育室 …………………………67
ボイド型 ………………………43
ポイントハウス ………………44
方形 ……………………………17
防災 ……………………………181
防災センター ……………112, 181
ポートラム ……………………164
ホームベース ………59, 60, 61
ポディアム部門 ………………119
ほふく室 ………………………67
ホワイエ ………………………102
ボンエルフ ……………………50

►ま
マグネットキャッチ式 …………161
町家 ……………………………27
窓 ………………………………16
丸太組工法 ……………………32
回り舞台 ………………………103

三つ間型 ………………………27
ミュージアムショップ …………89

無菌室 …………………………129

メゾネット ……………44, 46, 52
メタボリズム ………………28, 47
メディアスペース ……………60

もぎり …………………………102
木質パネル工法 ………………32
木工場 …………………………102
モデュール ……………………11
モデュール割り ………………11
モデュラーコーディネーション ……11, 14
モデュラープランニング ………112
モデュロール …………………14

►や
ヤード・ポンド法 ………………8
屋根 ……………………………17

U 型 ……………………………25
遊戯室 …………………………67
ユーティリティ ………………26
ユニットケア …………………143
ユニット工法 …………………32
ユニットプラン ………………59
ユニバーサルデザイン ………155
ユニバーサルデザイン 7 原則 ……155

浴室 ……………………26, 161
浴槽 ……………………………18
寄棟 ……………………………17

►ら
ラーニングセンター ……………59
ライトウェル …………………45
ライトコート …………………45
ライフサイクルコスト ………12
らせん階段 ……………………17
ラドバーンシステム …………50
ランドスケープ式 ……………113

リゾートホテル ………………119
リトミック ……………………67
リネン室 ………………………119
リノベーション ………………170
リハーサル室 …………………102
リビングアクセス型集合住宅 ……44, 47
リビングダイニング …………25
リビングダイニングキッチン …25
両端コア型 ……………………110
両引き戸 ………………………16
両開き …………………………16
旅館 ……………………………119

ルーバー窓 ……………………16

レファレンスルーム …………75, 76
連結法 …………………………12
連続住宅 ………………………44
レンタブル比 …………………110

廊下 ……………………18, 26, 160
廊下幅 …………………………159
老人介護支援センター …………142
老人短期入所施設 ……………142
老人デイサービスセンター ……142
老人福祉センター ……………142
老夫婦室 ………………………25
ろ過設備室 ……………………177
ログハウス ……………………32
陸屋根 …………………………17
炉室 ……………………………177

►わ
ワークショップ ………………89
ワークスペース ………58, 59, 64
枠組壁工法 ……………………32
ワンルーム型 …………………27

►欧文
ABC ……………………………77
BDS ……………………………77
BM ……………………………77
DK ……………………………25
ICU ……………………………129
LD ……………………………25
LDK ……………………………25
LED ……………………………91
OPAC …………………………77
PPC ……………………………129
SPD ……………………………129
VE ……………………………12

建物の索引

►あ
あきるの市庁舎 ……………………147
アクロス福岡 ………………………174
アビタ'67 ……………………………47

飯田橋ファーストビル・ファーストヒルズ飯田橋
………………………………………111
猪熊弦一郎美術館・図書館 ………179
イームズ自邸 …………………………29
茨城県営松代団地 ……………………47
インナートリッププラザ神山町 ……47

ヴィーブリ市立図書館 ………………86
うるま市中央図書館 …………………78

エシェリック邸 ………………………22
NTT新宿本社ビル …………………111

王立図書館計画案 ……………………86
大分アートプラザ …………………171
大牟田市立病院 ……………………128
親の家 ………………………………143
オルセー美術館 ……………………170

►か
笠原小学校 ……………………………64
佳水園 ………………………………124
カステル・ヴェッキオ美術館 ……170
加世田小学校 …………………………57
加藤学園 ………………………………59
金沢21世紀美術館 …………………98
上里町立図書館 ………………………78

求道学舎 ………………………………47
京都駅ビル …………………………179
京都文化博物館別館 ………………171
京都府民ホール ……………………104

熊本県営保田窪団地 …………………47
熊本県立美術館 ………………………90
倉敷アイビースクエア ……………171
ぐりんぐりん ………………………180
ぐんま国際アカデミー ………………64

湖西広域南部消防署 ………………176
コモンシティ星田 ……………………46

►さ
斉藤助教授の家 ………………………29
サヴォア邸 ……………………………29
サグラダ・ファミリアミリア教会 …152
桜台コートビレッジ …………………47
サッポロファクトリー ……………171

シーランチ・コンドミニアムⅠ ……52
シドニーオペラハウス ………………22
東雲キャナルコート1街区 …………47
渋川広域斎場「しらゆり聖苑」……177
シュレーダー邸 ………………………29
自由学園明日館 ……………………171
正面のない家／H ……………………29
白浜幼稚園 ……………………………68

シルバーハット ………………………29

スカイハウス …………………………28
住吉の長屋 ……………………………28

聖路加国際病院 ……………………132
世田谷区深沢環境共生住宅 ……47, 169
せんだいメディアテーク …………184
センチュリータワー ………………111
セントラル・ベヒーア本社 ………116

►た
大英博物館 …………………………171
代官山ヒルサイドテラス ……46, 180
TIME'S ……………………………140

テート・モダン ……………………170

ドイツ国会議事堂 …………171, 174
同潤会青山アパート ………………171
東京国際フォーラム ………………179
東京都葛西臨海水族園 ……………177
東京文化会館 ………………………104
同潤会江戸川アパート ………………46
塔の家 …………………………………28
豊富中学校 ……………………………61

►な
中京郵便局 …………………………171
中銀カプセルタワー …………………47
中野市立図書館 ………………………78
名護市庁舎 …………………………152
浪合学校 ………………………………61

西本願寺北能舞台 …………………108

NEXT21 ………………………………47

►は
パークホテル東京（汐留メディアタワー）…178
ハーレン・ジードルンク ……………47
パイミオのサナトリウム …………132
ハイライン …………………………170
博多小学校・奈良屋公民館 ………178
白善会保育園るんびいに ……………68
パナソニック東京本社ビル ………111
パルテノン神殿 ………………………14
晴海高層アパート ……………………46
ハンブルガーバーンホフ現代美術館 …170

平等院鳳凰堂 ………………………184
広島市営基町団地 ……………………47

ファンズワース邸 ……………………40
ファンタジアの家1・2 ……………72
フェルクリンゲン製鉄所 …………170

ベルリンの壁 ………………………164
ベルリンフィルハーモニーホール …108

ホテルオークラ神戸 ………………120

►ま
幕張ベイタウンパティオス4番街 ……47

宮前小学校 ……………………………59

►や
八潮ハイツ ……………………………47
山川山荘 ………………………………29

ユーコート ……………………………46
ユダヤ博物館 …………………………98
ユニテ・ダビタシオン・マルセイユ …52

横浜赤レンガ倉庫 …………………171
横浜大さん橋国際フェリーターミナル …179
横浜市東永谷地区センター・横浜市東永谷
　地域ケアプラザ …………………146
横浜ランドマークタワー …………111

►ら
ライブタウン浜田山 …………………46
落水荘 …………………………………40

リゾナーレ八ヶ岳 …………………124
立体最小限住居 ………………………29
リンゴット工場 ……………………170

ルーブルのガラスのピラミッド ……180

ロイズ・オブ・ロンドン …………116
六甲の集合住宅Ⅰ ……………………46
六本木ヒルズ森タワー ……………111
ロビー邸 ………………………………29

図版出典

1-1 節
p.10 　図1〜5　日本建築学会編『コンパクト資料集成（第2版）』丸善、p.35、42 を参考に作図

p.11 　図1　日本建築学会編『コンパクト資料集成（第3版）』丸善、p.151 を元に加筆

p.14 　正面分析図　http://physicalchallenge.blogspot.com/2008/11/youre-golden.html より

　　モデュロール　*Le Corbusier Oeuvre complete Volume5*, Birkhauser Publishers より

1-2 節
p.18 　図1　岡田光正他『建築計画1』鹿島出版会、p.95、201 を参考に作図

　　図2　日本建築学会編『コンパクト資料集成（第3版）』丸善、p.87 を参考に作図

　　図3、4　日本建築学会編『コンパクト資料集成（第2版）』丸善、p.35、66 を参考に作図

p.19 　図5〜7　日本建築学会編『コンパクト資料集成（第3版）』丸善、p.46、60 を元に加筆

p.22 　エシェリック邸：正面　http://www.ask.com/wiki/Esherick_House より

　　南側『dasfilmfest.com/』より

　　オペラハウス：全景　『建築の歴史20世紀』konemann、p.75 より

　　スケッチ　『図説建築の歴史』学芸出版社、p.159

2-1 節
p.25 　図1　日本建築学会編『コンパクト資料集成（第2版）』丸善、p.62 を参考に作図

　　図2、3　〈建築のテキスト編集委員会〉編著『初めて学ぶ建築計画』学芸出版社、p.35、121、123 を参考に作図

　　図4　〈建築のテキスト編集委員会〉編著『初めての建築計画』学芸出版社、p.33、37 を参考に作図

p.26 　図5、6、8　〈建築のテキスト編集委員会〉編著『初めての建築計画』学芸出版社、p.57、89 を参考に作図

　　図7　〈建築のテキスト編集委員会〉編著『初めて学ぶ建築計画』学芸出版社、p.86 を参考に作図

p.27 　図1、4　日本建築学会編『コンパクト資料集成（第2版）』丸善、p.115、118 より

　　図2、3　日本建築学会編『コンパクト資料集成（第3版）』丸善、p.121、131 より

　　図5　槇文彦著『記憶の形象』筑摩書房、p.251

　　図6　佐藤孝一・五十嵐太郎『建築計画』市ヶ谷出版社、p.12 を参考に作図

p.28 　スカイハウス：写真　川澄明男

　　平面図・断面図　日本建築学会編『コンパクト資料集成（第3版）』丸善、p.118 より

　　塔の家：東孝光『塔の家』白書（住まい学大系/010）、住まいの図書館出版局、p.111 より

　　断面図　日本建築学会編『コンパクト資料集成（第3版）』丸善、p.118 より

　　アクソメ 東孝光『塔の家』白書（住まい学大系/010）、住まいの図書館出版局、p.166、167 より

　　住吉の長屋：アクソメ平面　日本建築学会『コンパクト資料集成（第3版）』丸善、p.122 より

p.29 　図1〜5　日本建築学会編『コンパクト資料集成（第3版）』丸善、p.121、122、130、133、134 より

p.32 　図1〜3　日本建築学会『構造用教材』丸善、p.32、33、108 より

p.40 　落水荘：外観　http://www.rsleblanc.com/photos/2005-Wedding_Trip/index.php より

　　平面図　新建築社『建築20世紀 part1』新建築社、p.263 より

　　ファンズワース邸：外観　*MIES VAN DER ROHE*, TASCHEN、p.65 より

　　平面図　新建築社『建築20世紀 part1』新建築社、p.32 より

2-2 節
p.44 　図1　『平成15年版 二級建築士学科総合対策』霞ヶ関出版社、p.42 を参考に作図

　　図2　日本建築学会編『コンパクト資料集成（第2版）』丸善、p.131 を参考に作図

　　図4　日本建築学会編『コンパクト資料集成（第2版）』丸善、p.53 を元に加筆

p.45 　図1　岡田光正ほか『建築計画1』鹿島出版会を参考に作図

　　図2　日本建築学会編『コンパクト資料集成（第3版）』丸善、p.149 を参考に作図

p.46 　図1　佐藤滋ほか『同潤会のアパートメントとその時代』鹿島出版会より

　　図2　生誕100年前川国男建築展実行委員会『生誕100年前川国男建築展図録』p.158 より

　　図3　http://upload.wikimedia.org/wikipedia/commons/8/89/Hillside_Terrace_A_B_2010.jpg より

　　図4　http://kenchikukeikaku2009.seesaa.net/article/121410930.html より

p.47 　図6　日本建築学会『建築設計資料15 中・高層集合住宅』建築資料研究社、p.144 より

　　図7、8　日本建築学会編『コンパクト資料集成（第3版）』丸善、p.138、146 より

　　図9　http://www.osakagas.co.jp/company/press/pr2007/070202.html より

　　図10　http://lh6.ggpht.com/ 検索より

p.50 　図1、2　『一級建築士受験講習会テキスト2000 学科1』大阪府建築士会より

p.52 　ユニテ：断面図・断面　"Le Corbusier Oeuvre complete Volume5" Birkhauser Publishers より

　　シーランチ：遠景　com/homelistings/oceanfront/moorecondo9.html より

　　配置図　「CASA BRUTAS」1997. vol.8、マガジンハウス、p.36 より

2-3 節
p.56 　図1　https://lh5.googleusercontent.com/ より

　　図2　http://www.edu.satsumasendai.jp/ より

　　図3、5　http://www.kyotanabe.jp/ より

　　図4　http://www.renseikan.org/ より

p.57 　平面図　日本建築学会『建築設計資料16 学校』建築資料研究社、p.75 を元に加筆

p.58 　図1　日本建築学会『コンパクト資料集成（第2版）』丸善より

　　図2　日本建築学会『コンパクト資料集成（第3版）』丸善より

p.59 　宮前小学校　日本建築学会『建築設計資料16 学校』建築資料研究社、p.36 より

　　加藤学園　日本建築学会『コンパクト資料集成（第2版）』丸善、p.160 より

p.60 　日本建築学会『コンパクト資料集成（第3版）』丸善、p.237、238 より

p.61 　豊富中学校：平面図　日本建築学会『コンパクト資料集成（第3版）』丸善、p.230 より

　　浪合学校：平面図・配置図　日本建築学会『コンパクト資料集成（第2版）』丸善、p.168 より

p.64 　笠原小学校：教室群　日本建築学会『建築設計資料16 学校』建築資料研究社、p.61 より

　　半屋外廊下、昇降口付近　http://www42.tok2.com/home/no/art/art/saitama/ より

　　ぐんま国際　日本建築学会『建築設計資料105 学校3』建築資料研究社、p.113、114 より

2-4 節
p.67 　図1　http://www.ob-sch.ac.jp/ より

　　図2　http://kosekkei.sakura.ne.jp/ より

　　図3　http://blog.horimoku.co.jp/ より

p.68 　日本建築学会『コンパクト資料集成（第3版）』丸善、p.172、221 を元に加筆

p.69 　図1、2　日本建築学会『コンパクト資料集成（第3版）』丸善を参考に作成

p.72 　恩物　http://www.easybizchina.com/ より

　　紹介　http://www.planetclaire.org/fllw/fllwimag/miscella/ffblocks.jpg

　　ファンタジアの家：写真 ファンタジアの家 HP より

　　平面図　日本建築学会『コンパクト資料集成（第3版）』丸善、p.172 より

2-5 節
p.75 　図1　http://pds.exblog.jp/pds/1/200603/07/17/a0030217_6373162.jpg より

　　図2　http://library.city.oyama.tochigi.jp/ より

　　図3　http://www.city.nomi.ishikawa.jp/ より

p.76 　図1　http://www.uedawjc.ac.jp/libhp/ より

　　図2　日本建築学会『建築設計資料43 図書館』建築資料研究社、p.18 より

　　図3　http://www.nts-inc.co.jp/ より

　　図4　http://www.library.chiyoda.tokyo.jp/ より

p.77 　図5　http://www.lib.a.u-tokyo.ac.jp/lib/ より

p.78 　図6　http://www.news.janjan.jp/ より

　　図7　http://www.lib.utsunomiya-u.ac.jp/ より

　　図8　http://kensei-co.jp/link-tyuryosekisou/jifousyoko.html より

　　日本建築設計資料43 図書館』建築資料研究社、p.54、89、117 より

p.79 　閲覧室の所要面積　日本建築学会『コンパクト資料集成（第3版）』丸善、p.244 を参考に作図

　　図書の収蔵能力　日本建築学会『コンパクト資料集成（第4版）』丸善、p.95、244 を参考に作図

p.85 　シアトル中央図書館外観　https://en.wikipedia.org/wiki/Seattle_Public_Library#/media/File: Seattle_Library_01.jpg（Licensed under CC BY-SA 4.0）より

　　シアトル中央図書館ダイアグラム　https://www.archdaily.com/11651/seattle-central-library-oma-lmn/5721908fe58ece9e17000001-seattle-central-library-oma-lmn-legibility-section?next_project=no

　　国際教養大学図書館　https://www.g-mark.org/award/describe/41646（Licensed under CC BY-ND 2.1 JP）より

p.86 　ホール：内観　*AA Alvar Aalto*, teNeues, p.19 より

　　スケッチ『アルヴァ・アールト』鹿島出版会、p.61 より

　　内観　http://www.elefantes-depapel.com/boullee-arquitecto-visionario より

　　ストックホルム図書館　http://lh4.ggpht.com/-ikkmPiM1pJY/SGF03bxBkbI/AAAAAAAAChQ/mHC5tr20lb0/IMG_1526.jpg より

2-6 節
p.89 　図1　http://blog-imgs-30.fc2.com/a/r/c/archnobu/RIMG0035.jpg より

　　図2　京都国立近代美術館パンフより

　　図3　http://www.sokenss.co.jp/works/IMG/ より

p.90 　日本建築学会『コンパクト資料集成（第2版）』丸善、p.239 を元に加筆

p.91 　図3　日本建築学会『コンパクト資料集成（第2版）』丸善、p.251 を元に作図

p.97 　馬頭広重美術館：写真　那珂川町馬頭広重美術館

　　ビルバオグッゲンハイム美術館外観　https://ja.wikipedia.org/wiki/ビルバオ・グッゲンハイム美術館#/media/ファイル:Guggenheim-bilbao-jan05.jpg（Licensed under CC BY-SA 3.0）より

　　ビルバオグッゲンハイム美術館内観　https://www.neonbubble.com/travel/guggenheim-museum-excursion-bilbao/ より

p.98 　ユダヤ博物館：全景　http://www.daniellibeskind.com/projects/show-all/ より

　　ヴォイド『世界の美術館未来への架け橋』TOTO出版、p.85 より

　　金沢21世紀美術館：全景 石川県観光協会 http://www.kanazawa-kankoukyoukai.gr.jp/ より

2-7 節
p.101 　図1　http://www.loc-nodame.com/images/movie2009/ より

　　図2　http://media.web.britannica.com/eb-media/ より

　　図3　http://pastaakostassa2.blogspot.com/ より

p.102 　図1　http://mirai-wood-archi.at.webry.info/ より

　　図2　http://lh3.ggpht.com/-_DsEo6FVrUg/SkbBZxXBfoI/AAAAAAAAASs/ZoU4Rt-5O_4/R0011534.JPG より

　　図3　http://www.imperialtheatre.net/ より

　　図4　http://www.fuchu-cpf.or.jp/theater/sisetsu/renewal_photo/dream/ より

　　図5　https://www2.nau.edu/ より

p.104 　京都府民ホール　日本建築学会『コンパクト資料集成（第2版）』丸善、p.215 を元に加筆

　　東京文化会館　日本建築学会『コンパクト資料集成（第3版）』丸善、p.275 を元に加筆

p.108 　ホール 内部　『建築の歴史20世紀』konemann、p.174 より

　　断面図　岡田光正ほか『建築計画2』鹿島出版会、p.221 より

　　北能舞台：平面図　日本建築学会『コンパクト

資料集成（第2版）』丸善、p.213 より
能舞台　http://29373252.at.webry.info/ より

2-8 節
p.111　日本建築学会『コンパクト資料集成（第2版）』
丸善、p.264、日本建築学会『コンパクト資料集成（第3版）』丸善、p.293,296,298 を元に加筆
p.112　図1　http://www.ngc.is.ritsumei.ac.jp/ より
　　　図2　http://momento-s.jugem.jp/ より
　　　図3　日本建築学会『コンパクト資料集成（第3版）』丸善、p.62 を元に加筆
p.113　図1　『2級建築士過去7年間題集（08年版）』成美堂出版を参考に作図
　　　図2　日本建築学会『コンパクト資料集成（第2版）』丸善、p.258 を元に作図
p.116　ベヒーア本社：全景　http://coisasdaarquitetura.wordpress.com/ より
　　　ユニット　http://www.flickr.com/photos/ より
　　　ロイズ：全景　http://en.wikipedia.org/wiki/Lloy-d's_of_London より
　　　基準階　『GA 現代建築シリーズ 10 OFFICE1』A.D.A. EDITA Tokyo、p.138 より

2-9 節
p.119　図1　http://yoyaq.com/images/hotel/98/L/ より
p.120　日本建築学会『コンパクト資料集成（第2版）』丸善、p.276 を元に加筆
p.121　日本建築学会『コンパクト資料集成（第2版）、（第3版）』丸善および岡田光正他『建築計画2』鹿島出版会、p.63,65 を参考に作図
p.124　佳水園：全景　新都ホテルパンフより
　　　配置図　『別冊新建築 日本現代建築家シリーズ⑨ 村野藤吾』新建築社、p.79 を元に加筆
　　　リゾナーレ：街路景　http://www. hoshinoresort.com/ より
　　　配置図　『別冊商店建築 77 ザ・デザインホテル』商店建築社、p.130 を元に加筆

2-10 節
p.128　日本建築学会『コンパクト資料集成（第3版）』丸善、p.189 を元に加筆
p.129　図1　http://ja.wikipedia.org/wiki/Intensivstati-on_(01)_2007-03-03.jpg より
　　　図2　http://www.pohai.org.tw/pohai/images/Static_Images/Office_Introduce/Surgery/Cardiova-scular_Surgery/Surgery_4b.JPG より
　　　図3　日本建築学会『コンパクト資料集成（第3版）』丸善、p.185 を参考に作図
　　　図4　http://www1.cts.ne.jp/~himawari/newpage3.html より
p.132　サナトリウム：全体配置図『建築20世紀 part1』新建築社、p.242 より
　　　テラス　http://tectonicablog.com/?p=6442 より
　　　病院病棟：平面図　『建築設計資料 72 病院2』建築資料研究社、p.159 を元に加筆
　　　アクソメ　日本建築学会『コンパクト資料集成（第2版）』丸善、p.49 を元に加筆

2-11 節
p.134　図1,2　日本建築学会『コンパクト資料集成（第3版）』丸善、p.46,47 を元に作図
p.135　図3　日本建築学会『コンパクト資料集成（第3版）』丸善、p.74 を元に加筆
p.136　日本建築学会『コンパクト資料集成（第3版）』丸善、p.74,75,85 を元に加筆
p.137　日本建築学会『コンパクト資料集成（第3版）』丸善、p.74,75 を元に加筆
p.140　断面図　安藤忠雄『安藤忠雄 建築を語る』東京大学出版、p.55 より
　　　パサージュ　http://img212.imageshack.us/
　　　http://chezschmanz.files.wordpress.com/
　　　http://www.skyscrapercity.com/ より

2-12 節
p.143　日本建築学会『コンパクト資料集成（第3版）』丸善、p.175 を元に加筆
p.144　日本建築学会『コンパクト資料集成（第3版）』丸善、p.96 を参考に作図
p.145　図1　日本建築学会『コンパクト資料集成（第2版）（第3版）』丸善、p.93,96 を参考に作図
p.146　日本建築学会『建築設計資料 70 コミュニティセンター2』建築資料研究社、p.169 を元に加筆
p.147　市庁舎　日本建築学会『コンパクト資料集成（第3版）』丸善、p.208 を元に加筆
p.152　サグラダ・ファミリア　『アントニオ・ガウデ

ィ』鹿島出版会、p.228,230 より
　　　名護：屋根　http://ma21.p1.bindsite.jp より
　　　外観　http://blogs.yahoo.co.jp/kyotoexpress より

3-1 節
p.158　図1　日本建築学会『コンパクト資料集成（第2版）』丸善、p.86 を参考に作図
　　　図2,3　国土交通省資料（http://www.mlit.go.jp/jutakukentiku/build/barrier-free.files/）を参考に作図
p.159　図4　日本建築学会『コンパクト資料集成（第3版）』丸善、p.98 を参考に作図
p.160　図7　『1級建築士過去7年間題集（09年版）解答解説編』成美堂出版、p.44 を参考に作図
　　　図9　『福祉住環境コーディネーター3級テキスト』秀和システム、p.181 を参考に作図
　　　図11　日本建築学会『コンパクト資料集成（第3版）』丸善、p.83 を参考に作図
p.161　図12　日本建築学会『コンパクト資料集成（第3版）』丸善、p.86 を参考に作図
　　　図13　『福祉住環境コーディネーター3級検定試験集中レッスン』成美堂出版、p.165 を参考に作図
　　　図14〜16　『福祉住環境コーディネーター3級テキスト』秀和システム、p.156,157,187 を参考に作図
p.164　ベルリンの壁　http://en.wikipedia.org/wiki/ File: Berlin_Wall_Potsdamer_Platz_November_1975_looking_east.jpg より
　　　ウォール　http://thinkpress.files.wordpress.com/2010/01/palestinejan2010-23.jpg より
　　　ポートラム：写真　服部重敬

3-2 節
p.169　図2　http://kenchikukeikaku2009.seesaa.net/ より
　　　ビオトープ　http://21.dtiblog.com/t/taniyan/file/ より
p.170　図1　http://commons.wikimedia.org/wiki/File: Orsay3.jpg より
　　　図2　http://1.bp.blogspot.com/-uFA_4MMDRaI/TcWgv0iBQnI/AAAAAAAAAVk/XW6sUhGmtYw/s1600/IMG_2005.jpg より
　　　図3　http://upload.wikimedia.org/wikipedia/commons/8/85/Fiat_Lingotto_veduta-1928.jpg より
　　　図4　http://travel.webshots.com/photo/ より
p.171　図5　http://upload.wikimedia.org/wikipedia/commons/a/a7/Courtyard_at_ivy_square.JPG より
　　　図6　http://www.oita-location.net/ より
　　　図7　http://tabisuke.arukikata.co.jp/ より
　　　図8　http://www.panoramio.com/ より
　　　図9　http://blog.seesaa.jp/pages/naver/image?q=british より
p.174　議事堂：正面　http://upload.wikimedia.org/ より
　　　内観　http://ds.dial.pipex.com/ より
　　　アクロス　http://www.kabosu100.net/ より

3-3 節
p.176　日本建築学会『建築設計資料 89 消防署』建築資料研究社、p.142 を元に加筆
p.177　日本建築学会『建築設計資料 109 葬斎場・納骨堂2』建築資料研究社、p.50、『同 110 水族館』建築資料研究社、p.84 を元に加筆
p.178　博多小学校：図面　日本建築学会『コンパクト資料集成（第3版）』丸善、p.227 を元に加筆
　　　写真　http://www.city.fukuoka.lg.jp/ より
　　　パークホテル　日本建築学会『コンパクト資料集成（第3版）』丸善、p.282 を元に加筆
p.179　東京　日本建築学会『コンパクト資料集成（第3版）』丸善、p.310 を元に加筆
　　　猪熊美術館　http://img4.blogs.yahoo.co.jp/ybi/1/2d/9b/julyjuly1807/folder/691862/img_691862_19517267_0?1135086024 より
　　　横浜　http://2.bp.blogspot.com/-zPaK4ATZLag/TiO8X15_jZI/AAAAAAAANT4/IrYcX4e769s/s1600/8-foa-yokohama-terminal.jpg より
p.180　代官山　日本建築学会『コンパクト資料集成（第3版）』丸善、p.301 を元に加筆
　　　ぐりんぐりん　http://pds.exblog.jp/pds/1/200908/18/55/e0179455_1956576.jpg より
　　　ルーブル　http://2.bp.blogspot.com/_dmnWEZk5Vzc/TBJl9bBk-GI/AAAAAAAAC2M/uWC87cREOXY/s1600/f7e8e969_louvre_pyramid.jpg より
p.182　茨木市岩倉町防災公園：写真　学校法人立命館
　　　避難所用・紙の間仕切りシステム：写真　ボラ

ンタリー・アーキテクツ・ネットワーク（Volun-tary Architects' Network）
　　　陸前高田みんなの家：スケッチ　平田晃久建築設計事務所
　　　ハザードマップ　https://static.okayama-ebooks.jp/actibook_data/20180626_okayama_city_flood_hazard_map_c/HTML5/pc.html#/page/1
p.183　コンパクトシティ富山：写真　畑中則宏
　　　矢掛町　http://www.yakage-ya.com
　　　BE KOBE：写真　武田重昭
p.184　メディアテーク：模型　http://lh4.ggpht.com/-0D6Wu5IS8a4/SWJUBj8PZBI/AAAAAAAANc/taTiSDrDkNY/RIMG0058.jpg より
　　　スケッチ　http://www.um.u-tokyo.ac.jp/ より
　　　平等院：外観　http://lh6.ggpht.com/_meOG76mw-DQ/S-DxvOSF5sI/AAAAAAAADM/lQYArCUPJM4/IMG_0627.JPG より
　　　配置図　平等院 HP などより

　　　　　　　　（出典 URL は初版当時のものである）

参考文献

彰国社 編『建築大辞典』彰国社
日本建築学会 編『コンパクト建築設計資料集成（第 2 版）』丸善
日本建築学会 編『コンパクト建築設計資料集成（第 3 版）』丸善
日本建築学会 編『コンパクト建築設計資料集成 住居（第 2 版）』丸善
日本建築学会 編『建築設計資料集成』丸善／全 14 巻
　総合編、環境、人間、物品、居住、福祉・医療、集会・市民サービス、教育・図書、展示・芸能、余暇・宿泊、
　業務・商業、生産・交通、地域・都市 I、地域・都市 II
岡田光正、他『現代建築学 建築計画 1・2』鹿島出版会、1987
建築のテキスト編集委員会『初めての建築計画』学芸出版社、2000
建築のテキスト編集委員会『初めて学ぶ建築計画』学芸出版社、2009
佐藤考一、五十嵐太郎『初学者の建築講座 建築計画（改訂版）』市ヶ谷出版、2006
川崎寧史、山田あすか『テキスト建築計画』学芸出版社、2009
『2 級建築士 過去 7 年問題集（08 年版、11 年版）』成美堂出版
『1 級建築士 過去 7 年問題集（09 年版）』成美堂出版
『平成 15 年版 一級建築士試験基本問題集』霞ヶ関出版社
『平成 15 年版 二級建築士学科総合対策』霞ヶ関出版社
『二級建築士試験問題全集 平成 14 年版』彰国社
奥俊信、山中俊夫『図解テキスト二級建築士 学科 I 建築計画』学芸出版社
『一級建築士受験講習会テキスト 2000 学科 1』大阪府建築士会
『建築設計資料』建築資料研究社／下記各巻
　15 中・高層集合住宅、16 学校、67 学校、105 学校 3、10 保育園・幼稚園、51 保育園・幼稚園 2、91 保育園・幼
　稚園 3、43 図書館 2、97 図書館 3、49 美術館 2、102 美術館 3、18 劇場・ホール、48 コンサートホール、63 演劇
　の劇場、11 病院、72 病院 2、70 コミュニティセンター 2、87 低層集合住宅、89 消防署、95 環境共生建築、109
　葬斎場・納骨堂 2、110 水族館
香山壽夫『建築意匠講義』東京大学出版会、1996
平尾和洋、末包伸吾『テキスト建築意匠』学芸出版社、2006
内藤和彦、橋本雅好、日色真帆・他『設計に活かす建築計画』学芸出版社、2010
新建築臨時増刊『建築 20 世紀 part1・part2』新建築社、1991
西田雅嗣、矢ヶ崎善太郎『図説 建築の歴史』学芸出版社、2003
資源循環型住宅技術開発プロジェクト 編集『サスティナブルハウジング』東洋経済新報社、2003
イナックスブックレット『人間住宅 環境装置の未来形』INAX 出版、1999
アル・ゴア、枝廣淳子 訳『不都合な真実』ランダムハウス講談社、2007
『GA Contemporary Architecture』 E.D.A.EDITA.TOKYO、以下各巻
　01 MUSEUM1、02 MUSEUM2、03 LIBRARY、04 THEATER、05 UNIVERSITY、06 SCHOOL、07 PUBLIC、08
　TRANSPORTATION、09 SPORTS、10 OFFICE1、11 OFFICE2
安達嘉一・加賀秀治・鶴田裕 編著『図解 建築施工用語集』東洋書店、2003

●著者

深水 浩（ふかみず ひろし）
F.T.A 建築都市研究室代表。
1967 年生まれ。京都大学工学部建築学科卒業。京都大学大学院修了。
工学修士、一級建築士。
大阪産業大学デザイン工学部、京都市立芸術大学美術学部、京都橘大学、
大阪成蹊大学芸術学部、修成建設専門学校非常勤講師。
朝日カルチャーセンター講師、大丸松坂屋友の会建築見学企画担当。
N.P.O 法人 E.D.E.N（環境デザインエキスパーツネットワーク）理事。

改訂版 図説 やさしい建築計画

2019 年 12 月 20 日　第 1 版第 1 刷発行
2025 年 3 月 20 日　第 1 版第 4 刷発行

著　者　深水　浩

発行者　井口夏実

発行所　株式会社　学芸出版社
　　　　京都市下京区木津屋橋通西洞院東入
　　　　〒 600 - 8216　　tel 075 - 343 - 0811
　　　　http://www.gakugei-pub.jp/
　　　　info@gakugei-pub.jp

編集担当　中木保代、真下享子

装　丁　KOTO DESIGN Inc. 山本剛史
印刷・製本　光邦

© 深水浩 2019　Printed in Japan
　ISBN 978-4-7615-2722-8

JCOPY 〈㈳出版者著作権管理機構委託出版物〉
　本書の無断複写（電子化を含む）は著作権法上での例外を
除き禁じられています。複写される場合は、そのつど事前
に、㈳出版者著作権管理機構（電話 03 - 5244 - 5088、FAX
03 - 5244 - 5089、e-mail: info@jcopy. or. jp）の許諾を得てく
ださい。
　本書を代行業者等の第三者に依頼してスキャンやデジタ
ル化することは、たとえ個人や家庭内での利用でも著作権
法違反です。